"十二五"职业教育国家规划教材
经全国职业教育教材审定委员会审定
普通高等教育"十一五"国家级规划教材
高等职业教育教学改革特色教材·财经通识课

TONGJIXUE
YUANLI

统计学原理

（第八版）

栗方忠 主 编
李连友 屈 超 邢 莉 副主编

STATISTICS

东北财经大学出版社 大连
Dongbei University of Finance & Economics Press

图书在版编目（CIP）数据

统计学原理 / 栗方忠主编．—8版．—大连：东北财经大学出版社，2023.8（2024.7重印）

（高等职业教育教学改革特色教材·财经通识课）

ISBN 978-7-5654-4897-3

Ⅰ.统…　Ⅱ.栗…　Ⅲ.统计学-高等职业教育-教材　Ⅳ.C8

中国国家版本馆CIP数据核字（2023）第134431号

东北财经大学出版社出版

（大连市黑石礁尖山街217号　邮政编码　116025）

网　址：http://www.dufep.cn

读者信箱：dufep@dufe.edu.cn

大连图腾彩色印刷有限公司印刷　东北财经大学出版社发行

幅面尺寸：185mm×260mm　字数：399千字　印张：16.5

2023年8月第8版　2024年7月第3次印刷

责任编辑：张晓鹏　孟　鑫　责任校对：孙晓梅　吴　茜　吉　扬

封面设计：原　皓　版式设计：原　皓

定价：39.00元

教学支持　售后服务　联系电话：（0411）84710309

如有印装质量问题，请联系营销部：（0411）84710711

第八版前言

本书是为适应高等职业院校财经类专业教学、满足经济管理人员学习的需要而编写的。

党的二十大擘画了全面建设社会主义现代化国家的宏伟蓝图，强调高质量发展是全面建设社会主义现代化国家的首要任务，高质量发展离不开高质量统计支撑。

本书的编写参考了国内外有关专著、教材，吸收了有关统计教学和科研的新成果，注重理论联系实际，充分考虑了统计改革的新经验和新成就，具有较强的思想性、理论性、科学性、先进性和实用性。全书比较系统和全面地阐述了统计的基础理论、基础知识和基本技术方法及其应用，在写法上力求概念准确、层次分明、重点突出、简明扼要、深入浅出、通俗易懂。

本书自2001年问世以来，颇受广大读者的欢迎，已修订至第八版，重印多次。在本次修订过程中，我们主要做了如下工作：

(1) 依据教育部最新的指示精神，在保证教材理论知识够用的前提下，减少了与实际工作关联较小的部分理论知识的论述，充实了一些目前在统计工作中应用较多的相关内容，如抽样调查、统计图等。

(2) 增添和补充了部分统计知识内容，如统计工作过程增加了“统计发布”，统计指标分类增加了有关“正指标、适度指标和逆指标”的分类，以及有关统计知识的举例等。

(3) 更新了部分“下章内容导引”、前一版教材中部分陈旧数据、案例和参考文献。

(4) 章后“复习思考练习题”增加了教材中技能训练和能力培养的内容，突出了高等职业教育的特色。

(5) 对全书的语言表述做了进一步润色，并对编排层次进行改进，使其更加突出和分明。

本书以高等职业教育财经类专业学生为使用对象，也可作为从业人员系统学习相关理论知识和操作技巧的参考用书，还可以作为其他管理学科相关专业教学和干部培训的教材。

与本书相配套，我们还编写了供教师参考和学生学习使用的《统计学原理标准化题型习题集》。

本书由栗方忠教授担任主编。其具体分工如下：东北财经大学栗方忠，第一章、第二章（第六节除外）、第十章、第十一章；东北财经大学邢莉，下章内容导引及第三章、第四章；大连理工大学张鸿钧，第五章；东北财经大学屈超，第二章第六节及第六章；中央财经大学李连友，第七章；中央财经大学满向昱，第八章；中南财经政法大学邹顺华，第九章。江西财经大学莫恒审阅了全书，程博参与了资料搜集整理工作，栗方忠负责总纂和定稿工作。

在本书前几版的编写和修订过程中，贺铿（国家统计局）、张志农（江西财经大学）、曲炳全（东北财经大学）、蒋萍（东北财经大学）等专家、教授对全书进行了审阅，并得到了有关单位和院校的支持，在此一并表示衷心感谢。

李连友教授承担了本版教材的修订工作。限于水平和经验，书中难免会有不当之处，诚请使用单位、广大教师、学员和读者指正。

东北财经大学出版社的张晓鹏等编辑为本书的出版做了大量工作，在此表示诚挚的感谢。

编 者

2023年5月

目　录

第一章

总　论 / 1

内容提要 / 1

第一节　统计研究的对象、特点和作用 / 2

第二节　统计研究的基本方法与过程 / 7

第三节　统计学中的基本概念 / 10

第四节　我国统计的任务和组织 / 13

复习思考练习题 / 14

下章内容导引 / 15

第二章

统计设计和统计调查 / 17

内容提要 / 17

第一节　统计设计的概念和内容 / 18

第二节　统计指标和指标体系的设计 / 21

第三节　统计图表及其设计 / 24

第四节　统计调查的概念和种类 / 29

第五节　统计调查方案 / 32

第六节　调查问卷的设计 / 33

第七节　统计调查的组织方式 / 40

复习思考练习题 / 45

下章内容导引 / 46

第三章

统计整理 / 47

内容提要 / 47

第一节　统计整理的意义和步骤 / 48

第二节　统计分组 / 49

第三节　次数分布和频率分布 / 53

第四节　统计汇总的组织形式、审核及技术与现代化 / 61

复习思考练习题 / 63

下章内容导引 / 64

第四章
总量指标和相对指标 / 65
内容提要 / 65
第一节 总量指标 / 66
第二节 相对指标 / 68
第三节 计算和运用总量指标、相对指标的原则 / 74
复习思考练习题 / 76
下章内容导引 / 76

第五章
平均指标和变异指标 / 77
内容提要 / 77
第一节 平均指标的概念和作用 / 78
第二节 算术平均数 / 79
第三节 调和平均数 / 84
第四节 几何平均数 / 86
第五节 众数和中位数 / 88
第六节 正确计算和运用平均指标的原则 / 92
第七节 标志变异指标 / 94
复习思考练习题 / 102
下章内容导引 / 103

第六章
动态数列 / 105
内容提要 / 105
第一节 动态数列的一般问题 / 106
第二节 动态数列的水平指标 / 109
第三节 动态数列的速度指标 / 115
第四节 长期趋势和季节变动 / 121
复习思考练习题 / 129
下章内容导引 / 130

第七章
统计指数 / 131
内容提要 / 131
第一节 统计指数概述 / 132
第二节 综合指数 / 134

第三节 平均指数 / 138
第四节 指数体系和因素分析 / 142
复习思考练习题 / 151
下章内容导引 / 151

第八章
抽样调查与推断 / 153
内容提要 / 153
第一节 抽样调查的一般问题 / 154
第二节 抽样误差 / 160
第三节 总体指标的推断 / 167
第四节 必要样本容量的确定 / 172
复习思考练习题 / 175
下章内容导引 / 175

第九章
相关与回归分析 / 177
内容提要 / 177
第一节 相关分析的一般问题 / 178
第二节 相关关系的判断与分析 / 180
第三节 回归分析的一般问题 / 186
第四节 一元线性回归模型的建立与检测 / 187
复习思考练习题 / 193
下章内容导引 / 193

第十章
统计预测 / 195
内容提要 / 195
第一节 统计预测概述 / 196
第二节 几种常用的简单模型预测 / 198
第三节 长期趋势模型预测 / 202
第四节 回归模型预测 / 207
第五节 统计预测误差分析 / 212
复习思考练习题 / 215
下章内容导引 / 216

第十一章
统计综合分析 / 217
内容提要 / 217
第一节 统计综合分析的概念、任务和形式 / 218
第二节 统计综合分析的一般原则、程序和方法 / 220
第三节 统计比较 / 224
第四节 综合评价 / 229
第五节 统计分析报告 / 237
复习思考练习题 / 251

附录
正态分布概率表 / 253

参考文献 / 256

第一章 总论

内容提要

统计是认识社会的最有力的武器之一。"统计"一词有统计工作、统计资料和统计科学三种含义。本章阐述了统计研究对象及其特点（数量性、总体性、具体性和社会性）；统计的作用；统计学中的基本概念（总体、总体单位、标志、指标、变异、变量和变量值）；统计研究的基本方法和统计工作的一般过程（统计设计、统计调查、统计整理、统计分析和发布）；我国统计工作的任务和组织。

第一节 统计研究的对象、特点和作用

一、统计的含义

“统计”一词起源已久，其含义在历史上屡有变化，并存在一定的传播和演变过程。在我国古代，统计仅仅具有数字总计的意思。就这个含义而言，已有四五千年的历史了。据历史记载，我国夏禹时代（公元前2 000多年）就有人口数量的记录，为了赋税徭役和兵役的需要，历代都有田亩、户口的记录。在古巴比伦、古埃及和古罗马也有人口和资源数量的详细记载。到中世纪，西欧各国都有人口、军队、领地、职业、财产等方面的统计。然而，就国际上通用的“统计”一词的语源而论，最早出自欧洲中世纪拉丁语的“status”，其原意是指状态或状况。由这个词根组成的意大利语“stato”，表示“国家”的概念，并作为关于各国的国家结构和国情方面知识的总称。

“统计”最早是在德国当作学名使用的。1660年，德国在大学开设“国势学”课程，对各国情况进行比较。而我国早于德国千年的国势学在《大唐西域记》中就出现了。唐玄奘的《大唐西域记》可谓中国的国势学。有人说它是一部历史地理著作，根据现今考古发现，还应当加上一笔，这也是一部统计学巨著。书中不仅有所见所闻的一般性文字描述，还有统计数据。据考古专家研究考证，书中内容涉及130多个国家和地区、城邦，包括各地的地理形势、水陆交通、气候、物产、民族、语言、历史、政治、经济、生活、宗教、文化、风俗习惯等方面的描述，并且已被近代考古发现和历史研究证实了其真实性。当“国势学”课程传至哥廷根大学政治学教授阿亨瓦尔时，他于1749年将这门课命名为“statistik（统计）”。在英国，虽然早在17世纪就用数字来说明各种社会经济现象，但使用的是另一个完全不同的名称——政治算术（political arithmetic），还没有“统计”这一名称。其代表人物是威廉·配第（1623—1687年）和约翰·格朗特（1620—1674年）。直到18世纪末，《英格兰统计记事》的首任主编辛克来才将英语的“statistic”作为德语“statistik”的译文传入英国，并赋予统计以新的内容，即用数字作为语言来表述事物。这个词很快就流传到美国，直至今日，已广泛传播到各国。这个词在20世纪初由日本传入我国。

在现实生活中，提到“统计”一词人们常有不同理解，如“我不是搞统计的”中的“统计”，一般是指统计工作；“据统计”中的“统计”，一般是指统计资料；“我学过统计”中的“统计”，一般是指统计科学。所以，统计有三种含义，即统计工作、统计资料和统计科学。

统计工作，即统计实践，是指根据科学的方法从事统计设计、搜集、整理、分析研究和提供各种统计资料及统计咨询意见的活动总称，其成果是统计资料。

统计资料，是统计工作活动过程所获得的各种有关数字资料以及与之相联系的其他资料的总称。它的表现形式有各种统计表、统计图、统计报告、统计公报、统计年鉴及其他有关统计数字信息载体等，其内容是反映社会经济现象的规模、水平、速度、结构和比例关系等信息的数字和文字资料。

统计科学，即统计理论，是指统计工作实践的理论概括和科学总结。它以社会经济现象总体的数量方面为研究领域，以研究和阐明统计设计、调查、整理和分析统计资料的理论与方法为内容，是一门独立的艺术、技术和科学。

统计工作、统计资料和统计科学三者之间有着密切联系。统计工作的成果是统计资料，包括最初的调查资料、次级资料以及经过加工整理和分析研究而形成的周密系统的资料。统计科学是统计工作实践经验的理论概括和科学总结，它来源于统计实践，高于统计实践，反过来又指导统计实践。

二、统计研究的对象和特点

科学来源于实践。统计学是长期的统计实践的理论概括和科学总结，是逐渐形成的完整的科学体系。统计科学与统计工作的对象是一致的。统计研究的对象是大量社会经济现象总体的数量方面，其根本特征是在质与量的辩证统一中研究大量社会经济现象总体的数量方面，反映社会现象发展变化的规律在具体时间、地点和条件下的数量表现，揭示事物的本质、相互联系、变动规律和发展趋势。统计工作和统计科学的区别在于：统计科学从理论角度进行研究阐述，统计工作从实践上进行具体研究。统计科学载体中充满研究的理论与方法的内容。

辩证唯物主义告诉我们，不论是自然现象还是社会现象，都存在质与量两个方面，二者是辩证统一、密切联系的。事物的质是通过量表现出来的，没有数量也就没有质量，量的积累达到一定界限，将引起质的变化。因此，要研究事物的存在和发展，并掌握其发展规律，必须研究事物的量的方面，研究事物发展规律在具体时间、地点、条件下的数量表现。所以，从数量上认识事物，是马克思列宁主义、毛泽东思想、邓小平理论、“三个代表”重要思想、科学发展观、习近平新时代中国特色社会主义思想的一种科学的认识方法。

一般来说，统计既可以研究自然现象，也可以研究社会经济现象，本书侧重于研究社会经济现象的数量方面。所以，这里所说的数量方面是指社会经济现象的规模、水平、结构、速度、比例关系、普遍程度等。事物的质和量是密切联系的，是辩证的统一，因此，统计要对社会经济现象的数量方面进行研究，必须和其质的方面结合起来。换句话说，首先要明确现象质的特征，而后才能正确反映其量的表现。例如，要统计工业增加值，如果不明确什么是工业增加值，工业增加值量的统计就无法进行。又如，要统计职工人数和工资总额，如果不明确什么是职工以及工资总额的内容及范围，就不可能正确地统计职工人数和工资总额。统计以社会经济现象为其研究领域，具有自己的特点，归纳起来可概括成如下四个特点：数量性、总体性、具体性和社会性。

（一）数量性

统计的研究对象是社会经济现象的数量方面，包括社会经济现象的规模、水平、现象间的数量关系，以及决定现象质量的数量界限。统计研究对象的数量性，是统计区别于其他社会经济调查研究活动的根本特点。这里必须指出，统计对社会经济现象数量方面的认识是定量认识，但必须以定性认识为基础，要和定性认识结合起来，遵循定性—定量—定性的科学的认识规律。例如，要了解和研究国内生产总值的数量、构成及其变化，首先必须了解国内生产总值的本质属性，然后才能根据这种认识去确定国内生产总值的口径、范围和计算方法，进而才能据以处理许许多多复杂的、具体的实际统计问题。

（二）总体性

统计研究的对象不是个体现象的数量方面，而是由许多个体现象构成的总体的数量方面。例如，劳动生产率统计，不是研究某个人具体的劳动效率，而是研究一个国家、地区、部门或一个企业总体的劳动生产率及其变动情况。统计研究对象的总体性这个特点，是由社会经济现象的特点和统计研究的目的决定的。由于社会经济现象错综复杂，各个个体现象所处环境不同，它们既受共同因素的影响，又受某些个别的、偶然的因素的影响。因此，个体现象的数量特征和变动趋势是难以说明社会经济现象总体的本质和规律的，只有以社会经济现象的总体为研究对象，即以构成总体的全部或足够多数的个体现象为研究对象，才能消除偶然因素的影响，正确地揭示出社会经济现象的本质和规律。但是，总体是由个体构成的，要认识社会经济现象总体，就必须从调查了解个体现象的情况开始，从个体到总体，如人口统计必须从了解每个人的情况开始，然后经过分组、汇总、计算、整理等工作，才能过渡到说明人口总体数量的特征。

（三）具体性

统计所研究对象的数量是具体的数量，不是抽象的数量，这是统计和数学的重要区别之一。数学虽然以现实世界的空间形式和数量关系为研究对象，但是，它是非常抽象的。而统计所研究的量是具体事物在具体时间、地点和条件下的数量表现，它总是和现象的质密切结合在一起的。

例如，2021年我国的钢材产量为133 666.83万吨，原油产量为19 888.11万吨，粮食产量为68 284.7万吨[①②]等，显然不是抽象的量，而是我国在2021年这一具体条件下钢材、原油、粮食生产的数量表现。如果抽掉具体的内容，不是在一定时间、地点和条件下进行研究，那就不能说明任何问题，也就不能称为统计，其数字也就不是统计数字。

（四）社会性

统计研究的数量是社会现象的数量，具有社会性。它主要体现在两方面：一方面是统计研究对象具有社会性。就是说，统计所研究的是社会经济现象，是人类社会活动的条件、过程和结果，包括政治、经济、文化、教育、卫生、法律、道德等。它们都是人类有意识的社会活动及其产物，都和人的利益有关，即使表现为人和物的关系，背后也隐藏着人与人的关系。另一方面是统计认识主体也有社会性。统计是人的一种社会认识活动，要受到一定的社会、经济观点的影响，并为一定的社会集团利益服务。在社会主义制度下，进行社会经济统计活动的主体是社会主义国家的各级统计组织及其工作人员，他们的工作和人民的根本利益是一致的，能够得到社会和广大人民群众的支持。但是，由于社会主义社会还存在种种社会矛盾，存在全局利益和局部利益、集体利益和个体利益的矛盾，这些矛盾必然影响统计数字的真实性。从社会认识对象和认识主体的相互关系上看，统计的社会性也表现在社会认识活动过程中始终存在社会矛盾。为了充分发挥统计的作用，我们必须充分认识统计的社会性特点，正视社会矛盾，妥善解决矛盾，坚持实事求是的原则，切实维护统计数字的准确性和科学性。

---

① 资料来源：国家统计局．中国统计年鉴（2022）[M]．北京：中国统计出版社，2022.
② 本教材所引用实际数据资料除特别说明外，均载自《中国统计年鉴（2022）》。

三、统计的作用

统计的特点决定了它在认识社会的活动中有极为重要的作用。

(一)统计是认识社会的一种有力武器

人们要改造世界，首先要认识世界。人们在自己的社会实践中，为了达到预期的目的，必须了解客观世界的实际情况。但是，由于社会现象与自然现象具有不同的性质，认识社会现象不能像认识自然现象那样可以通过实验的方法，而必须运用符合社会现象特点的手段和方法。统计就是一种有力的工具和手段。统计以其特有的观察和分析研究方法，如实而具体地反映社会经济现象各个领域的情况，帮助人们认识世界，以达到改造世界的目的。正如列宁所说，统计是“认识社会的最有力的武器之一”①。前已述及，统计具有数量性、总体性、具体性和社会性的特点，所以，作为认识社会的有力武器的统计，不仅要进行定性研究，而且要进行科学的定量分析。社会经济现象是复杂的，统计要从事实的全部总和中、从事实的内部联系中把握事实。事物的质是根本的，决定着事物的量，但是事物的量又总是反映事物的质，当量变达到一定界限时，就会引起质变。从数量方面认识事物，可使人们的认识更加全面、具体和深刻。统计是认识社会的一种有力武器，这是统计的基本作用。

(二)统计是编制规划、制订计划、实行宏观调控的基础

我国是社会主义国家，现在处于社会主义初级阶段，实行社会主义市场经济体制，对国民经济和社会发展仍须实行一定的计划管理，从基层单位到整个社会都要编制规划、制订计划，以指导经济建设和文化教育事业的发展。这就必须以正确的统计资料为依据，使工作建立在科学可靠的基础上。规划和计划制订后还要进行监督、检查，搞好经济预测，进行宏观调控，这些也要以统计为依据。统计不仅要反映规划和计划执行的结果，更重要的是在执行的过程中，做好经济监测和预警，检查和监督其执行情况，及时发现问题，提出解决的办法和建议，使社会经济得以顺利发展。

(三)统计是制定政策的依据

各级党政领导机关在制定政策、方针时，都必须根据具体情况，从实际出发。如果离开了对实际情况的了解，想当然地制定政策，其后果是不可想象的。任何事物都是质与量的辩证统 ，从数量方面了解并掌握具体情况是制定政策时所必须注意的。正如毛泽东同志所说：“对情况和问题一定要注意到它们的数量方面，要有基本的数量的分析……我们有许多同志至今不懂得注意事物的数量方面，不懂得注意基本的统计、主要的百分比，不懂得注意决定事物质量的数量界限，一切都是胸中无‘数’，结果就不能不犯错误。”②

(四)统计是实行管理的手段

从社会发展来看，一般而言，社会分工越来越细，生产技术不断进步，这就要求管理适应这种要求。社会主义社会是一个包含多部门、多层次的有机整体，各级领导要善于从错综复杂、多变的经济联系中抓住主要环节，对瞬息万变的社会经济情况及时作出反应，这就需要各方面迅速而准确地提供信息。统计信息是各种信息的中心，是最重要的一种信

① 中共中央马克思恩格斯列宁斯大林著作编译局. 列宁全集：第16卷［M］. 北京：人民出版社，1959：431.
② 中共中央文献编辑委员会. 毛泽东著作选读：下册［M］. 北京：人民出版社，1986：670-671.

息，因此，无论是宏观经济规划、管理、协调和平衡，还是微观的管理、指挥、调度和组织，一刻也离不开统计。各级统计机构必须及时而有效地提供统计信息、提供咨询、实施监督、参与决策，这是各级党政领导机关进行管理所不可或缺的。

（五）统计是认识世界、开展国际交流和科学研究的工具

通过统计可以认识世界各国的状况，进行国际对比，开展国际交流，发展对外合作。我国自改革开放以来，尤其重视国际交流。国际交流的内容很多，途径多样，其中统计信息交流占有很重要的地位，统计资料是人们十分关注的问题。统计已成为人们认识世界、进行国际交流的工具。

统计还是科学研究的工具。自然科学研究自然现象的主要方法是科学试验，可通过人为创造条件和控制，使其反复发生，对其进行观察、试验，其中要用到数理统计方法。作为社会科学的统计则是社会科学研究的主要工具。因为社会科学研究的对象是社会经济现象，对它不可能完全人为地加以控制和模拟，只能将某种社会经济现象的发生和发展真实地“记录”下来，然后进行统计分析研究，并得出结论。例如，人口性别比的研究、国民经济比例关系的研究等，都需要用到统计方法。社会科学中各学科的研究借助“记录”事实的统计资料，进行分析比较研究，才能得到发展。邓小平曾告诫科学研究工作者，要注重统计，力戒空谈。他指出：“我们的水平很低，好多年连统计数字都没有，这样的情况当然使认真的社会科学的研究遇到极大的困难。因此，我们的思想理论工作者必须下定决心，急起直追，一定要深入专业，深入实际，调查研究，知己知彼，力戒空谈。”①

统计是为达到一定政治、经济目的而发挥作用的。在无产阶级革命时期，统计是进行革命斗争的工具，被用来揭露和打击敌人，向人民群众进行宣传鼓动。在社会主义现代化建设时期，统计除起着上述作用外，还发挥着提供信息、咨询和监督的作用。统计作用的发挥是在一定的理论指导下，通过统计特有的方法和具体工作实现的。

四、统计学的理论基础

马列主义哲学是研究自然、社会和思维发展规律最一般的科学，是科学的世界观和方法论。统计学是在质与量的辩证统一中研究大量社会经济现象总体的数量方面，揭示事物的本质、相互联系、变动规律和发展趋势。统计必须遵循辩证唯物主义原理，坚持世界是物质的，物质是第一性、精神是第二性，实践第一，实践是检验真理的唯一标准的观点；坚持一切从实际出发，实事求是，如实反映情况，反对一切弄虚作假、虚报瞒报。

统计必须坚持唯物辩证法，遵循质量互变规律、矛盾对立统一规律，反对形而上学；要全面地、发展地观察问题，对具体问题作具体分析，把握事物变化的数量界限；要抓住主要矛盾，抓问题的本质和主流，注意各种因素及其相互转化的条件，掌握事物变化、发展的内在原因和趋势。

经济学是研究经济关系及其发展规律的科学，对统计学研究具有重要指导意义。统计学只有以经济学为理论基础，以经济学阐明的理论、范畴、规律为指导，才能对社会经济现象总体的数量关系进行研究，制定出科学的分类或分组、指标体系和计算方法。统计必

① 中共中央文献编辑委员会. 邓小平文选：第2卷［M］. 2版. 北京：人民出版社，1994.

须根据经济学阐述的经济规律和原理，认识现象间的本质联系，进而才能深入分析现象变动的数量关系和规律。

毛泽东同志在领导中国革命和社会主义建设事业中，多次强调从实际出发，实事求是，进行调查研究，而且亲自做了许多调查，为我们树立了光辉的榜样。在统计实践中，必须始终坚持调查研究，以毛泽东调查研究理论为指导。

邓小平同志是伟大的马克思主义者，我们必须高举邓小平理论的伟大旗帜，各项工作都要以邓小平理论为指导。邓小平理论是一个完整的科学体系，是我们认识和改造客观世界的强大思想武器，也是改造我们主观世界的强大思想武器。在统计工作中要坚持从实际出发，实事求是，坚持调查研究，切忌主观片面。

党的十八大以来，习近平总书记十分重视统计工作，多次就防惩统计造假、弄虚作假行为发表重要讲话和做出重要指示批示。中央先后印发了《关于深化统计管理体制改革提高统计数据真实性的意见》、《统计违纪违法责任人处分处理建议办法》、《防范和惩治统计造假、弄虚作假督察工作规定》和《关于更加有效发挥统计监督职能作用的意见》等，彰显出统计监督在党和国家监督体系中的重要作用。

数学是研究现实世界的空间形式和数量关系的科学，是包括统计学在内的一切科学的基础。统计科学中所阐明和运用的数学方法，必然以数学为数理依据。现实的统计科学已广泛而成功地运用了数学，统计科学已获得了飞速发展。

第二节 统计研究的基本方法与过程

根据统计研究对象的特点，在长期实践的基础上，人们总结并形成了一系列特有的方法和与之相适应的工作过程。

一、统计研究的基本方法

统计的研究方法很多，但归纳起来，其基本方法有大量观察法、分组法和综合指标法，现分述如下：

（一）大量观察法

任何事物都处在相互联系、相互制约的统一整体之中，脱离整体而孤立的事物是不存在的。统计就是把研究的现象作为一个总体来观察的，因而，统计必须运用大量观察法。所谓大量观察法，就是对所要研究的事物的全部或足够多数的单位进行观察。

社会经济现象的发展变化要比自然现象复杂得多。在社会现象的总体中，个别现象往往受各种偶然因素的影响，如果孤立地就其中少数单位进行观察，其结果常常不足以反映现象总体的一般特征。

列宁指出："如果从事实的全部总和、从事实的联系去掌握事实，那么，事实不仅是'胜于雄辩的东西'，而且是证据确凿的东西。"①

① 中共中央马克思恩格斯列宁斯大林著作编译局．列宁全集：第23卷［M］．北京：人民出版社，1958：279．

所以，大量观察法是统计的基本方法之一。通过大量观察，一方面可以掌握认识事物所必需的总体的各种总量；另一方面还可以通过个体离差的相互抵消，在一定范围内排除某些个别现象和偶然因素的影响，从数量上反映总体的本质特征。

在我国的统计实践中，广泛运用了大量观察法进行多种统计调查，诸如各种基本的、必要的统计报表、普查、重点调查和抽样调查等。这些都是对总体进行大量观察，以保证从整体上认识事物。当然，在统计观察和分析中，也常常对个别典型单位进行深入细致的研究，但是，它的最终目的仍然是说明总体的本质特征。

（二）分组法

根据所研究对象总体的特点和统计研究的任务，按照一定的标志，把所研究的现象总体划分为不同性质或类型的组，这种方法在统计中称为统计分组法。

社会经济现象是十分复杂的，具有多种多样的类型。从数量方面认识事物不能离开事物的质的方面，将所研究的现象总体区分为不同性质的部分是统计进行加工整理和深入分析的前提。

统计分组法贯穿统计工作的全过程。在统计调查阶段，可以通过统计分组来搜集不同类别的资料；在统计整理阶段，可以通过统计分组对各种统计数据资料进行分门别类的加工、整理和储存；在统计分析阶段，可以通过统计分组来划分社会经济现象的类型、研究总体的内在结构，并且可以比较不同类和组之间的差异以及分析不同变量之间的关系。很显然，统计调查离不开分组，在统计资料的加工整理中，分组是关键环节，统计分析更是时刻不能没有分组，统计分析中综合指标的应用要建立在统计分组的基础之上，没有科学的分组，要制定正确的指标体系也是不可能的。这些都说明了统计分组法在整个统计工作过程中的重要意义。

（三）综合指标法

所谓综合指标法，是指利用综合指标对现象总体的数量特征和数量关系进行综合、概括和分析的方法。统计是研究社会经济现象总体的数量方面和数量关系的，所以，从总体上认识事物是统计研究的根本原则，它表现在统计分析上就构成了综合指标法，它是统计分析的基本方法之一。

综合指标法和分组法是运用于统计工作全过程的基本方法，而综合指标法是建立在大量观察法的基础上的，分组法又为所有综合分析方法的正确运用创造了前提。此外，统计工作中还要运用典型调查法、回归与相关分析、统计推断法、科学估算法、预测分析和综合评价法等。

统计研究方法的实质是唯物辩证法在研究社会经济现象数量方面的具体应用，因此，在运用统计研究方法时，还必须根据实际情况，按照需要与可能，分别采用不同的统计方法，要善于把多种统计方法结合运用，相互补充。

二、统计工作的过程

统计工作是运用各种统计特有的方法对社会经济现象进行调查研究，以认识其本质和规律的一种认识活动。从一般意义上说，统计认识活动和其他认识活动一样，也是一个由感性认识到理性认识的辩证过程，是一个不断深化的无止境的漫长过程，随着客观事物的不断发展变化，统计认识活动也要不断进行。但是，从统计认识活动的特殊意义来说，就一次统计活动来讲，一个完整的统计工作过程一般可分为统计设计、统计调查、统计整理、统计分析和统计发布五个主要阶段。

（一）统计设计

统计设计是指根据统计研究对象的性质和研究目的，对统计工作的各个方面和各个环节进行通盘考虑和安排。统计设计的结果表现为各种标准、规定、制度、方案和办法，如统计分类标准、目录、统计指标体系、统计报表制度、统计调查方案、普查办法、统计整理或汇总方案等。

统计设计的主要内容有：统计指标和指标体系的设计、统计分类和分组的设计、统计数据表现的形式（统计表、统计图和统计报告）的设计、统计资料搜集方法的设计、统计工作各个部门和各个阶段的协调与联系、统计力量的组织与安排等。

统计设计在统计工作中具有决定性的作用。因为统计工作是一项质量要求高、标准规定统一、科学性很强的工作，无论是统计总体范围、统计指标的口径和计算方法，还是统计分类和分组的标准，都必须统一，绝不允许各行其是。因此，只有事先进行设计，才能做到统一认识、统一步骤、统一行动，使整个统计工作有秩序地、协调地进行，保证统计工作的质量。

（二）统计调查

统计调查即统计资料的搜集，它是根据统计方案的要求，采用各种调查组织形式和调查方法，有组织、有计划地对所研究总体的各个单位进行观察、登记，准确、及时、系统、完整地搜集原始资料的过程。

统计调查是统计认识活动由初始定性认识过渡到定量认识的阶段，这个阶段所搜集的资料是否客观、周密、系统，直接关系到统计整理的好坏，关系到统计分析结论是否正确，决定了统计工作的质量，所以，它是整个统计工作的基础。

（三）统计整理

统计整理是根据统计研究的目的，对调查阶段搜集的原始资料，按照一定标志进行科学的分组和汇总，使之条理化、系统化，将反映各个单位个别特征的资料转化为反映总体和各组数量特征的综合资料的工作过程。

统计整理是统计工作的一个中间环节，是我们认识社会经济现象、由对个体的认识过渡到对总体的认识、由感性认识上升到理性认识的必经阶段，是统计调查的必然继续，又是统计分析的必要前提。

（四）统计分析

统计分析是指对经过加工整理的统计资料，应用各种统计分析方法，从静态和动态两方面进行基本的数量分析，认识和揭示所研究的现象的本质和规律，得出科学的结论，进而提出建议和进行预测的活动过程。统计分析是统计工作的最后阶段，也是统计发挥提供信息、咨询和监督职能的关键阶段。

（五）统计发布

统计调查得到的数据资料，经过统计整理和统计分析后便形成对人们认识社会经济现象具有一定指导作用的成果。要充分发挥统计信息、咨询和监督的作用，有关统计机构和人员就应当将这些统计成果采用科学有效的方式对外发布，以满足社会各界对统计资料的需求。如国家统计局通过网站定期发布各种统计数据信息，每年2月底前发布的上一年国民经济和社会发展公报、每年9月份出版发行的中国统计年鉴等，都很好地满足了社会各界全面、及时、准确地认识一定时期国民经济和社会发展状况的需求。

统计工作过程上述五个阶段各有自己的特定内容和作用，一般来说，是依先后次序进行的。但是，它们是相互联系、相互制约的整体，任何一个阶段的工作失误都会影响整个统计工作的顺利进行。为了保证从整体上取得良好效果，有时因工作需要，在某些情况下，各阶段工作要相互渗透、交叉进行。例如，有时根据需要和为保证质量，在统计调查、整理阶段进行一些必要的分析，或者改进设计；有时，在统计分析中因为已有资料不能满足需要，而进行一些必要的补充调查、加工整理和计算工作，补充、改进设计方案等。

统计的研究对象是社会经济现象总体的数量方面，研究目的是认识其本质和规律，因此，在整个统计工作的过程中必须正确处理质与量的辩证关系、感性认识与理性认识的关系、定性分析与定量分析的关系。统计设计是对社会经济现象进行定性认识的工作，是定量认识的必要准备；统计调查和统计整理是搜集、整理统计资料，使个体特征过渡到总体特征的定量认识工作，是整个统计工作的基础和关键环节；统计分析是运用统计方法对资料进行比较、判断、推理、评价，揭示社会经济现象的本质和规律的重要阶段；统计发布则是充分发挥统计作用必不可少的环节和手段。这五个阶段体现了在质与量的辩证统一中研究社会经济现象总体数量方面的原则和要求，所以，在实践中，必须正确处理它们各自的任务和关系，以达到预期的目的。

第三节 统计学中的基本概念

统计科学和其他科学一样，在论述其理论与方法时，要运用一些专门的概念，有些是基本的、常用的，有些是局部的，在论述专门问题时使用。局部的概念将在有关章节讲解，本节只就几个基本的、常用的概念加以阐述。

一、统计总体与总体单位

统计为正确认识客观现象，必须从总体角度进行观察，这就产生了统计总体的概念。统计总体是根据一定目的确定的所要研究事物的全体，它是客观存在，并在某一相同性质基础上结合起来的由许多个别事物组成的整体，简称总体。例如，在研究全部工业企业时，全部工业企业就是一个总体，它包括许多个别工业企业，工业企业是客观存在的，每个企业都以工业生产活动为其经济职能，这就是构成总体的相同性质。

构成统计总体的每个独立的个别事物称为总体单位，简称单位或个体，如全部工业企业中的每个企业、全国人口总体的每个人等。构成总体的各个单位必须具有同质性，这既是必要条件，也是它的重要特征。构成总体的个别单位或事物，可以是基层企业或事业单位、人或家庭，可以是产品、商品、设备等物品，可以是行为或事件，也可以是同一事物试验的不同观察值。

如果所研究的一个统计总体中包含的单位数是无限的，这种总体称为无限总体。例如，连续大量生产某种零件时，其总产量是无限的，因此就构成了一个无限总体。如果总体中包含的单位数是有限的，这种总体称为有限总体。例如，在一定时点上的人口总数、工业企业总数等，都是有限总体。对于有限总体，既可以进行全面调查，也可以进行抽样调查。对于无限总体，只能进行抽样调查，根据样本数据推断总体特征。统计总体还可根据时空属性分为静态总体和动态总体。静态总体所包含的各个单位属于同一时间，动态总体所包含的各个单位则属于不同时间。依据一定的研究目的，对这两类总体可以分别进行静态或动态分析研究。

在统计研究中，正确确定总体单位和统计总体的范围是十分重要的，它取决于认识对象的性质和统计研究的目的。随着研究目的和任务的变动，统计总体和总体单位可以变化。当研究目的和任务确定后，统计总体和相应的总体单位就产生和固定了下来。

二、标志与指标

统计是从对个体的观察、认识开始，逐步过渡到对总体的了解与认识，标志和指标是统计认识中形成的两个密切联系的概念。

标志是说明总体单位特征的名称。标志可分为品质标志和数量标志两种。品质标志表示事物的质的特征，是不能用数值表示的，如工人的性别、民族、工种等。品质标志通常是在标志名称之下表明质的属性，如某工人的性别是女、民族为汉族，这时“女”和“汉族”是表明标志名称“性别”和“民族”的质的属性。数量标志则表示事物的量的特征，是可以用数值表示的，如工人的“工资额”“工龄”“年龄”等。它的具体表现是在数量标志的名称之后表明它的具体数值是多少。例如，某企业某职工的月工资为4 150元、工龄为3年、年龄为24岁，这里该职工的4 150元月工资、3年工龄、24岁，分别是数量标志月工资额、工龄和年龄的具体数量表现。置于品质标志后面，说明质的属性是什么或怎么样，以及置于数量标志后面，说明现象数量是多少的都统称为标志值。如前面的“女”“汉族”“24岁”等都是标志值。

指标（指统计指标）是说明现象总体量的特征的概念或范畴，以及通过统计实践活动可得到指标的具体数值的总称。例如，某市2022年地区生产总值为4 417.7亿元，年末常住人口为384.8万人。这里的地区生产总值和年末常住人口数为指标名称，4 417.7亿元和384.8万人是指标的具体数值。

标志和指标是两个既有区别又有联系的概念。两者的主要区别是：（1）标志是说明总体单位特征的，而指标是说明总体特征的；（2）标志有不能用数值表示的品质标志与能用数值表示的数量标志，然而不论什么指标，都是用数值表示的。两者的主要联系是：（1）有些统计指标的数值是从总体单位的数量标志值汇总得到的，如一个县的粮食实际入库总产量是所属各乡镇粮食实际入库量的汇总数，一个地区的总产值是所属各企业总产值的总和等；（2）在一定的研究范围内，指标和数量标志之间存在变换关系，当研究目的改变，如原来的总体变为总体单位，则相应的统计指标就变为数量标志了，反之亦然。

三、变异、变量和变量值

要理解这些概念，必须先搞清什么是不变标志和可变标志。统计中反映总体单位特征的标志很多，按其具体表现是否有差异区分，可分为不变标志与可变标志。

当某一标志的具体表现在各个总体单位上都相同时，其为不变标志。不变标志是使许多个别单位结合成为总体的前提，体现为总体的同质性。组成一个总体的各个总体单位必须有一个或几个不变标志。例如，以全国国有大中型机械工业企业为总体，这里的各个工业企业均有国有制、大中型企业、工业行业这三个不变标志。

可变标志是指其具体表现在总体各个单位上不尽相同的那些标志。一般来说，组成一个总体的各个总体单位具有许多可变标志。例如，国有大型机械工业企业的各个工业企业的可变标志就有厂址、隶属关系、职工人数、资产额、生产能力、工业增加值、工业总产值、劳动生产率、平均工资、利税额等。可变标志在总体各个单位具体表现上的差别就是变异，包括质（性质、属性）的变异和量（数值）的变异。例如，工人的性别这一标志可以具体表现为男、女，这是属性上的变异；而工人家庭人口数这一标志可具体表现为1人、2人、3人、4人、5人等，这是数量上的变异。变异是普遍存在的，是统计的前提条件，有变异才需要统计，没有变异就用不着统计了。

一般来说，变量就是可变的数量标志，如工人家庭人口数、工人的工资等就是变量。变量的数值表现就是变量值。例如，工人家庭人口数具体表现有1人、2人、3人、4人、5人等；又如，工人的月工资额表现有4 150元、4 450元、4 560元、5 000元、5 600元等，这些就是变量值。

变量值按取值是否连续可分为连续变量与离散变量两种。在一定区间内可任意取值的变量叫连续变量，其数值是连续不断的，相邻两个数值可作无限分割，即可取无限个数值。例如，生产零件的规格尺寸及人的身高、体重、胸围等为连续变量，其数值只能用测量或计量的方法取得。可按一定顺序一一列举其数值的变量叫离散变量，其数值是断开的。例如，企业个数、职工人数、设备台数、学校个数、医院个数等，都只能按计量单位数计数，这种变量的数值一般用计数方法取得。

在明确了以上一些基本概念之后，将它们联系起来观察，深入地认识总体，可以看出，统计总体具有同质性、大量性和差异性三个主要特点。

1.同质性

同质性是指总体中的各个单位必须具有某种共同的属性或标志数值，如国有企业总体中每个企业共同的标志属性是国家所有。同质性是总体的根本特征，只有个体单位是同质的，统计才能通过对个体特征的观察研究，归纳和揭示出总体的综合特征和规律。

2.大量性

大量性是指总体中包括的总体单位有足够多的数量。总体是由许多个体在某一相同性质基础上结合起来的整体，个别或很少几个单位不能构成总体。总体的大量性，可使个别单位某些偶然因素的影响——表现在数量上的偏高、偏低的差异——相互抵消，从而显示出总体的本质和规律。

3.差异性（或称变异性）

差异性是指总体的各个单位之间有一个或若干个可变的品质标志或数量标志，从而表现出的差异。例如，某领域的职工总体中各个单位间有男、女的性别属性差异，有20岁、21岁、22岁、23岁、24岁、25岁、26岁等年龄标志数值的差异等。

统计总体要同时具备同质性、大量性和差异性这三个特征，才能进行一系列统计计算和分析研究。

第四节 我国统计的任务和组织

统计的作用是通过统计任务的完成来发挥的，统计任务又是通过一定的管理体制和机构组织实现的。这一切又要有法律保障才可行。

一、我国统计的任务

为了使我国的统计工作适应社会主义现代化建设事业的需要，国家颁布了《中华人民共和国统计法》(以下简称《统计法》)，其目的是科学、有效地组织统计工作，保障统计资料的真实性、准确性、完整性和及时性，发挥统计在了解国情国力、服务经济社会发展中的重要作用，促进社会主义现代化建设事业的发展。

《统计法》规定："统计的基本任务是对经济社会发展情况进行统计调查、统计分析，提供统计资料和统计咨询意见，实行统计监督。"对于这一完整的条文，可分解为三个要点来理解：

(一) 进行统计调查、统计分析

统计是认识社会的武器之一。认识的根本目的是认识事物的本质。基于这一点，要对经济和社会发展情况有本质的认识，就要搜集、整理和分析有关统计资料。这是统计的经常性活动，是提供统计资料和统计咨询意见的前提，是实行统计监督的基础，是统计的首要任务。

(二) 提供统计资料和统计咨询意见

统计活动的目的之一是提供统计资料和统计咨询意见。统计资料是统计工作的主要成果。及时向各级领导机关提供统计资料，依据国家规定定期公布统计资料，提供咨询意见是统计必须完成的任务。

(三) 实行统计监督

统计的认识活动不是消极的、被动的，而是积极发挥它的管理手段的作用，为此就不仅要提供统计资料，更重要的是通过统计资料对经济社会发展情况实行统计监督。

为实现统计任务，统计人员必须及时提供真实、准确、完整的资料，保守国家机密，完成统计工作任务。各级领导机关和有关人员要认真执行《统计法》，不得随意篡改统计数字。统计机构和统计人员要依法独立行使统计调查、统计报告和统计监督的职权，并且不受侵犯。

二、我国统计的组织

统计工作要顺利进行，必须建立相应的统计管理体制，科学地组织统计工作。世界各

国政府的统计管理体制有分散型和集中型两类。分散型的统计体制，是指统计工作由中央一级的统计各主管部门分别进行，各主管部门为实施管理所需的统计资料基本上由其所属的统计机构提供。集中型的统计体制，是指中央一级的统计工作基本上集中在国家的统计机构进行，其他各主管部门一般不负责统计工作，国家的统计机构对全国的统计工作实行集中统一领导。

我国的统计工作基本上属于集中型。《统计法》明确规定："国家建立集中统一的统计系统，实行统一领导、分级负责的统计管理体制。"所谓集中统一的统计系统，是指上至国务院，下至各级人民政府、各部门和企业事业组织，根据统计任务的需要设置相应的统计机构和统计人员，全国形成完整的统计系统。同时，国家有计划地用现代信息技术装备各级人民政府统计机构，建立健全国家统计信息自动化系统。所谓统一领导、分级负责，是指国务院设立国家统计局，负责组织领导和协调全国统计工作，包括统一制定全国的统计制度方法，统一管理全国性的报表，统一布置和组织全国性的普查和其他调查，统一管理和提供全国性的重要统计资料等。各地方、各部门和各单位领导监督统计机构、统计人员和其他有关人员执行《统计法》和全国统一的统计制度。各级统计组织必须严格贯彻执行全国统一制定的统计工作方针、政策和计划。全国统一规定的统计指标体系、统计分类标准、统计调查项目及各有关项目的计算方法，各级统计组织必须贯彻执行，不得擅自变更。统计报表和统计数字，按照统一规定，分级管理。统一领导和分级负责管理相结合，各级统计部门和业务部门的统计组织就既能完成国家统一的统计任务，同时也能完成本地区、本部门、本单位的统计任务。

随着社会主义市场经济的发展，为适应社会经济发展的需要，我国也出现并存在同国家统计组织相对称的民间统计组织（也可称非官方统计组织，即官方统计组织的对称）。它是我国全社会统计系统的不可或缺的组成部分。目前，我国的民间统计组织的类型主要有：（1）社会经济信息服务公司；（2）社会调查事务所、市场调查所或统计师事务所；（3）信息协会；（4）统计信息咨询服务中心或服务部；（5）行业协会；（6）科研单位或大专院校设置的咨询服务部；（7）工会、共青团、妇联等社会团体的统计活动组织。这些类型的统计组织主要从事必要的统计数据资料的搜集、传播和信息咨询服务与交流。民间统计组织虽然服务内容、技术手段和活动形式尚不完善，但展示出较强的活力，它必然进一步发展，成为我国统计活动的重要力量。

为适应我国社会主义现代化建设的需要，要加快统计工作现代化。《统计法》规定："国家有计划地加强统计信息化建设，推进统计信息搜集、处理、传输、共享、存储技术和统计数据库体系的现代化。"国家有计划地优先把各级政府统计机构用现代化的计算技术和数据传输技术武装起来，逐步建立健全现代化的国家统计信息系统。统计现代化包括采用先进的现代化技术进行资料的搜集、编辑、修改、存储、查询、计算、制表、印刷、装订等一系列过程。建成一个完整的国家统计信息化系统后，国家统计调查的各种资料都可得到迅速处理。

复习思考练习题

1.简述统计工作、统计资料和统计科学的含义及相互之间的关系。

2.统计研究的对象和特点是什么？

3.简述统计的作用。

4.简述统计学的理论基础。

5.简述统计研究的基本方法和过程。

6.统计的基本任务是什么?

7.我国统计的管理体制是怎样的?

下章内容导引

2019年11月8日，国务院印发《国务院关于开展第七次全国人口普查的通知》(以下简称《通知》)，根据《统计法》和《全国人口普查条例》的规定，国务院决定于2020年开展第七次全国人口普查。

《通知》指出，第七次全国人口普查是在中国特色社会主义进入新时代开展的重大国情国力调查，将全面查清我国人口数量、结构、分布、城乡住房等方面情况，为完善人口发展战略和政策体系，促进人口长期均衡发展，科学制定国民经济和社会发展规划，推动经济高质量发展，开启全面建设社会主义现代化国家新征程，向第二个百年奋斗目标进军，提供科学准确的统计信息支持。

《通知》中还规定，普查对象是普查标准时点在中华人民共和国境内的自然人以及在中华人民共和国境外但未定居的中国公民，不包括在中华人民共和国境内短期停留的境外人员。普查主要调查人口和住户的基本情况，内容包括姓名、公民身份号码、性别、年龄、民族、受教育程度、行业、职业、迁移流动、婚姻生育、死亡、住房情况等。普查标准时点是2020年11月1日零时。

2022年12月1日，国务院印发《国务院关于开展第五次全国经济普查的通知》。根据《全国经济普查条例》的规定，国务院决定于2023年开展第五次全国经济普查。第五次全国经济普查的指导思想是，以习近平新时代中国特色社会主义思想为指导，深入贯彻党的二十大精神，认真落实党中央、国务院决策部署，完整、准确、全面贯彻新发展理念，加快构建新发展格局，着力推动高质量发展，坚持依法普查、科学普查、为民普查，坚持实事求是、改革创新，确保普查数据真实准确，全面客观反映我国经济社会发展状况。

第五次全国经济普查是一项重大国情国力调查，将首次统筹开展投入产出调查，全面调查我国第二产业和第三产业发展规模、布局和效益，摸清各类单位基本情况，掌握国民经济行业间经济联系，客观反映推动高质量发展、构建新发展格局、建设现代化经济体系、深化供给侧结构性改革以及创新驱动发展、区域协调发展、生态文明建设、高水平对外开放、公共服务体系建设等方面的新进展。通过普查，进一步夯实统计基础，推进统计现代化改革，为加强和改善宏观经济治理、科学制定中长期发展规划、全面建设社会主义现代化国家，提供科学准确的统计信息支持。

普查的对象是，在我国境内从事第二产业和第三产业活动的全部法人单位、产业活动单位和个体经营户。具体范围包括：采矿业，制造业，电力、热力、燃气及水生产和供应业，建筑业，批发和零售业，交通运输、仓储和邮政业，住宿和餐饮业，信息传输、软件和信息技术服务业，金融业，房地产业，租赁和商务服务业，科学研究和技术服务业，水利、环境和公共设施管理业，居民服务、修理和其他服务业，教育，卫生和社会工作，文化、体育和娱乐业，公共管理、社会保障和社会组织等。

以上人口普查和经济普查的相关规定，都与我们的工作和生活紧密相关，那么，什么是普查？普查和统计调查有哪些关系？以上这些问题是谁设计的？什么是统计设计？统计设计的内容包括哪些？美观又实用的统计图表又是如何绘制出来的？学习第二章的内容，我们的这些疑问就会得到解答。

第二章 统计设计和统计调查

内容提要

占有一定的统计资料是统计研究的基础。获得高质量的统计资料的前提是统计设计。本章阐述了统计设计的中心内容（统计指标和统计指标体系的设计）；统计设计的一般原则；统计图表及其设计；统计调查方案和调查问卷的设计；统计调查方法和组织方式，各种调查方法的结合运用。根据统计研究任务要求，采用科学的调查方式和方法搜集资料，是保证统计质量的基本环节。目前，我国统计调查体系是以周期性普查为基础，以经常性抽样调查为主体，综合运用全面调查、重点调查等方法，并充分利用行政记录等资料，搜集、整理统计资料。

第一节 统计设计的概念和内容

一、统计设计的概念和意义

统计设计是根据统计研究对象的性质和研究目的，对统计工作各个方面和各个环节通盘考虑和安排，制订各种设计方案的过程。这里的统计工作各个方面，是指统计研究对象的各个组成部分。就工业企业生产经营活动而言，包括人力、财力和物力，供应、生产和销售；就整个社会经济发展来说，包括人口、环境、资源等条件和生产、分配、流通、消费等扩大再生产过程，以及政治、经济、文化、教育、科技、卫生、体育等社会活动。统计工作的各个环节，是指统计工作具体进行时的各个阶段，包括统计资料的搜集，统计资料的汇总与整理，统计资料的分析研究、提供、保存和公布等阶段。

统计设计作为一个独立阶段，是由社会经济发展和统计研究的进步所决定的。只有通过统计设计，才能保证统计工作协调、统一、顺利进行，避免统计标准不统一；只有通过统计设计，才能按需要与可能，分清主次，采用各种统计方法，避免重复和遗漏，使统计工作有序进行。

二、统计设计的种类

从不同角度来考察，统计设计有不同的分类。现分述如下：

（一）按统计设计所包括的研究对象的范围不同，可分为整体设计和专项设计

整体设计，是以研究对象为一个整体，对整个统计工作进行的全面设计。整体设计的范围可大可小。就微观而言，它是一个企业、事业基层单位的统计工作的全盘设计；就宏观而论，它是整个国民经济范围的统计工作的全面设计。专项设计，是对研究对象的某一部分的统计设计，如一个企业的有关人力、物资、资金、生产、供应、销售的统计设计就是专项设计。就全国来说，工业、农业、交通运输业等的统计设计，也是专项设计。

整体设计是主要的，专项设计从属于整体设计。整体设计和专项设计的划分是相对的，如从全社会看，农业统计设计是专项设计，但就农业作为独立研究对象来说，农业统计设计则是整体设计。

（二）按统计设计所包括的工作阶段不同，可分为全过程设计和单阶段设计

全过程设计，是从确立统计任务、内容、指标体系到分析研究的全过程的通盘安排。单阶段设计，是就统计工作过程中的某一阶段的安排，如统计调查的设计、统计整理的设计、统计专题分析的设计等。

全过程设计和单阶段设计各有分工，各有侧重。全过程设计偏重安排各阶段的联系，单阶段设计则要细致地安排工作进度和方法。两者相比，全过程设计是主要的，单阶段设计是在全过程设计的基础上进行的。

（三）按统计设计包括的时期不同，可分为长期设计、中期设计和短期设计

这种划分和前两种划分不同，是从具体设计的组织工作安排考虑的。长期设计是指5年以上的统计设计。中期设计是指2～3年的统计设计。短期设计是1年或年度内的统计设计。

三、统计设计的内容

统计设计的涉及面非常广泛，包括整个统计工作过程的全部内容。然而，许多内容不可能在统计工作开始阶段就设计妥当，要根据工作的进程适当地进行调整和充实，而且，统计设计的内容又由于设计的种类不同而有所不同。

尽管如此，各类统计设计仍然有许多共同之处。一般来说，按认识对象范围划分的整体设计和专项设计，只有范围大小之差，其设计内容类似。按工作阶段划分的全过程设计和单阶段设计的内容也大致相同，只是详略有别。这里仅就统计设计一般属于共性方面的内容，作概略的阐述。

（一）明确规定统计研究的目的和任务

统计设计的首要环节是明确规定统计研究的目的和任务，这是确定统计内容和方法的出发点。目的不明，任务不清，就无法确定研究什么和怎样研究。其结果可能不是当前迫切需要的，而迫切需要的却得不到充分反映，所以，明确规定统计研究的目的和任务是统计设计的首要问题。

（二）确定统计指标和统计指标体系

统计指标和统计指标体系是认识客观事物的工具，所以，也是统计设计的中心内容。无论是整体设计还是专项设计，也不论是全过程设计还是单阶段设计，都要解决统计指标和统计指标体系的设计问题（详见本章第二节）。

（三）确定统计分类和分组

与统计指标和统计指标体系相联系，确定统计分类和分组也是统计设计的重要内容。这里说的分类和分组，指的是社会经济现象本身的分类和分组，如国民经济行业分类、城乡分类、人口的职业分类，人口按年龄的分组、家庭按平均每人收入的分组等。

统计分类是一项很重要的工作，有些统计分类是很复杂的，需要统计设计人员具有广博的理论知识和实践经验。统计分类实际上是一种定性认识活动。要搞好它，常常需要聘请有关方面的专家、学者及实际工作经验丰富的人员共同讨论研究，制定出统一的分类目录，确定对各种复杂情况的处理方法。

（四）确定统计分析研究的内容

在整个统计工作过程中，统计分析研究一般是在统计资料整理之后进行，但在统计设计过程中，对统计分析研究内容的考虑通常是放在明确统计目的、任务并确定统计指标、指标体系及分类分组体系之后。同时，统计分析研究内容的确定，还可以进一步对既定的统计指标和指标体系起核查校对作用。统计指标及其体系如不能满足统计分析研究的要求，就要进行修改和充实。统计分析研究内容的设计，最主要的是科学地选定分析研究的题目。确定了题目之后，还要考虑用什么分析方法。

（五）研究设计统计的表达形式

统计设计还要充分考虑统计的表达形式。它可以是比较系统的书面分析报告（参见第

十一章第五节)，也可以是简明扼要的文字说明，还可以是鲜明生动的图表。表达形式要根据统计指标的性质和服务对象来确定（参见本书的有关章节)。

（六）制订统计调查方案

为了保证调查过程中的统一认识，必须制订统计调查方案。这是统计设计的重要内容(具体内容参见本章第五节)。

（七）制订统计整理方案

制订统计整理方案是统计设计的重要内容之一。所谓统计整理，是指根据统计研究的目的，将统计调查所得的原始资料（也称初级资料）进行科学的分类和汇总，为统计分析准备系统化和条理化的综合资料的工作过程。这一工作是一项汇总性工作。制订统计整理方案实际上就是制订统计汇总方案。一般来说，它的基本内容在统计调查之前就要确定下来，要求根据统计分析的需要设计统计汇总的具体内容，对整个汇总过程做出统一的安排。

（八）规定各个阶段的工作进度和时间安排

暂且不论统计工作的全部，只就某一项统计工作而言，其过程也是由若干大阶段和许多小环节、细节构成的。在设计时，要对它们进行严格规定。

例如，统计调查阶段包括资料登记、复查、质量抽查等工作；统计整理阶段包括资料审核、汇总等工作。对这些工作都要规定完成的期限。

为使各个阶段、各个环节的工作能够互相衔接、相互联系、协调配合、顺利进行，以及按时、保质、保量地完成，还要设计出“工作进度图”“统筹图”“流程图”等，具体规定明确的起止日期。

（九）考虑各部门和各阶段的配合与协调

仅仅制定了统一的指标体系和统计分类、分组标准还是不够的，因为各级各部门对统计指标的口径、分类粗细等要求不同。为了满足各方面的要求，必须考虑如何处理这些问题。

在统计工作全过程中，统计调查、统计整理和统计分析是互相联系的环节，不同的指标又有不同的搜集资料的方法，有不同的时间要求，从而也就有不同的整理方法，而这些又取决于统计分析研究的目的和内容，因此，统计整体设计虽然不能完全代替阶段设计，但是需要考虑各个阶段之间的关联。

（十）统计力量的组织与安排

统计力量的组织与安排是保证统计工作顺利进行的一个重要的统计设计内容。

就广义而言，它包括专业统计机构的组织，包括统计机构与领导机关和其他业务机构的关系，包括非统计机构中统计活动和各种业务资料的利用，也就是说，包括统计机构与非统计机构的整个统计力量的组织和安排。

就狭义而言，统计力量的安排是指专业统计机构的组织和统计力量的安排。也就是说，如何组织专业统计机构、各项工作如何分工、各安排多少人、各负什么职责、怎样既有分工又有合作、是否有必要定期轮换等。

第二节　统计指标和指标体系的设计

统计分析研究社会经济现象总体的数量方面，是通过统计指标和指标体系来进行的，所以统计指标和指标体系的设计是统计设计的中心内容。

一、统计指标的概念和特点

（一）统计指标的概念

统计指标是统计活动中经常使用的概念。在统计理论与实践中，一般有两种理解和使用方法：一种理解是，把统计指标理解为反映一定社会经济现象总体的某种数量特征的概念。例如，国内生产总值这个指标是指一个国家所有常住单位在一定时期内生产活动的最终成果。它作为一个数量特征的概念，综合反映了社会经济活动的最终成果。这是统计理论和统计设计上所使用的统计指标的含义。在具体确定时，包括指标名称、内容口径和核算方法三个要素。另一种理解是，统计指标反映总体现象的数量特征及具体数值。这是统计工作中经常使用的统计指标含义。依此理解，它除包括上述三个构成要素外，还包括时间限制、空间限制和指标数值三个要素。可见，全面理解统计指标包括六个构成要素，这六个构成要素可归结为统计指标概念和指标数值两个组成部分。

统计指标是社会经济现象真实属性的科学概括，是客观实际发生过程的反映。基于这种认识，一般认为，对统计指标的这两种理解都是成立的、合理的，它们分别在不同的场合使用。在统计理论研究和统计设计时，只能研究设计统计指标的名称、内容、口径和确定方法，这是不包括数值的统计指标。在进行统计资料搜集、汇总整理、加工计算，得到统计指标的具体数值，用来说明总体现象的实际状况时，便从不包括数值的统计指标过渡到包括数值的统计指标，这正反映了统计工作的过程。

（二）统计指标的特点

统计指标具有如下三个主要特点：

1. 数量性

统计指标是用数值反映客观现象量的特征的，不存在不能用数值表现的统计指标。

2. 综合性

统计指标是统计总体特征的数量表现，总体是由许多相同性质的个别事物构成的整体。总体的数量是将其所包括的每个单位的标志值进行综合之后计算得到的，具有综合性。例如，工资总额是一定时期内支付给职工的劳动报酬总额。

3. 具体性

统计指标不是抽象的，而是一定的具体的社会经济现象量的反映，不存在脱离质的内容的统计指标。统计指标的具体性表明统计指标是一定时间、地点、条件下的客观事实量的反映。

二、统计指标的种类

统计指标是认识社会经济现象的重要工具。为正确掌握统计指标，对其加以分类是非常必要的。对统计指标可以从不同角度进行分类，现择其要者说明如下：

（一）统计指标按其表现形式不同，可以分为总量指标、相对指标和平均指标

总量指标是反映社会经济现象的规模、水平或总量的指标，其数值表现为绝对数。

相对指标是表明两个有联系的统计指标数值之比，是反映数量关系的指标，其数值表现为相对数。

平均指标是同质总体内标志总量与总体单位数相除的结果，是表明总体各单位标志值的一般水平的指标。

（二）统计指标按其说明的总体现象的性质不同，可以分为数量指标和质量指标

数量指标是反映社会经济现象的规模大小或数量多少的统计指标，一般表现为总量指标、绝对数，如人口数、企业数、商品销售额等。

质量指标是说明总体性质和数量的关系，表明总体的内部构成、比例、发展变化速度和一般水平的指标，一般表现为相对指标和平均指标，其数值表现为相对数和平均数，如人口的性别构成、出生率、死亡率、人口密度、职工平均工资、单位面积粮食产量等。

（三）统计指标按其数据取值依据不同，可以分为客观指标和主观指标

客观指标是指其取值依据是对统计对象的实际度量或计数，具有具体性和客观性，这类指标多属实体指标，如产品产量、劳动者人数等。

主观指标是指不可能或难以直接度量或计数取值，而只能凭人们的印象感受、观察评价确定其量的指标，如民意测验、对事物的综合评价等。这类指标虽不是实际度量或计数得来的，且具有模糊性，但一般是通过对一定数量具有代表性的样本资料加以综合比较才确定其量的特征的，具有代表性。由于这类指标并非某个人任意观察想象评价所得，而是多数人意愿的综合结果，所以是可信的，在此种意义上说，它具有客观性。

（四）统计指标按其在管理工作中的作用不同，可以分为考核指标和非考核指标

考核指标是指用于定期或不定期检查、评比、考核用的指标。

非考核指标是指不作考核用，主要是用于了解情况和一般分析研究的指标。

（五）统计指标按其表现的方向不同，可以分为正向指标、适度指标和逆向指标

正向指标是指指标数值越大表明被评价现象越好的指标。属于这类指标的有企业的生产工人劳动生产率、每百元资金利润率、增加值率等。

逆向指标是指指标数值越小表明被评价现象越好的指标。属于这类指标的有企业的单位产品成本、每百元工业产值消耗的能源等。

在社会经济实践中，有些现象的指标数值既不是越大越好，也不是越小越好，而是应当处于一个合理的区间范围内。统计中把这类指标称为适度指标。例如，企业的资产负债率、一次抽样调查所确定的必要样本容量等都属于适度指标。

此外，统计指标还可按其反映的时间状况不同分为时期指标和时点指标，按其计量单位的差异分为实物指标、价值指标和劳动指标，这将在本书第四章详述。

三、统计指标体系的概念和种类

一个指标只能表示社会经济现象某一总体特征或某一侧面的情况。为了全面地、系统地反映社会经济现象总体各方面的数量特征，就必须设计科学的指标体系。

统计指标体系是由一系列相互联系、相互制约的统计指标所组成的整体。只有统计指标体系才能从各个方面的相互联系中反映总体的全面情况。例如，考核一个工业企业的生产经营情况，就要设置包括人、财、物和产、供、销等方面活动的一系列指标。这样才能认识生产经营活动的全貌，对企业整体的经营情况做出全面、正确的评价。

因为统计指标体系是由一系列相互联系的统计指标组成的整体，所以，统计指标体系具有成套性的特点，即不是单个指标的简单组合，而是相互联系、相互制约的系列成套指标。

统计指标体系还具有适用性的特点，即统计指标体系不脱离实际，而是切合实际需要，是与统计任务要求相适应的。它并非繁多指标的随意结合，而是根据统计任务的需要建立的。

统计指标体系可按其作用、内容和范围不同划分为多种类别。

首先，按作用不同，可将统计指标体系分为由反映社会经济基本情况的主要指标所构成的基本指标体系和反映某方面专门问题的专题指标体系。

其次，按反映内容的范围不同，统计指标体系可分为反映全国范围的宏观指标体系及反映基层单位运行和经营状况的微观指标体系。

最后，按统计指标体系的内容不同，统计指标体系可分为国民经济指标体系、社会指标体系和科学技术指标体系。其具体设置要遵循统计指标设计原则，经研究确立。

四、统计指标体系的设计原则

设计统计指标体系是一项科学性很强的复杂工作。设计时要通盘考虑设置哪些指标，名称、含义、内容如何，计算时间、空间如何，计算方法和计量单位如何等。设计时必须遵循以下五项基本原则：

（一）科学性原则

设计统计指标体系既要有科学理论的指导，又要符合客观对象的实际。要以马克思列宁主义、毛泽东思想、邓小平理论、“三个代表”重要思想、科学发展观、习近平新时代中国特色社会主义思想为指导，从中国新时代实际出发，设计出具有中国新时代特色的统计指标体系。

（二）目的性原则

设计统计指标体系要有明确的目的，一般来说，要能反映社会经济现象和过程的各个方面、各个环节，提供分析研究经济领域中各种基本比例关系的数据，以适应客观实际管理的需要。此外，统计指标体系的设计还要满足国际统计对比的需要。

（三）联系性原则

设计统计指标体系要从整体上全面考虑各指标之间的联系，要从口径、时间、空间和方法等方面通盘考虑大系统、分体系、子体系所构成的有机联系整体。

（四）统一性原则

统计指标体系的设计既要考虑内部联系，又要考虑外部联系。

外部联系主要指统计指标体系在计划、统计、会计和业务核算上要统一。

（五）可比性原则

统计指标体系的设计要考虑各地区、各部门、各时期和国际上对比的要求。统计指标体系要保持一定的稳定性，重要指标的更换要采用逐渐代替的方法，不宜断然变更，要注意与原有资料的衔接。

上述原则是一般原则，在具体设计时，要充分考虑实际情况的复杂性。在实际工作中，统计指标体系的设计通常并不是指标体系的重新设计，而是对原有指标体系的改进，但仍必须遵守上述原则。

第三节 统计图表及其设计

统计图表是统计活动的工具，是表现统计资料的形式，是统计设计的重要内容。要科学地设计好统计图表，必须先了解统计图表的意义、构成、种类和设计原则。下面分别对统计表和统计图进行阐述。

一、统计表的意义和构成

（一）统计表的意义

统计表是以纵横交叉的线条所绘制的表格来表现统计资料的一种形式。广义的统计表包括统计活动各个阶段所用的一切表格，在搜集资料、整理资料、积累资料和分析资料时都要用到。

统计表是表现统计资料最常用的形式。其显著优点是：

（1）能使统计资料的排列条理化、系统化、标准化，一目了然；

（2）能科学、合理地组织统计资料，便于阅读、对照比较和分析。

（二）统计表的构成

从形式上看，统计表主要由总标题、横行标题、纵栏标题、指标数值和表外附加五部分组成（见表2-1）。

总标题是统计表的名称，一般位于表的上端中央，用来概括说明统计表所反映的统计资料的内容。

横行标题是横行的名称，一般位于表的左方，用来表明统计资料反映的总体及其分组的名称。

纵栏标题是纵栏的名称，一般位于表的上方，用来表明统计指标的名称。

指标数值列在各横行标题和各纵栏标题的交叉处，具体反映其数字状况。

表外附加包括增列补充资料、注解、资料来源、填表时间、填表单位等。

从内容上看，统计表由主体栏和叙述栏两部分组成，主体栏是反映统计表所要说明的单位、总体及其分组。叙述栏则说明主体栏的各种统计指标。例如，在表2-1中，（甲）栏是主体栏，（1）、（2）栏是叙述栏。一般来说，统计表的主体栏列在横行标题的位置，叙述栏列在纵栏标题的位置，但有时为了合理安排或阅读方便，也可以互换位置。

表 2-1 **某年某地区社会劳动者人数** ←总标题

产业类别	绝对数（万人）	比重（%）
（甲）	（1）	（2）
第一产业	227.4	52.16
第二产业	100.5	23.05
第三产业	108.1	24.79
合　计	436.0	100.00

←纵栏标题

横行标题→

←指标数值

表脚　→资料来源 假设的。

二、统计表的种类

（一）按用途，统计表分为调查表、汇总表或整理表和分析表

1.调查表

调查表是指在统计调查中用于登记、搜集原始统计资料的表格（见表2-2和表2-3）。调查表只记录调查单位的特征，不能综合反映统计总体的数量特征。

表 2-2 **年末职工家庭就业人口调查表（单一表举例）**

家庭人口____人　就业人口____人

姓名	与户主关系	性别	年龄	工作单位	职业	职务职称	备注

被调查户主姓名：　　　　填表人：　　　　填表日期：

（此表也可制成卡片式）

表 2-3 **身体发育状况调查表（一览表举例）**

编号______

检查序号	姓名	性别	出　生年月日	年龄（周岁）	身高（cm）	体重（kg）	胸围（cm）	呼吸差（cm）	肺活量（ml）	坐高（cm）

填表人：　　　　填表日期：

2.汇总表或整理表

汇总表或整理表是在统计汇总或整理过程中用于表现统计汇总或整理结果的表格，如各种汇总表、统计台账、手册、年鉴等。

它由两部分组成：一部分是统计分组；另一部分是用来说明统计分组各组综合特征的统计指标（见表2-4）。

这类表格能够综合说明统计总体的数量特征，是提供资料的基本表式。

表2-4　某年甲、乙两地工业企业从业人数、工业增加值和上缴税金

按地区分组	从业人数（万人）	工业增加值（万元）	上缴税金（万元）
（甲）	（1）	（2）	（3）
甲　地	11.47	216 622.42	643.20
乙　地	35.99	368 573.59	9 141.46
全地区	47.46	585 196.01	9 784.66

3.分析表

分析表是在统计分析中用于对整理所得的统计资料进行定量分析的表格（见表2-5）。分析表通常是整理表的延续，它可更加深刻地揭示社会经济现象的本质和规律。

表2-5　某年甲、乙两地工业企业人均工业增加值和人均上缴税金　单位：元

按地区分组	人均工业增加值	人均上缴税金
（甲）	（1）	（2）
甲　地	18 886.00	56.08
乙　地	10 241.00	254.00
全地区	12 330.30	206.17

（二）按统计数列的性质，统计表分为空间数列表、时间数列表和时空数列结合表

1.空间数列表

空间数列表是反映在同一时间条件下不同空间范围内的统计数列的表格，用以说明静态条件下社会经济现象在不同空间的数量分布，又称静态表（见表2-6）。

表2-6　我国土地状况（2019）

项目	面积（万平方千米）
耕地	127.9
园地	20.2
林地	284.1
草地	264.5
湿地	23.5
城镇村及工矿用地	35.3
交通运输用地	9.6
水域及水利设施用地	36.3

资料来源　国家统计局．中国统计年鉴（2022）[M]．北京：中国统计出版社，2022.

2.时间数列表

时间数列表是反映在同一空间条件下不同时间的统计数列的表格（见表2-7），可用以说明在空间范围不变的条件下社会经济现象在不同时间上的数量变动。

表 2-7　某市地区生产总值

（按当年价格计算）　单位：亿元

年份	生产总值	年份	生产总值
2011	607	2017	1 096
2012	711	2018	1 203
2013	789	2019	1 358
2014	844	2020	1 598
2015	896	2021	1 838
2016	992	2022	2 108

3.时空数列结合表

时空数列结合表也称面板数据表，它是同时反映上述两方面内容的统计表（见表2-8），既说明社会经济现象在不同空间的数量分布，又说明它们在不同时间上的数量变动。

表 2-8　某市五个区 2018—2022 年地区生产总值

（按当年价格计算）　单位：亿元

年份 地区	2018	2019	2020	2021	2022
甲	43	50	60	68	78
乙	21	25	31	36	43
丙	60	69	84	100	116
丁	23	28	35	41	47
戊	19	23	30	38	47

（三）按分组情况，统计表分为简单表、简单分组表和复合分组表

1.简单表

简单表是指统计总体未经任何分组的统计表，它只将总体单位简单排列或将现象的指标按时间顺序排列（见表2-6和表2-7）。

2.简单分组表

简单分组表是指统计总体按一个标志进行分组后形成的统计表（见表2-5和表2-8）。

3.复合分组表

复合分组表是指统计总体按两个或两个以上标志分组后形成层叠式的统计表（见表2-9）。

表 2-9　某年年末某地区人口数

按城乡和性别分组	人口数（万人）	比重（%）
全地区总人口	382.6	100.0
一、城　镇	168.0	43.9
男　性	84.6	22.1
女　性	83.4	21.8
二、农　村	214.6	56.1
男　性	108.3	28.3
女　性	106.3	27.8

三、统计表的设计

就广义而言，统计表包括调查表、整理表或汇总表及分析表。就狭义而论，统计表多指资料整理后的表格。本书既阐述了资料整理后的统计表的设计，同时也阐述了调查表的设计。

（一）统计表设计的一般原则和要求

设计统计表时，一般应遵循科学、实用、简明、美观的原则，力求做到以下六点：

（1）总标题和纵横标目（题）能准确、简明扼要地反映统计资料的内容。

（2）纵栏、横行的排列内容要对应，尽量反映它们的逻辑关系。

（3）根据统计表的内容，全面考虑表的布局，合理安排主体栏和叙述栏，避免出现统计表过长、过短、过宽、过窄的现象，使表的大小适度、比例恰当、醒目美观。

（4）统计表中的指标数值都是有计量单位的，必须标写清楚。计量单位相同时，将其写在表的右上角；横行的计量单位相同时，在横行标题后列计量单位栏；纵栏的计量单位相同时，将其标在纵栏标题下方或右方。

（5）统计表中的横线要清晰，顶线和底线要用粗黑线，各部分的分界线宜粗些，其他线条要细些，表的左右侧可不画封口线。

（6）当表的栏数较多时，要统一编写序号，一般是主体栏部分用甲、乙、丙等文字表明，叙述栏部分用（1）、（2）、（3）等数字序号编号。

（二）调查表的设计

调查过程中用以搜集、登记原始资料的表格是调查表。它一般由表头、表体和表脚三部分构成：

（1）表头部分，包括调查表的名称、调查单位（填报单位）的名称及性质、隶属关系等内容，这些内容主要用于核实和复查。

（2）表体部分，包括调查项目名称、栏号、计量单位等。

（3）表脚部分，包括填报单位和填表人的签名、调查日期等。

调查表式一般有单一表（见表2-2）和一览表（见表2-3）两种。单一表是在一张调查表上只登记一个调查单位的项目，它可以容纳较多的调查项目。一览表是在一张调查表上登记若干个单位的项目。调查项目较多时，宜使用单一表，调查项目不多时，宜使用一览表。

为了保证调查资料的科学性和统一性，在设计调查表时，必须附以必要的填表说明，其内容包括调查表中有关项目的含义、所属范围、计算方法以及填表时应该注意的事项等。填表说明要简明、清楚、易于理解。

（三）整理表的设计

整理表设计的主要特点是紧紧依据整理方案，根据分析研究的要求，以统计调查表的内容为基础，进行系统、全面的设计。

（四）分析表的设计

分析表的设计主要是根据分析研究的要求进行的，要清晰、明确、科学、合理，以便从中剖析事物的本质，揭示矛盾和规律性。

设计统计表极为重要，但编制填列统计数字也不容忽视，它贯穿于统计工作的各个阶段。填写统计数字和文字时，书写要工整、清晰，当数字与其左、右或上、下相同时，仍要填写完整，不能填“同左”“同右”或“同上”“同下”等文字。数字对齐，数位要对准，计算单位要按统计表的规定填写；当数字为0时也要填写出来；要科学运用有关符号。在我国统计实践中，一般用“×”表示免填的统计数据；用空格表示该项指标数据不详、无该项数据或数据不足该表规定的最小单位数；用“#”表示其中的主要项。

四、统计图的意义和构成、种类及设计原则

（一）统计图的意义和构成

统计图是指用几何图、事物的形象和地图等形式，表现事物的数量方面，显现其规模、水平、构成、相互关系、发展变化的趋势和分布状况的图形。简言之，统计图是依据统计数据绘制的表现统计资料的图形。一幅完整的统计图包括图（序）号、图题、图目、图线、图尺、图形、图注和其他部分。其特点是简明具体、形象生动、通俗易懂、一目了然，给人以明确而深刻的印象，具有较强的说服力。

（二）统计图的种类

统计图的种类很多，按不同的目的和标志可分为百余种。常用的统计图有散点图、曲线图、条形图、直方图、饼形图、立体图、象形图和统计地图等形式。

（三）统计图的设计原则

就总体而言，统计图设计应遵循科学、实用、简明、美观的原则。具体来说，还应注意以下几点：

（1）统计图的布局要科学合理，安排在哪个象限要依现象的性质而定。

（2）统计图的图（序）号、图题、图目、坐标、尺度要言简意赅，内容、时间、地点要清楚、明了。

（3）统计图的图形、图线应清晰，要正确运用粗、细、实、虚线。

（4）统计图的图例、图注要安排适当，资料来源要标注清楚。

（5）统计图的装饰美化要正确、清晰明快。

第四节　统计调查的概念和种类

一、统计调查的概念、地位和要求

（一）统计调查的概念

统计调查，就是根据统计研究的目的、要求和任务，运用各种科学的调查方法，有计划、有组织地搜集有关现象的各个单位的资料，对客观事实进行登记，取得真实可靠的调查资料的活动过程。

统计调查所涉及的资料有两种：一种是直接向调查单位搜集的未经加工、整理的资料，一般称为原始资料，又称为初级资料；另一种是根据研究目的，搜集经初步加工、整

理过的，能够在一定程度上说明总体现象的资料，一般称为次级资料，或称为第二手资料。统计调查一般指的是对原始资料的搜集，并将其进行加工整理、汇总，使其成为从个体特征过渡到总体特征的资料，但有时也包括对次级资料的搜集。

（二）统计调查的地位

统计工作中的统计设计、统计调查、统计整理、统计分析等环节是密切联系的，统计调查是整个统计工作的基础环节。如果调查工作做得不好，得到的材料残缺不全或有错误，就会影响整个统计工作。

（三）统计调查的要求

为了保证调查资料的质量，使其正确反映客观事物，统计调查必须具有真实性、准确性、系统性、完整性和及时性。真实性和准确性，就是如实反映客观实际，资料准确，这是保证统计资料质量的首要环节，是统计工作的生命线。如果统计资料不真实，必将给统计各个阶段的工作带来不良影响。系统性和完整性，是指搜集的资料有条理，合乎逻辑，不杂乱无章，便于汇总；调查单位不重复、不遗漏、所列调查项目的资料搜集齐全。若统计资料残缺不全，就不可能反映所研究对象的全貌和正确认识社会经济现象总体及特征，最终也就难以对社会经济现象的规律作出明确的判断，甚至会得出错误的结论。及时性，就是时效性，即在统计调查方案规定的时间内，尽快提供资料，如果统计资料搜集不及时，就会耽误统计整理分析的时间，使统计失去应有的作用。

二、统计调查的种类

社会经济现象是复杂的，调查对象是千差万别的，统计研究的任务是多种多样的，因此，在组织统计调查时，应根据不同调查对象和调查目的，灵活采用不同的调查方式和方法。根据不同情况，统计调查可分为不同的类别。

（一）按调查对象包括的范围不同，可分为全面调查和非全面调查

全面调查是指对调查中的全部单位，无一例外地都进行登记或观察。普查、全面统计报表都属于全面调查。非全面调查是指只对调查对象总体中的一部分单位进行登记或观察。抽样调查、非全面统计报表等都属于非全面调查。这种调查方式的调查单位少，可以用较少的人力、物力、财力和时间调查较多的内容，搜集到较深入、细致的情况和资料，但它未包括全面资料，因此常常需要与全面调查结合起来使用。

（二）按调查登记时间是否有连续性，可分为经常性调查和一次性调查

经常性调查，就是按研究现象的不断变化，连续不断地进行登记或观察，以反映事物在一定时期内的全部发展过程。一次性调查，就是对被研究现象在某一时刻（或瞬间）的状况进行一次性登记或观察，以反映事物在一定时点上的发展水平。

（三）按组织方式不同，可分为统计报表和专门调查

统计报表是按照统一规定的表式要求，自上而下地统一布置、自下而上地统一（可以通过互联网）提供统计资料的一种调查组织方式。专门调查是为研究某些专门问题，由进行调查的单位专门组织的调查，这种调查属于一次性调查，如人口普查、经济普查、劳动力调查、科技普查等。实践证明，对经济情况组织一些专门的统计调查，可满足各级领导部门制定有关方针、政策和指导工作的需要，所以，专门调查在我国统计实践中占有重要的地位。进行专门调查有多种形式，如普查、重点调查、抽样调查和典型调查等。

（四）按搜集资料的方法不同，可分为直接观察法、访问调查法、报告报表法、问卷调查法、卫星遥感法和互联网调查法

1. 直接观察法

直接观察法是指调查人员亲自到现场对调查单位的调查项目直接清点、测定、计量以取得资料的一种统计方法，如为了及时了解农作物产量而进行农产量抽样调查时，调查人员亲自参加抽选样本、实割实测、脱粒、晾晒、保管、过秤计量；为了解工业企业期末的在制品数量，调查人员深入到生产现场进行观察、计数、测量等。直接观察法取得的资料具有较高的准确性，但需要大量的人力、物力、财力和时间，因此，它的应用受到一定条件的限制。

2. 访问调查法

这是由调查活动的组织者派调查人员向被调查者提问（分为个别访问和开调查会），根据被询问者的答复来搜集统计资料的一种调查方法。这种调查法可搜集到详细而深入的信息，准确程度也比较高，但是，这种调查法费用大、时间长，对调查人员的素质要求较高。

3. 报告报表法

这是由报告单位根据一定的原始记录、统计台账，依据统计报表的格式和要求，按隶属关系，逐级向有关部门提供统计资料的一种调查方法。如果报告系统健全，原始记录和核算工作完整，采用此法就可以取得比较精确的资料。

4. 问卷调查法

问卷调查法是为特定目的，以问卷形式提问，发给被调查者，由被调查者自愿、自由回答的一种采集资料的方法。通常是在初步分析调查对象的基础上，从调查对象总体中随机地或有意识地选择若干调查单位，发放问卷，要求被调查者在规定时间内以不记名（也可记名）方式反馈信息，以形成对调查对象总体的认识。科学地进行问卷调查，必须精心设计，问题要简明扼要。在实施上，要尽量设法防止回答率低或答案质量不高的问题（详见本章第六节）。

5. 卫星遥感法

卫星遥感法是一种使用卫星高度分辨辐射提供地面资料的方法，主要用来估计农作物产量。这种方法的覆盖面较广，一般三条轨道的绿度资料就可基本上覆盖我国北方11个省、自治区、直辖市的2 000多万公顷小麦产区。卫星遥感资料要与地面其他资料相印证，以便进行综合分析。地面资料包括类型抽样定点所形成的大面积监测网络资料，还包括统计、农业、气象、农业科研等部门以其他调查方法取得的资料。

6. 互联网调查法

互联网调查法是借助各种网络技术提供的各种工具，搜集、传输有关数据资料。其现已显现出网络数据传输的即时性、信息形式的多样性、发布范围的广泛性等许多优越性。现实中的许多调查和统计报表均采用了互联网调查法。

第五节 统计调查方案

无论采用什么调查方式搜集资料，都要事先根据需要和可能，对被研究对象进行定性分析，设计出调查方案。统计调查方案是统计设计阶段的一项重要内容，是保证统计调查顺利进行的前提，也是真实、准确、完整、系统、及时地取得调查资料的重要条件。一份完整的统计调查方案应包括以下基本内容：

一、确定调查目的和任务

统计调查总是为一定的研究任务服务的，制订调查方案的首要问题是明确调查的目的和任务。不同的调查目的和任务，决定着不同的调查内容和范围。目的不明，任务不清，就无法确定向谁调查，调查什么，怎样调查，整个调查工作就会陷入盲目混乱，造成人力、物力、财力的浪费。调查目的和任务主要是根据实际工作中对统计资料的需要，并结合调查对象本身的特点来确定的。

二、确定调查对象和调查单位

确定调查对象和调查单位，是为了回答向谁调查、由谁来具体地提供统计资料的问题。调查对象就是在某项调查中需要进行调查研究的社会经济现象的总体，它是由性质相同的许多个别单位组成的。

确定调查对象，首先要根据调查目的，对研究现象进行认真分析，掌握其主要特征，科学地规定调查对象的含义；其次要明确规定调查对象总体的范围，划清它与其他社会经济现象的界限。只有调查对象的含义确切、界限清楚，才能避免登记时发生重复或遗漏，保证统计资料的准确。

调查单位，就是在某项调查中登记其具体特征的单位，即调查项目的承担者。调查单位的确定取决于调查目的和调查对象，如调查目的在于了解城市职工家庭收支的基本情况，那么全部城市职工家庭就是调查对象，这就需要先划清城市职工与非城市职工的界限，然后明确职工家庭的含义，而每一户城市职工家庭就是调查单位。

明确调查单位还需要把它和报告单位相区别。报告单位也称填报单位，它是负责向上一级报告调查内容、提交统计资料的单位。报告单位是一般在行政上、经济上具有一定独立性的单位，而调查单位可以是人、企事业单位，也可以是物。根据调查目的，调查单位与报告单位有时一致，有时不一致。如工业企业普查，每个工业企业既是调查单位又是报告单位，而工业企业生产设备状况的普查，调查单位是工业企业的每台生产设备，而报告单位则是每个工业企业。

三、确定调查项目，设计调查表样式

（一）确定调查项目

调查项目就是调查中所要登记的调查单位的特征，这些特征在统计上又称标志。确定

调查项目所要解决的问题是，向调查单位调查什么。反映调查单位特征的标志是多种多样的，在调查中确定哪些调查项目，应根据调查目的和调查单位的特点而定。要紧紧围绕调查目的，从现象之间的相互联系中，从现象的过去、现在和未来发展等方面出发，进行周详的考虑。

（二）设计调查表样式

将反映调查单位特征的调查项目，按一定的顺序排列在一定的表格上，就构成了调查表。调查表是调查方案的核心部分，它是容纳调查项目、搜集原始资料的基本工具。利用调查表进行调查，不仅能够条理清晰地填写需要搜集的资料，还便于调查后对资料进行汇总整理（有关调查表的设计已在本章第三节阐述过）。

四、确定调查的时间、空间和方法

调查时间包括三个方面的含义：首先调查时间是指调查资料所属的时间，如果所调查的是时期现象，就要明确规定调查的是对象从何年何月何日起到何年何月何日止的资料；如果所要调查的是时点现象，就要明确规定统一的标准时点。其次调查时间是指调查工作进行的时间，即对调查单位的标志进行登记的时间。最后调查时间是指调查期限，即整个调查工作的时限，包括搜集资料及报送资料的整个工作所需要的时间。为了保证资料的及时性，调查期限要在保证资料准确性的前提下尽可能缩短。确定调查空间是指确定调查单位在什么地方接受调查，如人口普查要具体规定是常住人口还是户籍人口等。调查方法包括调查的组织形式和搜集资料的具体方法，这也要进行正确的选择。

五、制订调查工作的组织实施计划

为了保证整个统计调查工作顺利进行，在调查方案中还应该有一个周密考虑的组织实施计划。其主要内容应包括：调查工作的领导机构和办事机构；调查人员的组织；调查资料报送办法；调查前的准备工作，包括宣传教育、调查人员培训、调查文件的准备、调查经费的预算和开支办法、调查方案的传达布置、试点及其他工作等。

第六节　调查问卷的设计

调查问卷是调查者根据调查目的和要求设计的，是由一系列问题、备选答案、说明以及代码表组成的一种调查形式，是用来搜集调查数据、获取信息的一种工具。采用问卷进行调查始于20世纪30年代的美国，它主要用于政治生活中的民意调查和选举、市场营销、经济预测等方面。问卷调查法是世界各国搜集信息资料的主要方式。我国改革开放以来，此种方法已广泛应用于各个领域，并被纳入统计制度范围。

调查问卷设计得好坏直接影响数据的质量和分析结论。一份设计优良的调查问卷应该能有效地搜集数据、获取信息，尽可能减少误差和矛盾，并能减少搜集和处理数据所花费的费用和时间。

本节主要介绍有关调查问卷设计中的问题。

一、调查问卷的设计要求

调查问卷设计的主要问题是：问卷中提什么问题？这些问题如何表述以及如何编排才能获得调查者所需要的信息？高质量的问卷设计必须满足两个条件：一是问卷所列的问题能够让被调查者清楚无误地理解，愿意并易于回答；二是调查者所获得的信息是所要了解的完整、准确的信息，并适合统计数据的处理。因此，调查问卷设计的基本要求主要有以下11个方面：

（一）调查问卷的主题必须突出

问卷题目的拟定应围绕调查的主题。问卷中的问题应该符合调查的信息需求，目的明确、重点突出。

（二）问题的表述必须清楚、准确、易于理解

调查问卷中要尽量避免使用专业术语及不规范的简称，应使被调查者清楚无误地加以回答。问卷中语气要亲切，使被调查者易于理解、愿意回答。

（三）问题的排列顺序要符合逻辑

调查问卷中问题的排列要有一定的逻辑顺序，符合被调查者的思维习惯，层次分明。一般应先易后难，先简后繁，先问事实、后问态度和意向方面的问题，能引起被调查者兴趣的问题放在前面，这样可引起他们回答问卷的兴趣和提高注意力。对于一些较敏感的问题可放在问卷的最后，以利于调查的顺利进行；否则会引起被调查者的反感，影响被调查者的回答。

（四）避免诱导性提问

问卷中提出的问题不能带有倾向性，而应保持中立。诱导性问题会误导被调查者并影响调查结果。有强烈暗示性答案的问题，容易诱导被调查者选择并非自己真实想法的答案，如“您会去××商城之类的低档购物场所购物吗？”

（五）避免使用双重否定

问卷中应避免使用包含双重否定的句子结构，因为被调查者可能不知道他们是应该回答同意，还是应该回答不同意。例如，“您赞不赞成政府不允许便利店出售酒的规定？”

（六）尽量避免提敏感性问题

敏感性问题是指被调查者不愿意让别人知道答案的问题，例如，个人收入问题、个人生活问题、政治方面的问题等。问卷中要尽量避免提敏感性问题或容易引起人们反感的问题。对于这类问题，被调查者可能会拒绝回答，或者采用虚报、瞒报的方法来应付，从而影响整个调查的质量。若采用匿名问卷的方式，被调查者则会倾向于如实回答较为敏感的问题。

（七）避免提前暴露调查者的身份

某些情况下提前暴露调查者的身份可能造成虚假的答案，例如，“我是青岛啤酒的调查员，请问您认为青岛啤酒的口感如何？”这种情况下，出于人与人之间基本的尊重，被调查者就会倾向于给出积极的回答，从而使调查结果失真。

（八）避免提让被调查者进行概括和总结的问题

被调查者的概括和总结是误差的重要来源，因此在提问的时候要避免概括性的问题，如“您觉得这双运动鞋怎么样？”这种提问方式就不如从“透气性”“舒适性”“外观款

式”等方面提问更有针对性。

（九）避免使用主观性强的描述

日常生活中使用的许多用语其实都带有很强的主观性，如“经常”“偶尔”“熟悉”等。在调查中如果需要了解人们从事某种活动的频率可以“一周几次”或“一个月几次”等表达方式精确表达。如果要了解人们对于某种现象的了解程度，也可以使用更为客观的描述，如在了解人们计算机操作水平时可以设计“能够操作Windows系统”“能够使用C语言编程”等选项，测量人们对计算机的熟悉程度。

（十）详细描述调查标的物的规格和款式

如果没有清晰描述标的物的规格和款式，那么人们回答的不同就可能造成答案失去意义。如“您上一次在超市购买的牛奶多少钱?”这个问题没有描述牛奶的规格（容量、包装等），得到的答案将毫无意义。

（十一）避免让被调查者回忆太久远的数据

太久远的数据超出了被调查者回答的能力，是误差的来源之一，不如直接询问被调查者“上一次”“上个月”的情况。

调查问卷的设计是一项细致的、技术性较强的工作，要设计一份完美的问卷难度非常大，除了上述在表达方面的要求以外，还要求问卷的信度、效度达到较高的程度。

二、调查问卷的基本结构

调查问卷的主要内容是关于调查事项的若干问题和答案，但仅有这些内容是不够的。一份完整的调查问卷通常由调查问卷的题目、说明词、被调查者的基本情况、调查事项的问题和答案、填写说明和解释（又称指导语）五个主要部分组成。

（一）调查问卷的题目

调查问卷的题目是问卷的主题。题目非常重要，应该准确、醒目、突出。要准确而概括地表达问卷的性质和内容；观点新颖，句式构成上富有吸引力和感染力；言简意赅，明确具体；不要给被调查者以不良的心理刺激。

（二）说明词

说明词一般在问卷的开头，是致被调查者的一封短信，也是调查员面对被调查者的开场白。这是调查者与被调查者的沟通媒介，目的是让被调查者了解调查的意义，引起被调查者足够的重视和兴趣，争取他们的支持与合作。

说明词要说明调查员是谁，谁在做调查（调查委托方）、调查什么（调查的内容）、调查的意义（争取对方配合）以及数据的使用和保密等方面的内容，有时还需要将奖励的方式、方法及奖金、奖品等有关问题叙述清楚。说明词必须态度诚恳，口吻亲切，以打消被调查者的疑虑，获得真实资料。访问式问卷与自填式问卷的说明词有所不同，前者更适合口语交流。写好说明词，取得被调查者的合作与支持，是问卷调查取得成功的保证。

（三）被调查者的基本情况

被调查者的基本情况是对调查资料进行分类研究的基本依据。一般而言，被调查者包括两大类，一类是个人，另一类是单位。如果被调查者是个人，则其基本情况包括姓名、性别、民族、年龄、文化程度、职业、职务或技术职称、个人或家庭收入等项目；如果被调查者是单位，则其基本情况包括单位名称、经济类型、行业类别、职工人数、规模、资产等项目。若采用不记名调查，被调查者的姓名可在基本情况中省略。

（四）调查事项的问题和答案

调查事项的问题和答案是调查问卷最主要、最基本的组成部分，调查资料的搜集主要是通过这一部分来完成的，它也是使用问卷的目的所在。这一部分设计得好坏关系到该项调查有无价值和价值大小。通常在这一部分既提出问题，又给出回答方式。问题从形式上看，有开放式与封闭式之分；从内容上看，又有背景问题、行为问题、态度问题与解释性问题之别。问题的内容取决于调查目的和调查项目，需要与数据需求者充分沟通才能确定，这里仅就问题的形式予以阐述。选项序号可以是阿拉伯数字或字母。

1.开放式问题

开放式问题只提出问题而不向被调查者提供任何具体的答案，由被调查者根据自己的想法自由填写，设计时在问题之后要留有足够大的空白以便回答。例如，下面的问题就是开放式问题：

（1）您喜欢看什么类型的电视节目？

（2）您过去从事什么工作？

（3）您对商品房价格居高不下有何看法？

（4）您对您未来收入的最高估计是多少？

（5）您对个人住房贷款利率上调有何看法？

开放式问题的优点是：问题比较灵活，适合搜集深层次的信息。一般来说，欲了解被调查者的真实想法，或对某一问题的看法、感受、要求、评价等均宜采用开放式问题。开放式问题能扩展答案的范围，可为被调查者提供自我表达的机会。被调查者使用自己的语言来回答问题，可以充分地按个人的想法与方式发表意见而不受任何限制，因此开放式问题所搜集到的资料比较生动，信息量大。通过开放式问题往往能搜集到调查者未考虑到或忽略的信息，因此适合潜在答案类型较多的问题，有利于被调查者充分发挥自己的主观能动性。

开放式问题的缺点是：答案各异、复杂多样，有时甚至出现答非所问的情况，给调查后的资料整理、分类、汇总带来一定的困难；描述性的回答较多，难以定量处理；受被调查者表述能力的影响较大，由此会造成一些调查误差。

2.封闭式问题

封闭式问题是在提出问题的同时，给出问题的若干可能答案，由被调查者从中进行选择。

封闭式问题的回答方法主要有两项选择法、多项选择法、排序选择法、等级评定法和双向列联法等。

（1）两项选择法。

两项选择题的答案只有两项，被调查者任选其一。这是封闭式问题中最简单的一种。例如：

您经常网购吗？

1.经常　　　　　　　　2.不经常

两项选择法的特点是：被调查者容易回答，调查后的数据处理方便，但只限于对简单事实的调查，对既不肯定又不否定的答案就无法表示。

例如，您家是否打算近期购买一台电脑，答案会有多种，即“是”、“否”和“没想好”等。

（2）多项选择法。

多项选择法是列出三个或三个以上的答案，由被调查者从中选择。根据选择答案的多少不同，有三种选择类型。

①单选。单选题要求被调查者选择其中一项答案。

例如：

请问您的年龄是多大？

1.60岁以下　　2.60岁～69岁　　3.70岁～79岁

4.80岁～89岁　　5.90岁～99岁　　6.100岁及以上

②多选。多选题要求被调查者选择两个或两个以上的答案。被调查者可以在所给出的答案中，选出自己认为合适的，数量不限。

例如：

请问您选购商品受哪些因素影响？

1.广告　　2.亲朋、好友的介绍　　3.自己的感受

4.推销人员的介绍　　5.价格因素　　6.其他

③限选。限选题会在问卷上注明被调查者可任选几项。

例如：

您认为家庭耐用消费品中最重要的是哪些？（限选三项）

1.洗衣机　　2.电冰箱　　3.彩色电视机

4.热水器　　5.空调　　6.摄像机

7.移动电话　　8.家用汽车　　9.家用电脑

10.健身器材

（3）排序选择法。

排序选择法是在列出的多个答案中，由被调查者对所选的答案按要求的顺序进行排序。

例如：

您上大学确定专业方向时考虑的因素有哪些？（按考虑因素的先后顺序排序）

1.个人兴趣（　）　　2.就业率（　）

3.发展方向（　）　　4.预期收入（　）

5.别人的建议（　）　　6.工作安稳舒适（　）

这种方法不仅可以反映所要调查的内容，而且可以反映被调查者对某一问题的态度或倾向。

（4）等级评定法。

等级评定法是列出不同等级的答案，答案由表示不同等级的形容词组成，让被调查者选择。

例如：

您对我们提供的客户服务的满意程度如何？

1.非常满意　　2.满意　　3.较满意

4.不满意　　5.很不满意

在等级评定法中，常用的等级形容词有：很好，好，较好，一般，较差，差，很差；非常喜欢，喜欢，比较喜欢，无所谓，不喜欢等。

（5）双向列联法。

此种方法是将两类不同的问题综合到一起，通过表格来表现，又称列表评定（或称列表调查）法。表的横向（行）为一类问题（通常为评定主体），表的纵向（列）为另一类问题（通常为评定要素、说明、评定项目）。此方法可以反映两方面因素的综合作用，提供单一类型问题无法提供的信息，还可节省问卷的篇幅。

例如，请在您赞同的项目对应的空格内画“√”或打分（见表2-10）。

表2-10　养老院情况调查表

赞同的项目 / 养老院名称	环境优良	费用合适	生活舒适	活动方便	服务周到
幸福养老院					
松鹤养老院					
绿波养老院					
兴华敬老院					
莲花老人院					

封闭式问题的优点是：问题清楚具体，被调查者容易回答，节约回答时间，材料可信度较高，答案标准，整齐划一，填写方便，容易整理，适于定量分析。

封闭式问题的缺点是：由于事先规定了备选答案，被调查者的创造性受到约束，不利于发现新问题；对比较复杂的问题或不太清楚的问题，很难把答案设计周全，如有缺陷，被调查者就难以正确回答，从而影响调查的质量。因此，在设计封闭式问题的答案时，要尽可能列出给定问题的所有答案，避免遗漏。如难以做到这一点，应加上“其他”，使被调查者有选择的余地。

为了克服封闭式问题的缺陷，也可采用半封闭式问题。半封闭式问题是指在对一道题目的回答中，既有封闭式问题又有开放式问题。常见形式是先进行封闭式问题的选择，然后是对开放式问题的选择。

例如：

您最喜欢的运动项目是什么？

1.球类运动　　2.跳绳　　3.游泳

4.滑冰　　5.体操　　6.太极拳

7.走步　　8.其他（请用文字注明）

为了使计算机能对问卷进行定量分析，往往需要对调查事项的问题和答案进行编码，即用事先规定的“代号”（阿拉伯数字）来表示某些事物及其不同状态的信息。开放式问题一般是在问卷回收后再进行编码，因为开放式问题的答案数只有在问卷回收后才知道。封闭式问题一般采取预编码，即在设计问卷的同时进行编码。编码应尽量做到准确、唯一和简短。

（五）填写说明和解释

填写说明和解释包括填写问卷的要求、调查项目的含义、被调查者应注意的事项等，其目的在于明确填写问卷的要求和方法。

除了上述五个主要部分以外，问卷的最后也可以写上几句话，表达对被调查者的感谢，或征求被调查者对问卷设计和问卷调查的意见。如果是访问式问卷还可以加上作业证明的记载，其主要内容包括调查人员姓名、调查时间、作业完成情况。这可以明确调查人员的责任，并有利于检查、修正调查资料。

三、调查问卷设计的程序

调查问卷设计的程序通常包括以下六个步骤：

（一）根据调查目的确定调查资料

根据调查主题的要求，研究调查内容，初步列出调查主题所需要的全部信息，从中分析哪些是主要信息，哪些是次要信息，哪些是可要可不要的信息；然后删除不必要的信息；再分析哪些信息需要通过问卷调查来取得，以及需要向谁进行调查等；最后确定调查的对象、时间和地点。

（二）分析调查对象的特征

根据上一步骤所确定的调查对象群体，分析他们的社会环境、行为习惯、文化水平、理解能力等基本特征，并根据这些特征来拟定问题。

（三）参考以前的问卷

参考相同或相似主题的其他调查所使用过的问题，可为将要调查的问题打下良好的基础。在某些情况下，如不同时期数据的比较，可以使用同样的问题，但要注意总体、概念是否一致。

（四）开展焦点小组访谈

焦点小组访谈是指在一位主持人的带领下，8～12位被调查者就某一主题展开讨论，整个访谈过程被全程记录和观察的调查活动。焦点小组访谈利用头脑风暴方法，使用"群动力"来获取信息，可以在短时间内获取大量的信息。因此，在问卷设计过程中使用焦点小组访谈可以帮助调查设计人员快速了解调研领域，对于调查问题的设计、选项的设计都有很大帮助。

（五）草拟编排问题

编排问题是问卷设计的关键，在设计时要考虑以下因素：

1.数据的搜集方法

问题用什么方式提出取决于数据的搜集方法。

调查问卷的长度也取决于数据的搜集方法。调查人员面访问卷最长，自填式问卷稍短，电话访问或网络访问的问卷最短。

自填式和调查人员面访问卷可以使用更多的选项。

2.考虑被调查者的特点

对于普通公众的调查问卷，所问的问题要能为被调查者所理解；对于专业人员的调查问卷，所问的问题可以使用专业术语。

3.每个问题必须有其写入问卷的理由

要尽可能列出最合适的问题。

4.必要时加以注释、说明

这样可以帮助被调查者准确地回答问题，提高问卷调查的质量。

（六）审议、测试、定稿

这一步是指对初步设计的问卷认真审议，从中发现问题并加以更正；然后选择小部分群体进行问卷测试，以确保质量；最后定稿印制。

第七节 统计调查的组织方式

统计调查是整个统计工作的基础，只有通过切实的统计调查取得真实的客观材料，才能充分发挥统计的作用，所以，必须科学地确定统计调查的组织方式，才能保证统计调查获得反映客观实际的统计资料，而组织方式要适应客观形势要求。随着社会主义市场经济的不断发展，面对多种经济成分、多种经济类型、多种经营方式等复杂多样的调查对象，在经济结构复杂化和利益主体多元化的格局下，我们充分考虑各种调查方法的特点和局限性，总结了统计调查的实践经验，借鉴了国际上成功的做法，按照新时代中国特色社会主义经济发展的要求，确定一系列科学合理、行之有效的统计调查组织方式。我国的统计调查组织方式是以周期性普查为基础，以经常性的抽样调查为主体，综合运用全面调查、重点调查等方法，并充分利用行政记录等资料，搜集、整理统计资料。

一、普查

（一）普查的意义

普查是根据统计任务的特定目的（如为详细了解某项重要国情、国力）而专门组织的一次性全面调查。它主要用来搜集某些不能够或者不适宜用其他方式搜集的统计资料，一般用来调查一定时点的社会经济现象的总量，如全国人口普查、经济普查等。普查也可以用来反映一定时期的社会经济现象的总量，如出生人口总数、死亡人口总数等。

普查是一种很重要的调查方式，是其他方式不可代替的。因为有些社会经济现象，如人口增长及其构成变化、物资库存、耕地面积、工业设备等情况，不可能也不需要组织经常性的全面调查，而国家为了制定长期经济和社会发展规划，进行宏观管理，又必须掌握有关这方面的比较全面详细的资料，这就需要通过普查来解决。为了得到有关国情、国力的重要数字，要分期、分批进行专项普查。

改革开放以来，根据社会主义现代化建设和宏观管理的需要，我国进行了多种多样和同一内容多次的专项普查。例如，我国于1977年进行了全国职工人数普查，1978年进行了全国科学技术人员和基本建设在建项目普查，1982年、1990年、2000年、2010年和2020年分别进行了第三次、第四次、第五次、第六次和第七次全国人口普查，2004年、

2008年、2013年和2018年分别进行了第一次、第二次、第三次和第四次全国经济普查，2023年将进行第五次全国经济普查等。

（二）普查的组织方式

普查的组织方式基本上有两种：一种是通过专门组织的普查机构，配备一定数量的普查人员，对调查单位直接进行登记，例如我国进行的历次全国人口普查和全国经济普查等采用的就是这种组织方式；另一种是利用调查单位的原始记录和核算资料，制作一定的调查表格，由调查单位进行核实和填报。但是，即使采用后一种方式，也仍需组织一定的普查机构，配备一定的专门人员，对整个普查工作进行组织和领导。

普查是一次性全面调查，多在全国或很大范围内进行，涉及面广，工作量大，调查内容要求高、时效性强，通常需要动员和组织大量人力、物力和财力，组织工作十分繁重。普查工作必须有统一领导、统一要求和统一行动。在具体组织普查时，必须遵循以下四项基本原则：

1.要规定统一的普查时点

普查要确定一个统一的调查时点，也叫标准时间，所有调查资料都必须反映这一时点的状况。标准时间的选择，要根据研究对象的性质和实际条件来决定。

2.负责普查的单位或调查点要同时行动

在普查范围内的各个负责普查的单位或调查点要同时行动，在方法、步调上保持一致，力求在最短的期限内完成，以保证调查材料的时效性，避免发生重复或遗漏。

3.要按统一规定进行普查

普查项目要有统一的规定，不能任意改变或增减，以免影响汇总和综合，降低资料质量。性质相同的普查，其各个时期的普查项目也应尽可能保持相同，便于对比分析。

4.要选择适当的普查时间

要根据普查任务，选择最适当的普查时间。普查时间的间隔应当尽可能保持一定的周期，以便进行动态分析，观察现象的发展变化情况及其规律。例如，我国的《全国人口普查条例》规定，人口普查每10年进行一次，尾数逢0的年份为普查年度。《全国经济普查条例》规定，经济普查每5年进行一次，分别在逢3、逢8的年份实施（除《全国经济普查条例》发布时的第一次经济普查为2004年外）。

二、抽样调查

抽样调查是按照随机原则，从总体中抽选部分单位进行观察，并根据这部分单位的调查材料，从数量方面推断总体指标的一种非全面调查。对于无限总体或总体单位分散的调查来说，抽样调查有着其他调查组织方式无法代替的优越性（有关抽样调查的理论和方法，将在第八章详述）。

三、统计报表

统计报表是依照国家有关法规的规定，自上而下地统一布置，以一定的原始记录为依据，按照统一的表式、统一的指标项目、统一的报送时间和报送程序，自下而上地逐级定期提供基本统计资料的一种调查方式（现实报表传送方式是以电子邮件的形式在网上直接传输）。统计报表所包括的范围比较全面，项目比较系统，分组比较齐全，指标的内容和调查周期相对稳定。因此，它也是我国统计调查体系中取得统计资料的一种重要的调查方式。

（一）统计报表的特点和局限性

在各种统计调查的组织方式中，统计报表的优点是：

（1）统计报表可以根据研究任务事先布置到基层填报单位，基层单位可以根据报表的要求，建立健全各种原始记录，从而可以使统计报表的资料来源建立在可靠的基础上，保证统计资料的真实、准确、完整、及时。

（2）统计报表属于经常性调查，内容相对稳定，有利于经常搜集和积累资料，可以系统进行历史资料的对比，研究经济建设和社会发展变化的规律。

统计报表的局限性在于：随着社会主义市场经济的发展，统计调查单位的变动频繁，加之决策主体和利益主体的多层次化，各方面对统计数字真实性的干扰，在很大程度上影响了统计数据的真实性和准确性。

我们在充分认识统计报表优点的同时，要科学地对待统计报表，将其和其他方式、方法结合起来运用。

（二）统计报表的种类

按照不同的角度，统计报表可进行以下多种分类：

1.全面调查的统计报表和非全面调查的统计报表

按调查范围不同，统计报表分为全面调查的统计报表和非全面调查的统计报表。

2.定期报表和年终报表

按报送周期不同，统计报表分为定期报表和年终报表（简称年报）。日报、旬报、月报、季报、半年报均属于定期统计报表。

3.邮寄报表和电讯报表

按报送的方式不同，统计报表分为邮寄报表和电讯报表两种。电讯报表又可分为电报、电话、电传和网络数据传输等方式报送的报表。

4.基层统计报表和综合统计报表

按填报单位不同，统计报表分为基层统计报表和综合统计报表。

5.国家统计报表、部门统计报表和地方统计报表

按实施的范围不同，统计报表分为国家统计报表、部门统计报表和地方统计报表。

6.基本统计报表和专业统计报表

按性质和内容不同，统计报表分为基本统计报表和专业统计报表。

（三）统计报表制度

统计报表按《统计法》制定、实施和管理的一整套办法，称统计报表制度。为提高统计报表质量，制定统计报表制度。首先，要遵循适用与精简的原则，也就是说，必须把统计报表指标内容、分类、表式的确定建立在适用与精简的基础上，既能满足统计任务要求，适应经济建设和管理需要，又要简明扼要，切实可行；其次，统计报表的制发，只能由统计部门或业务部门的综合统计机构统一组织，严禁滥发报表，避免各搞一套；再次，基层统计报表应逐步做到统一、配套，并保持相对稳定；最后，对已审核的统计报表必须

严格执行，要严肃填报纪律，凡统计报表中的有关规定，各填报单位不得擅自更改，应如实填写，不允许弄虚作假，虚报瞒报。

四、重点调查

（一）重点调查的意义

重点调查，是指在调查对象中，只选择一部分重点单位进行的非全面调查。这些单位的数目占全部被调查单位数目的比重比较小，但就调查的标志值来说，却在总体标志总量中占有很大比重。调查这部分单位的情况，即可反映被研究现象的基本情况和基本趋势。可见，重点调查中的重点单位并不是战略目标的重点建设项目、重点工程的单位。这里的重点单位是从现象数量方面考虑的，即这些单位的标志值之和占总体全部单位标志总量的绝大部分。例如，要及时了解全国汽车销售量的基本情况，只要调查占全国汽车销售量比重很大的上汽、一汽、东风、广汽、长安、比亚迪、北汽、吉利、奇瑞和长城这10家汽车生产企业的销售量即可。虽然这10家汽车生产企业的数量占全国汽车厂家数量的比重特别小，但据中国汽车工业协会2022年12月发布的数据，2022年1—11月，上述10家汽车生产企业的销售量占全国同期汽车销售总量的比重高达86.2%。重点调查由于调查单位少，因此比全面调查省时、省力，能用较少的代价及时搜集到总体的基本情况、基本趋势。重点调查的重点单位，虽然不完全等于工作重点，但这些单位的基本情况对全局工作的影响举足轻重。因此，重点调查对于领导及时了解情况和掌握基本趋势以指导全局有重要的作用。

（二）重点调查的方法

重点调查的具体做法可以根据调查任务的需要灵活选择。当调查任务只是掌握基本情况、基本趋势，调查对象又具有明显的重点单位时，一般即可以采用重点调查的方法。它既可以用于一次性调查，即对重点单位的某些数量标志值组织专门机构进行调查，也可以用于经常性调查，即对重点单位布置统计报表，连续不断地取得资料，以便作系统的观察和研究。

重点单位的选择确定，应着眼于调查目的和调查单位本身的条件。重点单位可以是某些单位，也可以是某些城市或地区。重点单位选多选少，要根据调查任务来确定。一般来说，选出的单位应尽可能少些，而其标志值在总体标志总量中所占比重应该尽可能大些。选中的单位，管理应比较健全，统计力量应比较雄厚，统计基础应比较稳固，这样才能准确、及时地取得资料。

五、典型调查

典型调查是根据调查目的和要求，在对研究总体全面分析的基础上，有意识地从中选择少数具有典型性的单位进行深入调查研究的一种非全面调查。其特点是：（1）调查单位是根据调查目的有意识选择出来的少数具有典型性的单位，便于从典型入手，逐步扩大到认识事物的一般性和普遍性。（2）典型调查单位少，调查方法可以机动灵活，省时省力，提高调查效果。（3）典型调查是一种深入、细致的调查。通过深入细致的调查，既可以搜集有关数字资料，又可以掌握具体、生动的情况，探索事物发展变化的规律。

在统计工作中，典型调查既可以作为搜集统计资料的一种调查方式，也可以进行分析研究。其主要作用是：（1）可用以研究新生事物，抓住苗头，认真地进行调查研究，探索它们的发展方向，形成预见，加以推广；（2）可以补充全面调查的不足；（3）可以利用典型资料，结合基本的统计数字，估计和推算有关数据。

搞好典型调查的关键是根据研究目的选择具有典型性的单位。通常可选先进典型、后进典型和一般典型。搜集典型材料的方法很多，其中最主要、最基本的方法是调查人员深入实际，邀请一部分深入了解情况的人开展讨论式的研究，搜集丰富的感性认识材料。

六、其他调查和综合分析方法

为保证取得经过验证的、高质量的各方面所需的统计资料，人们还广泛运用其他诸如科学估算、专家评估等现代调查统计分析方法，但是，这些方法只能作为必要的补充。

此外，根据实际需要，有关方面还可利用民间统计调查资料。民间统计调查，是指我国除具有行政管理职能的国家机关所组织的政府统计调查、部门统计调查和地方统计调查以外的，由不具有行政管理职能的其他组织和个人所组织的各种统计调查活动。民间统计调查活动的出现和统计信息咨询等多种形式的信息有偿服务的兴起，对扩大统计信息的规模、加快统计信息市场的培育和发展，发挥了一定的积极作用，应该通过法律规范，鼓励和支持其合法、健康地发展，同时，也必须对其加强规范、引导和管理，使其成为我国统计体系的重要力量。

七、各种调查组织方式的结合运用

前文中我们介绍了不同统计调查的方式、方法，这些方式、方法各有其特点和作用，在实际统计工作中，并非单用一种方式、方法，而是要多种调查方式、方法结合运用。其理由是：（1）随着经济和社会的不断发展，统计调查对象日趋复杂，经济结构多样化，利益主体多元化，国民经济门类众多、变化多端，必须用多种多样的统计调查组织方式、方法，才能搜集到丰富的统计资料。（2）任何一种统计调查方法都有其优越性与局限性，各有不同的实施条件，只采用一种统计调查方法，不能较好地反映社会经济现象的真实情况。

为适应新时代中国特色社会主义发展和管理的需要，必须在我国原有的一些统计调查方式、方法的基础上，创建一套具有中国特色的、科学合理的统计调查体系，有意识地采用多种多样的调查方式、方法，把各种统计调查方式、方法有机地结合起来运用，力求统计信息准确、全面、迅速和灵敏，发挥统计的信息、咨询和监督作用。

如何结合运用呢？主要视具体情况而定。就我国来说，整个统计工作是以普查为基础，抽样调查为主体，辅之以其他方式，取得统计资料。

其具体方法是：（1）建立周期性的普查制度，掌握重要的反映国情、国力的最主要的、最基本的数量信息。（2）大力普及、广泛采用抽样调查技术，依据部分单位资料，推断总体的有关数据。（3）适当采用全面统计报表，掌握全面情况，继续发挥重点调查和其他科学推算方法的作用，更广泛、更深入、更具体地掌握情况。结合运用各种方式、方法搜集统计资料，既可以掌握全面的、基本的资料，又可以搜集到重点的或典型的资料；既可以观察到事物数量变化的情况，又有助于深入研究事物发展变化的规律。

八、统计调查误差及其防止

（一）统计调查误差的概念和种类

统计调查误差，就是调查结果所得的统计数字与调查总体实际数量表现的差别。统计调查误差有两种：一种是登记误差，另一种是代表性误差。

登记误差又叫调查误差，它是由于调查过程中各个有关环节的失误造成的，主要包括计量错误、记录错误、计算错误、抄录错误、在逐级上报过程中的汇总错误、被调查者所报不实或调查者有意瞒报或虚报以及调查方案的规定不明确等。这种误差在全面调查和非全面调查中都会产生。

代表性误差，只有在非全面调查的抽样调查中才存在，全面调查中不存在这类误差。抽样调查从总体中抽出一部分单位进行观察，并用这部分的标志值来估计总体的标志值，这与总体的实际标志值会有一定的差别，这就是代表性误差产生的原因。代表性误差又可分为两种：一种是偏差，它一般是由于从总体中抽选调查单位时没有按照随机原则而造成的。另一种是抽样误差，在抽样调查中，即使严格遵照随机原则，消除了偏差，也存在这种不可避免的代表性误差。这种误差是由抽样的随机性带来的，在抽样调查中无法避免和消除，但可以设法控制。

（二）统计调查误差的防范

为了取得准确的统计资料，必须采取各种措施，防止可能发生的统计调查误差，把它降低到最低限度。

首先，要正确制订统计调查方案，设计调查问卷，详细说明指标含义和计算方法，合理选定调查方法，使之切合调查对象的实际，并使调查人员或填报人员能够明确执行，不致产生歧义。

其次，有了科学的统计调查方案，还要切实抓好调查方案的贯彻执行工作：（1）加强对统计人员的培养训练，使每个统计人员都能严格地执行统计制度。（2）扎扎实实地搞好统计基础工作。建立统计机构，配备必要的统计人员。建立健全原始记录、统计台账、班组核算等制度，使统计资料的来源准确可靠。（3）在统计调查过程中，加强对数字填报质量的检查。

以上阐述的是登记误差的防范，至于代表性误差的防范，如果是抽样调查，则应严格遵守随机原则，认真执行调查方案。

复习思考练习题

1.什么是统计设计？
2.统计设计包括哪些内容？
3.什么是统计指标和统计指标体系？
4.统计指标体系的设计原则是什么？
5.统计表是什么？其构成如何？有哪几种？
6.统计图是什么？有哪几种？
7.设计统计图表应遵循哪些原则和要求？
8.一份完整的统计调查方案应包括哪些内容？

9. 何谓调查项目？拟定调查项目时，应注意哪些问题？
10. 什么是统计报表？统计报表有哪些分类？
11. 在进行普查时应遵循哪些原则？
12. 重点调查中的重点单位的含义是什么？重点调查有什么优点？
13. 典型调查的特点和作用如何？
14. 什么是调查误差？产生调查误差的原因有哪些？

下章内容导引

某大学在新生入学时给每一名新生发了一份调查表，调查新生的姓名、性别、年龄、民族、高考成绩、家庭所在地、家庭月均收入、以往求学经历以及学生入学后对自己、对学校的各种期望等信息。调查得到的大量信息资料需要及时整理，进而科学地编制统计表或绘制统计图。如何将这些庞杂的信息及时进行科学的分类、汇总并清晰地显示出来，使学校迅速了解新一届学生的特点，掌握新生的各种信息，做好新生入学及后续的各项工作？如何整理利用这些调查资料？这就是第三章将要讲述的内容。

第三章　统计整理

内容提要

本章主要阐述了统计整理的意义；统计整理在整个统计工作中的重要作用；统计整理的基本步骤和方法；统计分组的作用和分组方法；统计汇总的组织与技术；手工汇总与计算机汇总技术。

第一节 统计整理的意义和步骤

一、统计整理的概念和意义

统计整理是统计工作的第三个阶段。统计工作经过统计调查之后，所获取的统计资料主要是反映总体单位特征的原始资料。这些原始资料比较分散、零碎，很不系统，仅仅反映了个体事物的表面现象，不能全面深刻地说明事物的本质，难以揭示事物的发展规律。因此，需要对这些调查资料进行加工和整理。统计整理是根据统计研究的目的，把统计调查所搜集到的原始资料进行科学的加工，使之系统化、条理化、科学化，从而得出能够反映事物总体特征的资料，为统计分析做好准备的工作过程。

由此可见，统计整理在整个统计工作中起着承前启后的重要作用，它既是统计调查的继续，又是统计分析的前提。统计整理的结果能否如实地反映客观情况，决定着统计资料的科学价值，也直接影响统计分析的准确性和真实性。

统计资料按来源不同分为原始资料和次级资料两种。由于搜集次级资料比搜集原始资料快捷方便且节省费用，因此，人们有时只需对次级资料进行再加工就可以满足研究目的的需要。所以，统计资料整理不仅包括对原始资料的整理，也包括对次级资料的整理，这里主要阐释如何对原始资料进行整理。

二、统计整理的内容和步骤

统计整理的目的是通过对比较分散、零碎，很不系统的原始资料的整理，使之系统化和条理化，为做好统计分析奠定良好的基础。因此，在统计整理工作中应该首先对所研究的社会经济现象进行深刻的分析，在此基础上运用最基本的、最能说明问题本质特征的统计分组和统计指标对统计资料进行加工整理。

统计整理工作是一项细致的、科学性很强的工作，需要有组织、有计划地进行。统计整理包括以下四个步骤：

（一）设计和编制统计资料整理方案

对统计资料进行整理，首先应当根据研究目的，确定对调查中所搜集资料的哪些内容进行整理。同时，还要确定如何进行统计分组，采用哪些汇总指标，以及统计资料如何表现等。这些整理方案的内容体现在一系列的整理或汇总表中。

正确地制订统计资料整理方案，是保证统计整理有计划、有组织地进行的首要步骤，是统计设计在统计整理阶段的具体化。

（二）对原始资料进行审核

资料整理的第二步是对调查得到的原始资料进行审核，以保证统计资料和资料整理的质量。对原始资料的审核主要包括审核资料的真实性、准确性、完整性和及时性四个方面的内容。

资料的真实性和准确性是审核的重点。对资料的真实性和准确性的审核是通过逻辑检查和计算检查两个方面分别进行的。逻辑检查主要审核原始资料的内容是否合理、有无相互矛盾或不符合实际的地方。计算检查是计算复核表中的各项数字有无差错，检查各项指标的计算方法是否恰当，计算单位是否正确，有关指标间的平衡关系是否得到保持等。

审核资料的完整性，是要检查统计资料是否系统周密、合乎逻辑，是否按规定的调查项目搜集齐全，调查单位是否有重复和遗漏，报送单位是否有不报、漏报的现象等。不系统、不完整的统计资料难以全面反映现象的总体特征和规律，也会影响资料的整理和分析工作。

审核资料的及时性，是要检查资料是否符合调查规定的时间，资料的报送是否及时等。

在审核资料时，既可以逐项地对资料进行全面细致的审核，也可以抽取重要部分或容易出现差错的部分重点审核。对于通过审查发现的问题和错误，应及时予以查证和纠正。

（三）对原始资料进行统计分组和统计汇总

按照一定的组织形式和方法，对原始资料进行统计分组和统计汇总，计算出各组的单位数和合计数，计算出各组指标和综合指标的数值。

（四）编制统计表或绘制统计图

将整理结果编制成统计表或绘制成统计图，简明扼要地表达现象的数量特征。

第二节 统计分组

一、统计分组的概念

统计分组是根据所研究事物的特点和统计研究的目的，按照某一标志或多种标志将统计总体划分为若干个组成部分的一种统计方法。统计总体的这些组成部分称为“组”。通过统计分组，使同一组内的各单位性质更加相同，不同组的各单位性质更加相异。能够对统计总体进行分组，是由总体单位所具有的差异性特点决定的。统计总体中的各个单位，一方面在某一个或某一些标志上具有相同的性质，可以结合在同一性质的总体中；另一方面，又在其他一些标志上具有彼此相异的性质，从而又可以被区分为性质不同的若干个组成部分。例如，在工业企业这个总体中，我们可以按照企业的生产规模将工业企业划分为大型企业、中型企业、小型企业和小微型企业四个组。每一组内各企业的生产规模相近，组与组之间企业的生产规模差异较大。

只有将统计总体进行科学的分组，才能对统计资料进行科学的加工和分析，得出正确的结论。因此，统计分组是统计整理的关键，它关系到整个统计研究工作的成效。

二、统计分组的作用

（一）区分现象性质的差别

统计分组的根本作用就在于区分现象性质的差别。统计分组的过程就是区别事物性质的过程。例如，国家统计局早在1985年就根据社会生产活动历史发展的顺序，将国民经济产业结构划分为第一产业、第二产业和第三产业三个不同的组成部分。2003年，国家统计局在2002年修订的《国民经济行业分类》（GB/T 4754—2002）国家标准的基础上，对原三次产业的划分范围进行了调整，印发了《国家统计局关于印发〈三次产业划分规定〉的通知》（国统字〔2003〕14号）。

2012年，国家统计局根据《国民经济行业分类》（GB/T 4754—2011），再次对《三次产业划分规定》进行修订，并于2012年12月17日，印发了《国家统计局关于印发三次产业划分规定的通知》（国统字〔2012〕108号）。2018年3月23日，国家统计局印发《国家统计局关于修订〈三次产业划分规定（2012）〉的通知》（国统设管函〔2018〕74号）。其中，根据《国民经济行业分类》（GB/T 4754—2017），对《三次产业划分规定（2012）》中的行业类别进行了对应调整。修订后的最新三次产业划分范围如下：第一产业是指农、林、牧、渔业（不含农、林、牧、渔专业及辅助性活动）。第二产业是指采矿业（不含开采专业及辅助性活动），制造业（不含金属制品、机械和设备修理业），电力、热力、燃气及水生产和供应业，建筑业。第三产业即服务业，是指除第一产业、第二产业以外的其他行业。第三产业包括批发和零售业，交通运输、仓储和邮政业，住宿和餐饮业，信息传输、软件和信息技术服务业，金融业，房地产业，租赁和商务服务业，科学研究和技术服务业，水利、环境和公共设施管理业，居民服务、修理和其他服务业，教育，卫生和社会工作，文化、体育和娱乐业，公共管理、社会保障和社会组织，国际组织，以及农、林、牧、渔业中的农、林、牧、渔专业及辅助性活动，采矿业中的开采专业及辅助性活动，制造业中的金属制品、机械和设备修理业。

在区分事物性质的过程中，划分社会经济类型是极其重要的。划分社会经济类型指的是直接反映社会生产关系的各种类型的划分。这种分类可以直接反映一定社会经济结构的特点。例如，我国的企业可划分为国有及国有控股企业、集体企业、个体企业、股份制企业、外商投资企业等类型。

（二）反映现象总体的内部结构

统计总体经过分组后，被划分为若干个性质不同的组成部分，计算各个组成部分的总量在总体总量中所占的比重，可以分析和研究总体内部各组成部分的性质、结构和比例关系，从而认识现象的发展过程和发展规律。例如，1978—2020年我国按三次产业分类的国内生产总值构成变化情况见表3-1。

表3-1　我国按三次产业分类的国内生产总值构成变化情况（%）

年份 产业	1978	1990	2000	2010	2020
第一产业	27.7	26.6	14.7	9.3	7.7
第二产业	47.7	41.0	45.5	46.5	37.8
第三产业	24.6	32.4	39.8	44.2	54.5
合　计	100.0	100.0	100.0	100.0	100.0

资料来源　国家统计局．中国统计年鉴（2022）[M]．北京：中国统计出版社，2022.

表3-1表明，随着我国经济的不断发展和经济规模的不断增大，第一产业和第二产业的比重都在逐步降低，而第三产业的比重在逐步上升。

（三）分析现象之间的相互依存关系

任何现象都不是孤立的，现象之间是相互联系、相互依存、相互制约的。利用统计分组资料分析和研究现象之间的相互依存关系，有助于人们全面、深刻地认识事物。例如，某地区粮食单位面积产量和施肥量的关系见表3-2。

表3-2 某地区粮食单位面积产量和施肥量的关系

每公顷化肥施用量（千克）	粮食单位面积产量（千克/公顷）
116.25	2 827.5
133.50	3 124.5
145.50	3 396.0
153.75	3 608.3
163.50	3 484.0

通过表3-2可以分析化肥施用量与粮食单位面积产量之间的依存关系，合理、适度地施用化肥可以有效地提高粮食单位面积产量。

三、统计分组的方法

统计分组的关键在于正确选择分组标志和划分各组界限。

（一）正确选择分组标志

进行统计分组，首先需要有分组的依据。确定分组的依据就是选择分组标志，它是分组时划分组别的标准。任何事物都有许多标志，选择不同的分组标志会得出不同的结果。标志选择不当，分组结果就不能正确地反映总体的性质特征。因此，正确地选择分组标志，是科学分组的前提，也是统计资料整理的关键。正确选择分组标志，需要注意以下三点：

1.根据统计研究的目的选择分组标志

统计总体的各个单位有许多标志，应该选择什么标志作为分组标志，依统计研究的目的而定。例如，某高等院校在校学生这一总体中，每一个在校学生是总体单位。学生有年龄、身高、性别、体重、民族、政治面貌和学习成绩等许多标志。如果要分析该校学生的年龄结构，就要选择年龄作为分组标志；如果要反映学生的学习成绩构成，就要选择每门课程的成绩作为分组标志；如果要研究学生的性别结构，就要选择性别作为分组标志。可见，对于不同的研究目的，需要选择不同的分组标志。

2.选择最能反映事物本质特征的分组标志

事物的标志多种多样，有些标志是根本性的、主要的标志，能够反映事物的本质，而有的则是非本质的次要标志。例如，要研究我国经济结构的特点，像三次产业分类标准、国民经济行业分类标准等都是最基本的标志。再如，要研究企业的经济效益好坏，可供选择的标志也很多，诸如总产出、增加值、销售收入、利税额、劳动生产率、单位产品成本、资金占用额、经济效果（增加值占总产出的比重）等，然而更能综合反映企业经济效益的则是经济效果。因此，在进行分组时，要从统计研究的目的出发，从若干标志中选择最能反映事物本质特征的主要标志进行分组。

3.要根据现象发展的历史条件和经济条件选择分组标志

社会经济现象在不断地发展变化，历史条件变了，事物的特征也会发生变化，也就是说，最能反映现象本质特征的标志将随之而变化。例如，研究中华人民共和国成立之前的人口社会阶层状况时，阶级是反映人口本质特征的标志，人口按阶级分组就是最本质、最重要的分组。现在研究我国的人口状况，把职业作为研究社会阶层状况分组标志才能正确地反映人口的社会阶层构成状况。在不同的经济条件下，分组标志的选择也是不同的。例如，对于劳动密集型产业，应采用职工人数作为分组标志来反映各企业生产规模的大小；对于资金密集型产业，要反映各企业生产规模大小就要选用资产的价值作为分组的标志。

（二）正确划分各组界限

正确划分各组界限，就是要在分组标志的变异范围内，准确划定各相邻组之间的性质界限和数量界限。

对于按品质标志所进行的统计分组，关键是要确定好不同组之间质的区别界限。例如，在按三次产业标志进行产业结构分组时，什么样的行业应该归于哪种产业就需要明确界定清楚。

对于按数量标志所进行的统计分组，关键是要确定好不同组之间数量方面的界限。例如，在按居民收入水平进行分组时，究竟多高的收入水平算高收入、多高的收入水平算中等收入，以及多高的收入水平算低收入必须做出明确科学的界定。

四、统计分组的种类

（一）品质标志分组和数量标志分组

统计总体可以按品质标志分组，也可以按数量标志分组。

1.按品质标志分组

按品质标志分组是指选择反映事物属性差异的标志作为分组标志，并在品质标志的变异范围内划定各组界限，将总体划分为若干个性质不同的组成部分。例如，研究国民经济总体时，可以按经济类型、隶属关系、地区、国民经济产业部门等品质标志分组。按品质标志分组有时界限明确，比较容易，有时却又比较复杂。

在实际工作中，常常需要对所研究的现象进行复杂的品质分组。这种复杂的品质分组也称分类，如行业分类、产品分类、人口职业分类等。它们不仅涉及复杂的分组技术，也涉及国家的政策和有关科学理论，因而在分组时要十分慎重。为了保证各种分类的统一性和完整性，国家制定了统一的分类目录和标准。

2.按数量标志分组

按数量标志分组是指选择反映事物数量差异的数量标志作为分组标志，并在数量标志的变异范围内划定各组界限，如企业按固定资产价值分组、人口按年龄分组、住房按面积分组等。

与品质标志不同，数量标志具体表现为许多不等的标志值，这些标志值能准确地反映现象数量上的差异，却不能明确地反映现象性质上的区别。因此，在按数量标志进行统计分组时，应当根据研究的目的，首先确定总体在已选定的数量标志的特征下有多少种性质不同的组成部分，然后再确定各组成部分的数量界限，使分组的数量界限能够区分现象性质上的差别。关于按数量标志分组的具体问题，将在下一节阐述。

（二）简单分组和复合分组

按照选择分组标志多少的不同，统计分组可以分为简单分组和复合分组。

1.简单分组

简单分组是指对所研究的总体按一个标志进行分组。例如，工业企业按生产规模分为大型、中型、小型和小微型四个组，人口按性别分为男性、女性两个组，投资按资金来源分为国家预算内资金、国内贷款、利用外资、自筹投资和其他投资五个组。

2.复合分组

复合分组是指对所研究的总体按两个或两个以上标志进行的多层次分组。例如，工业企业按不同的行业类型分组后，每一组再按规模的大小进行分组；人口按性别分组后再按年龄分组等。采用复合分组能更深入地反映总体的内部结构，更细致地分析问题。但是，随着分组标志的增加，组数将成倍地增加，因此也不宜采用过多的标志进行复合分组。究竟采用几个标志进行复合分组，要根据统计研究的目的和任务来决定。

第三节　次数分布和频率分布

一、次数分布和频率分布的概念

次数分布是指将总体中的所有单位按某个标志分组后所形成的，总体单位数在各组之间的分布。分布在各组的总体单位数称为次数或频数。例如，表3-3中由第一列的性别和第二列的人数所组成的分布就是一个次数分布。第二列中的人数就是次数。

各组次数与总次数之比称为比重、比率或频率。各组之间的频率分布状况称为频率分布。例如，表3-3中由第一列的性别和第三列的比重所组成的分布就是一个频率分布。第三列中的比重就是频率。

次数分布或频率分布实质上是反映统计总体中所有单位在各组间的分布状态和分布特征的一个数列，因此次数分布也可以称为次数分布数列，频率分布也可以称为频率分布数列。例如，表3-3中人口按性别分组后形成的人口数在各组分布情况的数列就是一个频数分布数列，各组分配频率所形成的频率分布情况的数列就是一个频率分布数列。

次数分布数列或频率分布数列主要由各组名称（或各组变量值）与各组单位数（次数，也称频数）或频率两部分构成。次数分布数列或频率分布数列的形式很简单，但它是统计整理的重要表现形式，在统计研究中具有十分重要的意义。

次数分布数列或频率分布数列直观地表明了总体单位的分布特征和结构状况，在此基础上还可以进一步研究其构成、平均水平及变动规律等，它是进行统计分析的一种重要手段。

根据分组标志特征的不同，次数分布数列或频率分布数列可以分为品质分布数列和变量分布数列。按品质标志分组形成的分布数列（包含次数分布数列和频率分布数列）叫品质分布数列，简称品质数列（见表3-3）；按数量标志分组形成的分布数列（包含次数分布数列和频率分布数列）叫变量分布数列，简称变量数列（见表3-4）。

表 3-3 某学校学生的性别分布

性 别	人数（人）	比重（%）
男	250	32.1
女	530	67.9
合 计	780	100.0
各组名称	次数（频数）	频率

表 3-4 某地区商业企业销售收入统计表

销售收入（万元）	企业数（个）	比重（%）
80 ~ 90[①]	2	7.14
90 ~ 100	4	14.29
100 ~ 110	16	57.14
110 ~ 120	6	21.43
合 计	28	100.00
各组变量值	次数（频数）	频率

对于品质数列，如果分组标志选择得恰当，现象性质上的差异就表现得比较明显，总体中各组的划分也就比较容易。对于变量数列，现象在数量上的差异表现得比较明显，而在性质上的差异却不显著。决定现象性质差异的数量界限往往依赖人的主观认识。按同一数量标志进行分组，也可能形成多种变量数列。因此，我们有必要对变量数列作进一步讨论。

二、变量数列的种类

变量数列有单项变量数列和组距变量数列两种。

（一）单项变量数列

单项变量数列是按数量标志分组后，每个组只用一个变量值代表该组水平所形成的数列（也称单值数列）（见表 3-5）。

表 3-5 某企业工人日产量完成情况

按日产量分组（件）	工人数（人）	比重（%）
25	10	6
26	20	10
27	30	17
28	50	28
29	40	22
30	30	17
合计	180	100

单项变量数列一般在变量值不多，且变量值的变动范围不大、变量呈离散型的条件下采用。如表 3-5 中工人的日产量最高是 30 件，最低是 25 件，最大相差数仅 5 件，且变量值只有 6 个，因而可以采用单项变量数列来反映。

① 本书所有的统计表均遵循统计分组中的“上限不在内”原则，即凡遇到单位的标志值刚好等于相邻两组上下限数值时,一般把此值归并到作为下限的那一组。

（二）组距变量数列

当变量值较多，变量值变动的范围也比较大时，编制单项变量数列会使分组数过多，总体单位过于分散，不便于分析问题，这时应当采用组距变量数列。

组距变量数列是按照数量标志分组后，每个组用变量值变动的一定范围（即组距）代表该组水平所形成的数列（见表3-4）。

在组距变量数列中，表示各组界限的变量值叫组限，其中较小的变量值称下限，较大的变量值称上限。在表3-4中，80、90、100、110等都是组限，第一组中的80是下限，90是上限。各组上限与下限之间的距离叫组距，上限与下限之间的中点值叫组中值，即：

组距=上限-下限

$$组中值=\frac{下限+上限}{2}$$

例如，表3-4中第一组的组距为10万元（90-80），组中值为85万元（（90+80）÷2）。

编制组距变量数列时，常常使用像“××以上”或“××以下”这样不确定组限的组。这种有上限无下限，或有下限无上限的组称为开口组（见表3-6）。

表3-6　某地区商业企业销售收入统计表

销售收入（万元）	企业数（个）	比重（%）
100以下	6	21.43
100～110	16	57.14
110及以上	6	21.43
合　计	28	100.00

开口组的组中值按下列公式计算：

缺下限的最小组的组中值=上限-相邻组的组距÷2

缺上限的最大组的组中值=下限+相邻组的组距÷2

例如，在表3-6中，第一组的组中值为95万元（100-（110-100）÷2），第三组的组中值为115万元（110+（110-100）÷2）。

组距变量数列根据各组的组距是否相等可以分为等距数列和异距数列。在等距数列中，各组的组距均相等；而在异距数列中，各组的组距并不都相等。编制组距变量数列时，采用等距数列还是异距数列，要根据研究目的和现象的特点来决定。等距数列能清楚地反映总体的分布特征，而异距数列则能比较准确地反映总体内部各组成部分的性质差异。例如，人口按年龄分组编制的等距数列和异距数列，分别见表3-7和表3-8。

表3-7　某地区人口年龄构成（一）

按年龄分组（岁）	人口数（万人）	比重（%）
10以下	50	2.538
10～20	180	9.137
20～30	320	16.244
30～40	520	26.396
40～50	450	22.843
50～60	300	15.228
60及以上	150	7.614
合　计	1 970	100.000

表3-8 某地区人口年龄构成（二）

按年龄分组（岁）	人口数（万人）	比重（%）
1以下（婴儿组）	30	1.5
1～3（幼儿组）	100	5.0
3～7（学龄前儿童组）	220	11.0
7～18（青少年组）	380	19.0
18～35（青年组）	620	31.0
35～60（中年组）	490	24.5
60及以上（老年组）	160	8.0
合 计	2 000	100.0

在表3-8中，对人口按年龄进行异距分组，将全部人口划分为婴儿组、幼儿组、学龄前儿童组、青少年组、青年组、中年组、老年组七个类别。与表3-7相比，表3-8更清楚地显示出人口的年龄构成。

组距变量数列的次数分布情况还可以用次数分布曲线图表示。次数分布曲线图除了具有曲线图的形式外，还具有面积图的性质，即以次数分布曲线下覆盖的面积代表总体单位总数。

绘制次数分布曲线图，一般先绘制直方图。直方图是以横轴表示各组的组限，纵轴表示次数，依据各组组距的宽度与次数的高度来绘制的。例如，依表3-4的资料绘制的直方图如图3-1中的虚线所示。在直方图的基础上，把相邻条形的顶边中点连接起来形成一条折线，再把折线两端与横轴上直方图两侧延伸的假想组中点相连，就形成了次数分布曲线（折线）图（如图3-1中的实线所示）。

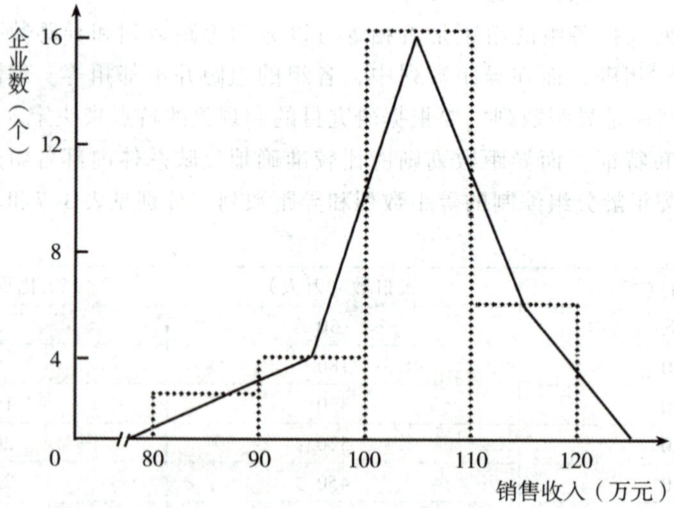

图3-1 某地区商业企业销售收入次数分布曲线图

上述次数分布曲线图的画法，适用于等距数列。对于异距数列，需要计算次数密度，即各组次数除以各组组距，然后根据次数密度和组距绘制次数分布曲线图。

三、变量数列的编制

在编制变量数列时，首先要根据变量的类型和变量值的多少来确定是编制单项变量数列还是组距变量数列。如果是离散型的变量，则既可以编制单项变量数列，也可以编制组距变量数列（组限可以重叠，也可以不重叠）。一般在变量值不多、变动幅度较小，总体单位数也比较少时编制单项变量数列，而总体中变量值较多，且变动幅度较大时宜编制组距变量数列；如果是连续型的变量，则只能编制组限重叠式的组距变量数列（如果组限不重叠，会发生丢失数据的现象）。

（一）单项变量数列的编制步骤

单项变量数列的编制比较简单，一般包括如下三个步骤：

1.将原始资料按数值大小依次排列

例如：15名工人的日产量（件）分别为29、30、28、26、29、27、28、27、28、29、28、28、26、29、28，要求根据这些资料编制变量数列。

此例中工人的日产量（件）是离散型的变量，且变量值不多，波动幅度不大，适合编制单项变量数列。

将变量值按从小到大顺序排列如下：26、26、27、27、28、28、28、28、28、28、29、29、29、29、30。

2.将变量分为若干组，一个变量值为一组，重复的只取一个

上例可以分为26、27、28、29、30五个组。

3.按变量值的大小顺序排列，列出每组变量出现的频数（或频率），编制单项变量数列

上例编制的单项变量数列见表3-9。

表3-9 单项变量数列

工人日产量（件）	26	27	28	29	30
工人数（人）	2	2	6	4	1

（二）组距变量数列的编制步骤

编制组距变量数列一般采用如下步骤：

1.将原始资料按数值大小依次排列

2.确定组数（k）和组距（i）

组数和组距是相互制约的，组数越多，组距就越小；反之，组数越少，组距就越大。在等距数列中，通常根据斯特格斯（Sturges）经验公式确定组数：

$$k = 1 + \frac{\lg N}{\lg 2} = 1 + 3.322\lg N \tag{3.1}$$

公式（3.1）中的k代表组数，N代表数据的个数。

在确定了组数的基础上，可以根据以下公式（3.2）计算组距：

$$i = \frac{R}{k} \tag{3.2}$$

公式（3.2）中的i代表组距，R为全距，即一组数据中最大数与最小数之差。

确定组距和组数应考虑下列两项重要原则：一是要尽量反映总体单位的分布情况及总

体单位的集中趋势；二是要尽可能区分不同组之间性质上的差异。

3.确定组限和组限的表示方法

组限的确定主要考虑下列三点：

（1）最小组的下限要略低于最小变量值，最大组的上限要略高于最大变量值；

（2）组限的确定应当有利于表现总体单位分布的本质特征和规律性；

（3）对于等距数列，如果组距是5，10，…，100，…，则每组的下限最好是它们的倍数。

由于变量有连续型和离散型之分，其组限的划分要求也不同。对于连续型变量（如体重、身高等），划分组限时相邻组的组限必须重合。此时，为了避免出现处在组限上的单位有可能被重复分到不同组的问题，统计界约定俗成的做法是，各组不包括其上限变量值的单位，即遵循所谓“上组限不包括在内”原则。对于离散型变量（如企业数、零件数等），划分组限时相邻组的组限可以间断，也可以采用连续型变量的组限表示方法。

4.编制变量数列表，将每个原始数据分配到相应组

在分别确定完组数、组距和组限后，便可以在此基础上编制变量数列表，并将每个原始数据分配到相应组中，最终形成组距式变量数列。

［例3-1］某单位30名职工的月基本工资额（单位：元）资料如下所示：

2 120.00	1 680.00	2 200.00	1 820.00	2 180.00	1 820.00
2 220.00	2 140.00	1 980.00	1 880.00	2 380.00	1 740.00
2 360.00	1 940.00	2 060.00	2 120.00	1 700.00	2 120.00
2 020.00	2 100.00	1 920.00	2 100.00	2 140.00	2 420.00
2 100.00	1 900.00	2 120.00	2 560.00	2 220.00	2 020.00

要求：根据以上资料编制组距变量数列。

我们可以按如下步骤将上述资料编制成等距式变量数列。

（1）将原始资料按大小顺序排列。

1 680.00	1 700.00	1 740.00	1 820.00	1 820.00	1 880.00
1 900.00	1 920.00	1 940.00	1 980.00	2 020.00	2 020.00
2 060.00	2 100.00	2 100.00	2 100.00	2 120.00	2 120.00
2 120.00	2 120.00	2 140.00	2 140.00	2 180.00	2 200.00
2 220.00	2 220.00	2 360.00	2 380.00	2 420.00	2 560.00

（2）确定组数和组距。

根据公式（3.1）和（3.2）确定的组数和组距分别为：

$$k = 1 + 3.322 \lg N = 1 + 3.322 \lg 30 = 5.9 \approx 6\text{（组）}$$

$$i = \frac{R}{k} = \frac{(2\,560 - 1\,680)}{6} = 146.7 \approx 200\text{（元）}$$

（3）确定组限和组限的表现方式。

依据前面介绍的确定组限的方法，结合本例题中的组数、组距和最小值实际情况，变量数列第一组的下限确定为1 600元为宜。

另外，由于工资收入属于连续型变量，所以组与组之间的组限应当采用重叠式的表现

方式。

(4) 依据第 (2) 步和第 (3) 步的内容，编制空白式变量数列表（如表3-10所示）。

表3-10　　某单位职工月基本工资额情况（空白）

月基本工资额（元）	职工人数（人）	比率（%）
1 600 ~ 1 800		
1 800 ~ 2 000		
2 000 ~ 2 200		
2 200 ~ 2 400		
2 400 ~ 2 600		
合　计		

(5) 将上述经过排序的数据资料分别添加到表3-10中，从而编制成如表3-11所示的完整的组距式变量数列表。

表3-11　　某单位职工月基本工资额情况

月基本工资额（元）	职工人数（人）	比率（%）
1 600 ~ 1 800	3	10.0
1 800 ~ 2 000	7	23.3
2 000 ~ 2 200	13	43.3
2 200 ~ 2 400	5	16.7
2 400 ~ 2 600	2	6.7
合　计	30	100.0

四、累计次数（频数）分布数列与累计频率分布数列

在实际工作中我们常常需要编制累计次数（频数）分布数列和累计频率分布数列，以研究大量现象的规律。累计次数（频数）分布数列与累计频率分布数列的编制方法有两种：一种是以下累计，即由变量值低的组向变量值高的组累计次数或频率，表明该组上限以下的次数之和或频率之和，也称向上累计、较小制累计；另一种是以上累计，由变量值高的组向变量值低的组累计次数或频率，表明该组下限以上的次数之和或频率之和，也称向下累计、较大制累计。根据表3-11的资料编制的累计次数与累计频率分布见表3-12。

表3-12　　某单位职工月基本工资额累计次数与累计频率分布表

月基本工资额（元）	职工人数（人）	频率（%）	累计次数（人）		累计频率（%）	
			以下累计	以上累计	以下累计	以上累计
1 600 ~ 1 800	3	10.0	3	30	10.0	100.0
1 800 ~ 2 000	7	23.3	10	27	33.3	90.0
2 000 ~ 2 200	13	43.3	23	20	76.6	66.7
2 200 ~ 2 400	5	16.7	28	7	93.3	23.4
2 400 ~ 2 600	2	6.7	30	2	100.0	6.7
合　计	30	100.0	—	—	—	—

通过表3-12，我们可以清楚地观察到某一上限值以下或某一下限值以上的部分在现象总体中的地位及作用，如表中的第三组的以下累计次数为23，表示月基本工资额在该组上限2 200元以下的有23人，而该组以上累计次数为20，则表示月基本工资额在该组下限2 000元以上的有20人。

累计次数（频数）和累计频率分布数列可以更简便、更清晰地概括总体的分布特征。

五、次数分布的主要类型

各种不同性质的现象有各自特殊的次数分布。概括起来，主要有钟形分布、U形分布和J形分布三种。

（一）钟形分布

钟形分布的特征是“两头小、中间大”，即靠近中间的变量值分布的次数多，靠近两端的变量值分布的次数少。如果次数分配并不是完全对称，则称为非对称分布或偏态分布，通常有左偏态和右偏态两种；如果次数分配是完全对称的，则称为对称分布或正态分布。正态分布是实际生活中最重要、最常见的分布，许多现象（如商品市场价格、农作物平均产量、零件公差等）的分布都趋于正态分布。偏态分布和正态分布的图示如图3-2所示。

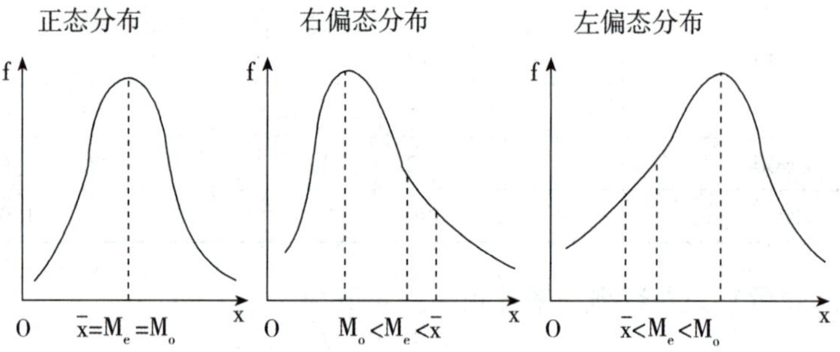

图3-2 钟形分布图

（二）U形分布

U形分布的特征是“两头大，中间小”，即接近两端的变量值分布的次数多，接近中间的变量值分布的次数少（如图3-3所示）。人口死亡率、每日不同时刻天空中云量的百分比等现象的分布都呈U形分布。

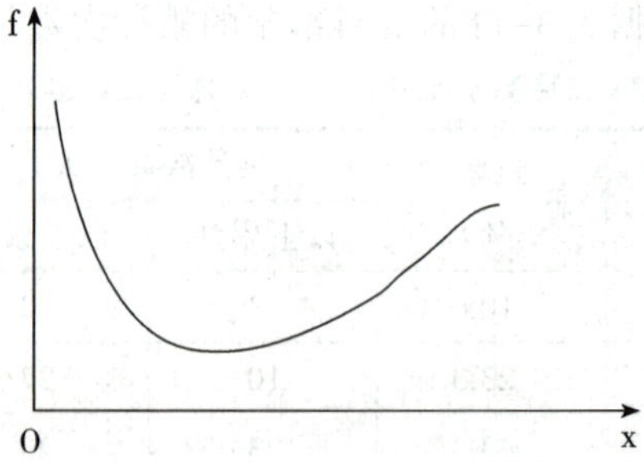

图3-3 U形分布图

（三）J形分布

J形分布有正、反J形两种类型。正J形分布是次数随着变量值的增大而增多，反J形分布是次数随着变量值的增大而减少（如图3-4所示）。投资额按利润率大小分布，一般呈正J形分布；人口总体按年龄大小分布，一般呈反J形分布。

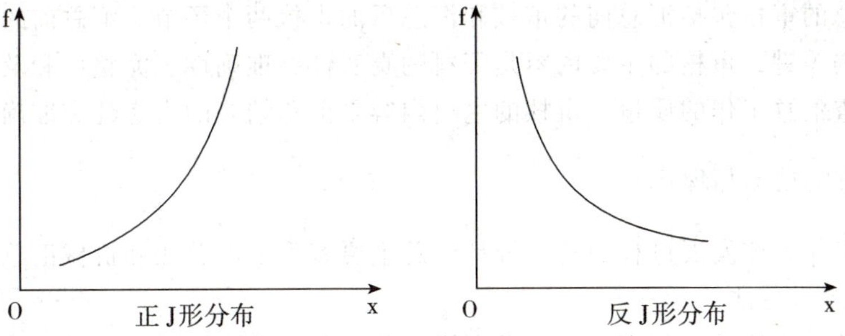

图3-4 正、反J形分布图

第四节 统计汇总的组织形式、审核及技术与现代化

一、统计汇总的组织形式

统计汇总是一项十分繁杂的工作，需要一整套科学的组织形式，以保证统计汇总的顺利进行。统计汇总一般有逐级汇总、集中汇总和综合汇总三种组织形式。

（一）逐级汇总

逐级汇总是指自下而上一级一级地汇总本地区、本系统或本单位的调查资料。这种组织形式能够满足各级单位对资料的需要，也便于就地审核和订正原始资料，但汇总层次多，比较费工费时，出现差错的概率也较大。

（二）集中汇总

集中汇总是把全部调查资料集中在一个机关或者最高统计机关进行一次汇总。这种组织形式可以缩短汇总时间，减少汇总差错，但原始资料如有差错不能就地更正，整理结果有时无法及时满足本地区、本部门或本单位的需要。

（三）综合汇总

综合汇总是将逐级汇总和集中汇总结合起来的一种组织形式，即对各地区和各级都需要的基本资料实行逐级汇总，对需要在全国范围内进行加工的资料或者本系统的全面资料则实行集中汇总。

随着计算机的普及和计算机技术的飞速发展，借助现代计算机技术和网络技术可以实现各级统计汇总的同步进行，逐级汇总、集中汇总、综合汇总的含义也将发生变化。例如，采用逐级汇总这种组织形式进行资料汇总时，只要各基层单位将原始数据输入数据库，各级汇总工作即可同时展开，上级部门的汇总工作不再需要等下一级的汇总工作结束之后才能进行，统计汇总的效率和质量会不断提高。

二、统计汇总的审核

统计汇总的审核包括汇总前的审核和汇总后的审核两个环节。汇总前的审核是把握统计汇总质量的关键，审核的主要内容是资料的真实性、准确性、完整性和及时性。汇总后的审核是检查汇总工作的质量，审核的主要内容是汇总结果的真实性和准确性。

三、统计汇总的技术与现代化

就统计工作整体发展过程而言，统计汇总主要有手工汇总法和机械汇总法两种。

（一）手工汇总法

手工汇总法也称手工整理法，它是利用一些简单工具对统计资料进行整理，其整理速度慢、时效性差，也比较容易出现差错，仅在资料较少的条件下采用。常用的手工汇总方法有划记法、过录法、折叠法和卡片法四种。

1.划记法

划记法就是按照事先分好的组用点线符号（如用“正”或“卌”等）划记、计算各组的单位数和合计数。这种方法简便易行，但容易出现错漏，也无法汇总各组和总体单位的标志值，一般在总体单位资料不多的情况下采用。

2.过录法

过录法就是将调查资料先过录到事先设计好的整理表上，并计算出各种合计数，然后再将其结果填入正式的统计汇总表中。这种方法汇总的内容比较全面，也便于核对检查，但工作量大，费时费力。

3.折叠法

折叠法就是将所有调查表中需要汇总的项目和数值折在边上，一张接一张地叠在一起进行汇总计算。这种方法简便易行，但汇总时必须细致，并应随时进行检查。

4.卡片法

卡片法就是将每个总体单位需要汇总的项目和数值摘录到事先准备好的卡片上，然后根据卡片进行分组和汇总计算。在调查资料多、统计分组细的情况下，宜采用卡片法进行汇总，它比划记法、过录法和折叠法的汇总质量要高。

（二）机械汇总法

机械汇总法也称机械整理法，它是利用机器设备对统计资料进行整理。对于大量的统计资料，靠手工的办法难以迅速、准确、及时地加以处理。手工汇总在实际应用中受到了极大的限制，机械汇总法应用得越来越广泛。随着科学技术的不断发展，统计资料整理经历了算盘、计算尺、手摇计算机、电动计算机到电子计算机汇总的历程，其汇总速度和质量越来越高。电子计算机具有强大的数据处理功能，而且具有运算速度快，精确度高，数据存储量大，修改、存储、取用方便，程序自动执行等特点，这些都是手工汇总无法比拟的。

近年来，电子计算机的广泛应用把人们从大量繁杂的手工数据处理中解脱出来，而且完成了许多用手工难以处理的工作，极大地提高了工作效率和工作质量。电子计算机对数据进行处理，一般包括对数据的搜集、记载、修改、分类、排序、检索、存储、计算、传输、制表等工作。应用电子计算机进行统计资料的数据处理（或汇总）通常采用如下步骤：

（1）明确所要编制的程序的目的，即确定程序要完成些哪些功能。它完全取决于统计汇总的目的和要求。

（2）进行技术准备工作，就是掌握准备使用的工具软件。

（3）进行可行性分析。可行性分析的目的是取得一个技术上可行、经济上合理、实施起来有效的数据处理方案。这就需要根据现有的基础、技术等环境条件，结合费用和效果等具体分析所使用电子计算机本身的软件和硬件功能是否能满足所要进行数据处理（或汇总）的目的和要求。

（4）根据汇总方案画出程序框图。这是编写程序的重要步骤，框图应力求明了。

（5）进行代码设计，就是对事物进行编码，如把汉字信息数字化。它的作用是使数据标准化、系统化，从而实现对数据资源的有效处理。代码设计是一项复杂的工作，其质量如何不仅影响数据输入的速度和质量，还将影响数据处理的最终结果。因此，在设计代码时要十分谨慎，它往往需要花费很长的时间（如全国的商品编码一般要用十几年的时间才能完成），编码体系一旦确定便不宜进行修改。

（6）编写程序。设计程序时应尽量使程序结构模块化。这种程序便于阅读，结构清楚，条理性强，容易发现并修改错误。

（7）程序调试及运行。程序调试包括纠正程序中的各种错误，对程序的总体布局进行优化、改进等。最后，由电子计算机执行程序进行统计制表，并通过输出设备将结果打印出来。

程序主要由主程序模块、建立数据库模块、计算模块和输出模块组成。

必须指出，现代计算机技术发展迅猛，计算机应用技术也是日新月异，这就为利用计算机进行资料整理提供了极大的方便。人们甚至可以不经过上述七步工作，只需安装某些专用软件，如 Excel、SPSS 等就可以直接在计算机上进行各种汇总工作和统计计算与分析工作了。

统计资料整理要实现现代化，就要运用先进的统计科学和现代计算机技术。利用现代计算机技术、数据传输技术和网络技术，建立以计算机网络为主要特征的计算中心和信息交流中心，是统计资料整理工作的发展方向。计算机网络是指将地理位置不同，并具有独立功能的多个计算机系统通过通信线路和通信设备连接起来，且以功能完善的网络软件实现资源共享的系统。这种系统可以使网络内的所有用户都能享用网上各计算机系统中的全部或部分资源，它能够克服地理条件的限制，把分散在不同地区、不同行业和不同部门的计算机连成网络整体，实现数据和信息资源的共享，使手工方式逐级汇总时失掉的大量数据和信息资源得到开发和利用，即使在原始数据不变的情况下也能使可供信息量成倍增长。同时，这种现代化汇总系统可以避免重复劳动和投资，也便于均衡系统负载，提高系统的处理能力和可靠性，从而大大加快资料整理的速度和数据传输速度，并提高汇总数据的准确性。

复习思考练习题

1. 简述统计整理在统计研究中的重要性。

2. 试述统计分组在统计整理中的重要性。

3. 简述等距数列和异距数列的应用条件。
4. 如何正确地确定按数量标志分组的分组界限？
5. 组距和组数的关系如何？如何正确地确定组距和组数？
6. 简述编制变量数列的方法和步骤。

下章内容导引

请大家先看一组数据：我国陆地面积为960多万平方千米，2021年年末我国人口总数为141 260万人，这两个绝对数表现了我国幅员辽阔、人口众多的基本特点。另外，国民经济发展情况也往往直观地表现为数据：2021年我国按不变价格计算的国内生产总值为1 095 771.2亿元，比上年的1 013 567.0亿元增加82 204.2亿元，增长8.1%；其中第一产业增加值为83 533.0亿元，比上年增加5 502.1亿元，增长7.1%；第二产业增加值为415 113.8亿元，比上年增加31 551.7亿元，增长8.2%；第三产业增加值为597 124.4亿元，比上年增加45 151.7亿元，增长8.2%。2 021年我国按当年价格计算的国内生产总值为1 133 239.8亿元，其中，第一产业、第二产业和第三产业的增加值占国内生产总值的比重分别为7.3%、39.4%和53.3%。这些我们习以为常的数据其实就是本章向大家介绍的总量指标和相对指标的内容。那么总量指标是什么？它有哪些种类呢？相对指标有哪几种呢？平时我们经常讲到的比重、比例、强度等是相对指标吗？这些问题都将在第四章得到答案。

第四章　总量指标和相对指标

内容提要

综合指标法是利用统计指标对所研究对象进行深入分析研究，揭示其特征和规律的方法。根据作用、表现形式的不同，统计指标可以分为总量指标、相对指标和平均指标。本章阐述了总量指标的概念、作用和种类；相对指标的概念、作用、种类和计算方法；计算和运用总量指标和相对指标的基本原则。

第一节 总量指标

一、总量指标的概念和作用

总量指标是反映一定时间、地点和条件下某种现象总体规模或水平的统计指标。它的表现形式是绝对数，因此也称为绝对指标或绝对数。一个国家的人口数、土地面积、某年的国内生产总值、原煤和原油生产量等都是总量指标。

总量指标是统计中最基本的指标，在实际统计工作中应用十分广泛。其作用可概括为以下三点：

（一）总量指标可用来反映一个国家、地区、部门或单位的基本状况

总量指标常用来反映一个国家的国情和国力，反映一个地区、部门或单位的规模、水平、基本经济状况和经济实力。例如，一个国家的粮食总产量、国内生产总值、钢铁产量、土地面积、石油储藏量等总量指标，标志着该国的生产水平和经济实力；一个地区的商品零售额、零售商业机构数等总量指标，标志着该地区的消费水平；某企业的职工人数、固定资产、增加值、利税总额等总量指标，反映着该企业人力、财力、物力的基本状况和生产经营活动的成果。

（二）总量指标是制定政策、编制规划和计划、进行科学管理的重要依据

无论是宏观调控还是微观管理，都不能凭空运作，必须从客观实际出发，以反映客观事物现在和历史的相关总量指标作为重要的参考依据。例如，一个国家的自然资源存储量、人口数、生产力水平、国内生产总值、居民的收入水平和消费水平等总量指标是该国编制长远发展规划和年度工作计划，制定产业政策的重要参考依据。再如，城乡居民储蓄存款余额、全社会固定资产投资总额、货币流通量等总量指标是国家制定货币发行量、存贷款利率、存贷款额度、基本建设投资规模等各项金融政策和财政政策的基础。

（三）总量指标是计算相对指标和平均指标的基础

统计中的多种相对指标都是由两个有联系的总量指标对比计算出来的；平均指标是同一个总体内部被平均的标志值总量（总量指标）和总体单位数（另一个总量指标）进行对比而得出的结果。由此可见，无论是相对指标还是平均指标都是总量指标的派生指标。例如，人口性别比是男性人口数与女性人口数之比，单位面积产量是总产量除以播种面积之商等。

二、总量指标的种类

（一）总体单位总量和总体标志总量

总量指标按其说明总体内容的不同，分为总体单位总量和总体标志总量。

总体单位总量简称单位总量，它表示总体本身的规模大小，是统计总体单位的合计数。总体标志总量简称标志总量，它是反映总体单位某种标志值总和的总量指标，例如，研究某市国有工业企业的经营情况，则该市国有工业企业总数是单位总量，而该市国有工

业企业的工业增加值、销售收入、利税总额、职工人数、工资总额等是标志总量。

需要指出的是，单位总量和标志总量的地位随着统计研究目的的不同和研究对象的变化而变化。当以工业企业为总体时，职工人数是标志总量；当以全部职工为总体时，职工人数则是单位总量。

（二）时期指标和时点指标

总量指标按其反映的时间状况不同，分为时期指标和时点指标。

时期指标是反映现象在一段时期内发展过程总数量的总量指标，如产品产量、商品销售额、国内生产总值等。它有两个基本特点：（1）时期指标可以累计相加，累加结果表示更长一段时间内事物发展过程的总数量。例如，一年的产量是该年度四个季度或十二个月的产量之和。（2）时期指标数值的大小与计算时期的长短有直接关系。例如，全年的产量要比该年度任何一个季度或月度的产量都大。

时点指标是反映现象在某一时刻或某一瞬间状态的总量指标，如年底人口数、商品库存额、固定资产原值等。它的特点有：（1）各时点指标不能累计相加，累加结果无实际意义。例如，我们不能将某企业全年各月初或各月末的职工人数相加作为该年度该企业的全部职工人数以反映其规模。（2）时点指标数值的大小与时间间隔长短没有直接关系。例如，某企业某种物资的库存量年末数不一定大于该年第一季度末的数字，而第一季度末的数字也不一定大于当季第一个月月末的数字。

（三）实物指标、价值指标和劳动指标

总量指标按其采用的计量单位不同，分为实物指标、价值指标和劳动指标。

实物指标是根据事物的属性和特点，采用自然的、度量衡的、物理的或化学的计量单位计算的总量指标，如人口数、粮食产量、发电量分别以“人”“吨”“千瓦时”为计量单位等。实物指标可以直接反映产品的使用价值或现象的具体内容。但是不同属性、不同计量单位或同种产品不同规格的实物指标却不能直接汇总，因此它无法用来反映非同类现象或同类现象不同规格的总规模和总水平，而需要用标准实物指标和价值指标。

价值指标是以货币为单位计算的总量指标，如工业增加值、产品销售收入等。价值指标代表一定的社会必要劳动量，具有广泛的综合性和概括性。但是，价值指标脱离了具体的物质内容，比较抽象。因此，应将价值指标和实物指标结合起来使用，才能全面地认识事物。

价值指标既可以采用当年价格，也可以采用可比价格来计算。所谓当年价格，是指经济行为发生时的交易价格，即实际成交价格；而可比价格是指政府统计机构确定下来的在一定时期内保持不变的价格。当年价格的价值指标直接用数量乘以其实际成交价格即得，它包括数量和价格两个因素的变动；按可比价格计算的价值指标不包括价格因素变动，仅包括数量因素变动，能确切地反映数量的变化。

计算可比价格的价值指标有以下两种方法：

（1）直接用数量乘以其不变价格。

不变价格是指政府统计机构规定以同类产品的年平均价格作为固定价格，在一定时期内，不论实际成交价格如何，不变价格都保持不变，如我国历年的不变价国内生产总值就是按各个不同不变价基期的价格计算的。我国自开始核算国内生产总值以来，共有1952年、1957年、1970年、1980年、1990年、2000年、2005年、2010年、2015年和2020年

10个不变价基期。目前的基期是2020年，即2021年至2025年不变价国内生产总值是按照2020年价格计算的。

（2）用价格指数换算，又称为系数换算。

这种方法的实质就是用交替年的价格指数加以修正。将基年按旧不变价格计算的产值换算为按基年新不变价格计算的产值，其计算公式为：

$$\text{基年按新不变价格计算的产值}=\text{基年按旧不变价格计算的产值}\times\frac{\text{交替年按新不变价格计算的产值}}{\text{交替年按旧不变价格计算的产值}}$$

劳动指标是以劳动时间为单位计算的总量指标，计量单位有工日和工时，如出勤工日、实际工时、定额工时等。劳动指标主要在企业范围内使用，是企业编制和检查计划的重要依据。不同类型、不同经营水平企业的劳动指标不能直接相比。

第二节 相对指标

一、相对指标的概念和表现形式

相对指标是说明现象之间数量对比关系的指标，用两个或两个以上有联系的指标数值对比求得，其结果表现为相对数，故也将相对指标称为相对数。

相对指标有无名数和有名数两种表现形式。

有名数主要用来表现强度相对指标的数值，它是以相对指标中分子与分母指标数值的复合计量单位来表示的，如人口密度用“人/平方千米”表示、城市人口平均拥有公共汽车数用“辆/万人”或“客位/万人”表示等。相对指标大多是以无名数表示的。

无名数是一种抽象化的数值，常以系数、倍数、百分数、千分数、万分数、十万分数、翻番数、成数、百分点、千分点等表示。系数和倍数是将对比的基数抽象化为1而计算的相对数。两个指标对比，其分子（子项）和分母（母项）指标数值相差不大时常用系数，子项较母项大得多时常用倍数。百分数是将对比的基数定为100而计算的相对数。千分数是将对比的基数定为1 000而计算的相对数，当对比的分子数值比分母小得多的时候，宜用千分数表示。翻番数是指两个相比较的数值中，一个数是另一个数的“2^m”倍，则m是番数。例如，某地区2020年的工业增加值为220亿元，计划2025年翻一番，则该地区2025年的工业增加值应达到440亿元；若计划翻两番，即为880亿元；翻三番即为1 760亿元。成数是将对比的基数定为10而计算的相对数，如某县2022年粮食产量比2012年增长两成，即增产2/10。百分点是百分比中相当于1%的单位，它与百分数不同。例如，某地区2022年的经济增长率比计划任务超过了1个百分点，并不是指经济增长超额1%完成了计划，而是指实际经济增长率与计划经济增长率之差是1%。

二、相对指标的作用

总量指标虽然是反映现象总体规模或水平的重要指标，但它有时不能明显反映现象内部结构的数量特征和事物发展的程度。利用相对指标，可以较清楚地反映现象内部结构和现象之间的数量联系程度，有利于对现象进行更深入的分析和说明。

此外，利用相对指标可以使某些不能直接对比分析的统计指标，取得可以比较的基础。例如，甲、乙两个企业利税总额分别是3 000万元和2 400万元，直接依据这两个数字的大小来判断两个企业经济效益的好坏，难免会产生认识上的偏差，好像甲企业经济效益更好。事实上，甲企业资本金为3亿元，乙企业资本金为1.5亿元，则甲企业资金利税率为10%，乙企业资金利税率为16%，显然，乙企业经济效益更好。所以，我们不仅要看企业的产出，还要考虑企业的投入，用资金利税率等相对指标来对生产规模不同的企业经济效益进行评价则更为客观和合理。

三、相对指标的种类和计算方法

（一）结构相对指标

结构相对指标是表明总体内部的各个组成部分在总体中所占比重的相对指标，也叫比重指标。其计算公式为：

$$结构相对指标=\frac{总体部分数值}{总体全部数值} \tag{4.1}$$

结构相对指标一般用百分数或系数表示，其计算公式中的分子和分母既可以是单位总量指标，也可以是标志总量指标。

运用结构相对指标时，要以统计分组为前提。只有将总体区分为不同性质的各个部分，才能计算结构相对指标，求出各组总量在总体总量中所占的比重，反映总体的构成。由于结构相对指标是总体的部分数值与全部数值之比，因此各部分所占比重之和一定等于100%或1。

结构相对指标主要是用来反映现象的结构及发展变化规律的。

具体来说，结构相对指标有两个主要作用：

（1）利用结构相对指标，对事物的内部结构进行分析，不仅可以说明事物的性质和特征，还能够反映事物发展的不同阶段和量变引起质变的过程。

（2）利用结构相对指标，可以反映事物总体的质量或工作的质量，反映人力、物力和财力的利用情况。例如，某工业企业的产品合格率、综合废品率等结构相对指标，可以表明该企业的工作质量；工时利用率、设备利用率等结构相对指标能够反映该企业的人力、物力和财力的利用状况。

（二）比例相对指标

比例相对指标是反映总体内部各个组成部分之间的数量对比关系的相对指标。其计算公式为：

$$比例相对指标=\frac{总体中某一部分的数值}{总体中另一部分的数值} \tag{4.2}$$

［例4-1］根据《中国统计年鉴（2022）》公布的资料，2021年我国内地人口按抽样比为1.058‰的人口变动抽样调查样本数据推算，以女性人口为100，男女性别比为104.61∶100。该比例表明了2021年我国人口中的性别比例状况。

社会经济生活中的许多重大比例关系，诸如人口的性别比例关系、最终消费与储蓄的比例关系等，都可以通过计算比例相对指标来反映。经常不断地研究和分析这些比例关系，有利于发现、研究社会经济发展的规律。

（三）比较相对指标

比较相对指标是同一时期同类现象在不同地区、部门、单位之间的对比，用来表明同类事物在不同空间条件下的数量对比关系。其计算公式为：

$$比较相对指标=\frac{某空间条件下的某类指标数值}{另一空间条件下的同类指标数值} \tag{4.3}$$

［例4-2］2022年甲地区的地区生产总值为1 066亿元，乙地区的地区生产总值为549亿元。

比较相对指标=1 066÷549=1.94

它表明2022年甲地区的地区生产总值是乙地区的地区生产总值的1.94倍。

比较相对指标可以揭示现象之间的差异程度。根据分析说明的目的和方式不同，比较相对指标的子项与母项可以互换位置。比较相对指标所对比的指标可以是总量指标，也可以是相对指标或平均指标。

它既可用于不同国家、地区、单位之间的比较，也可用于先进与落后的比较，还可用于与标准水平或平均水平的比较。通过对比可以揭示同类现象之间先进与落后的差异程度。

例如，某地区工业企业劳动生产率最高的是A企业，最低的是H企业，指标数值分别为42 000元/人·月和16 000元/人·月。全地区工业企业的平均劳动生产率为26 000元/人·月，则A企业的劳动生产率是全地区平均水平的1.62倍，是H企业的2.63倍，这说明A企业的劳动生产率指标远远高于H企业和全地区平均水平。

（四）动态相对指标

动态相对指标是表明某类现象在同一空间不同时间上的指标数值对比关系的相对指标，用以说明现象发展变化的方向和程度。其计算公式为：

$$动态相对指标=\frac{报告期水平}{基期水平} \tag{4.4}$$

［例4-3］我国的汽车产量1990年为51.40万辆，2020年为2 532.49万辆，求动态相对指标数值。

经计算，动态相对指标为：

2 532.49÷51.40=49.27

计算结果表明，我国的汽车产量从1990到2020年的30年时间里增长约48.27倍。

动态相对指标在统计分析中应用广泛，本书将在“动态数列”一章中详细介绍，这里不再详述。

（五）强度相对指标

强度相对指标是两个性质不同，但有一定联系的总量指标数值之比。其计算公式为：

$$强度相对指标=\frac{某一总量指标数值}{另一个有联系而性质不同的总量指标数值} \tag{4.5}$$

强度相对指标数值的表现形式一般为复合单位，它由分子指标和分母指标原有的计量单位组成，如人均国内生产总值用“元/人”、人口密度用“人/平方千米”来表示等。

有的强度相对指标的数值用次数、倍数、系数、百分数或千分数表示，如高炉利用程度用高炉利用系数表示、货币流通速度用货币流通次数表示、流通费用率用百分数表示、人口出生率用千分数表示等。

［例4-4］某城市2022年年末共有10万个家庭户，拥有家用汽车6万辆，该市2022年年末每百户拥有的家用汽车数量为：

每百户拥有的家用汽车数量=60 000÷100 000×100=60（辆）

［例4-5］2022年年末某地区有医院、卫生院223个，医生1.02万人，医院床位数1.41万张，人口412万人，求强度相对指标。

每千人口医生数=1.02÷412×1 000=2.48（人/千人）

每千人口医院床位数=1.41÷412×1 000=3.42（张/千人）

平均每个医院、卫生院服务人口数=412×10 000÷223=18 475（人/个）

这些都是用复名数表示的强度相对数。

在实践中，强度相对指标主要有三个作用：

1.强度相对指标能够说明社会经济现象的强弱程度，因而被广泛地用于反映一个国家或地区的经济发展水平的高低和经济实力的强弱。

经常用来反映国家经济实力的强度相对指标，一般是按人口分摊的主要产品产量或国内生产总值等经济水平指标，它反映某些经济指标与人口的相互依存关系。

其计算公式为：

$$\text{人均某种经济指标数值}=\frac{\text{某种经济指标数值}}{\text{平均人口数}} \tag{4.6}$$

［例4-6］2020年年末和2021年年末，我国的总人口数分别为141 212万人和141 260万人，2021年的钢材产量为133 666.83万吨，粮食产量为68 284.7万吨，按当年价格计算的国内生产总值为1 143 669.7亿元。

根据以上资料，分别计算2021年我国人均钢材产量、人均粮食产量和人均国内生产总值三个强度相对指标。

要计算2021年我国上述三个强度相对指标，首先必须计算出我国2021年的平均人口。

$$\begin{aligned}\text{我国2021年平均人口}&=\frac{\text{2020年年末人口}+\text{2021年年末人口}}{2}\\&=\frac{141\ 212+141\ 260}{2}=141\ 236\text{（万人）}\end{aligned}$$

2021年全国人均钢材产量=133 666.83÷141 236×1 000=946.41（千克/人）

2021年全国人均粮食产量=68 284.7÷141 236×1 000=483.48（千克/人）

2021年全国人均国内生产总值=1 143 669.7÷141 236×10 000=80 975.79（元/人）

上述三个强度相对指标数值愈大，表明我国的经济实力愈强，经济发展程度愈高。

2.强度相对指标还可以用来反映现象的密度或普遍程度，如人口密度、商业网点密度等。人口密度是人口数与土地面积相比的强度相对指标，它反映人口的密集程度。商业网点密度是人口数与商业网点数相比的强度相对指标，它反映商业网点的负担情况和保证程度。

3.强度相对指标还可以反映社会生产活动的条件或效果。这类指标一般是指各种技术经济指标，如高炉有效容积利用系数（吨/立方米·天）、电炉利用系数（吨/百万伏安·日）、每百元资金实现的利税额、每百元产值的利润等。

有些强度相对指标中用作比较的两个总量指标，可以互为分子或分母。因此，这些强度相对指标就有正指标和逆指标两种形式。正指标是指强度相对指标的数值大小与现象的发展程度或密度成正向变化；逆指标是指强度相对指标的数值大小与现象的发展程度或密度成反向变化。下面的强度相对指标的分子和分母可以互换，来分别计算正、逆指标。

$$\text{商业网点密度}=\frac{\text{全国(地区)零售商业机构数}}{\text{全国(地区)人口数(千人)}} \qquad \text{(正指标)}$$

$$\text{商业网点密度}=\frac{\text{全国(地区)人口数(千人)}}{\text{全国(地区)零售商业机构数}} \qquad \text{(逆指标)}$$

有些强度相对指标只有正指标，无逆指标，如一国的铁路网密度等。必须指出，计算强度相对指标时应注意社会经济现象之间的内在本质联系，这样两个总量指标的对比才会有现实的经济意义，如人口数与土地面积相比，能够说明人口的密度，但若用钢材产量和土地面积相比，就没有意义了。

（六）计划完成情况相对指标

计划完成情况相对指标是计划管理的特有指标，它是用来检查、监督计划执行情况的相对指标。计划完成情况相对指标是现象的实际完成数与计划任务数之比，其基本计算公式为：

$$\text{计划完成情况相对指标}=\frac{\text{实际完成数}}{\text{计划任务数}}\times 100\% \tag{4.7}$$

计划完成情况相对指标一般用百分数表示，其分子是计划执行结果的实际数值，分母则是下达的计划任务指标数。因此，要求分子、分母在指标含义、计算方法、计量单位以及时间长度等方面完全相对应。同时，由于计划任务数是作为衡量计划完成情况的标准，因此分子、分母不可互换。

1.三种不同形式计划任务数的计划完成情况相对指标计算方法

由于所下达的计划任务数可以是绝对数，也可以是相对数或平均数，因此计划完成情况相对指标在计算形式上有所不同。

（1）计划任务数为绝对数时，计划完成情况相对指标的计算公式为：

$$\text{计划完成情况相对指标}=\frac{\text{实际水平}}{\text{计划水平}}\times 100\% \tag{4.8}$$

它一般适用于考核社会经济现象的规模或水平的计划完成情况。

（2）计划任务数为平均数时，计划完成情况相对指标的计算公式为：

$$\text{计划完成情况相对指标}=\frac{\text{实际平均水平}}{\text{计划平均水平}}\times 100\% \tag{4.9}$$

它适用于考核以平均水平表示的技术经济指标的计划完成情况。

（3）计划任务数为相对数时，计划完成情况相对指标的计算公式为：

$$\text{计划完成情况相对指标}=\frac{\text{实际完成数(\%)}}{\text{计划任务数(\%)}}\times 100\% \tag{4.10}$$

［例4-7］某企业计划规定2022年的劳动生产率要比2021年提高4%，实际执行结果是提高了5%，求计划完成情况相对指标。

该企业劳动生产率计划完成情况为：

$$\text{计划完成情况相对指标}=\frac{100\%+5\%}{100\%+4\%}\times 100\%=100.96\%$$

［例4-8］某企业计划规定2022年甲种产品的单位产品成本比2021年降低5%，实际

执行结果是该种产品单位产品成本降低了6%，求计划完成情况相对指标。

该企业甲种产品单位产品成本计划完成情况为：

$$计划完成情况相对指标=\frac{100\% - 6\%}{100\% - 5\%}\times100\%=98.95\%$$

在这里，计划任务数是以比上期增加或减少的百分数规定的，但在计算计划完成情况相对指标时，不能以实际增长率或降低率除以计划增长率或降低率，而应当包括原有的基数，即要用实际完成的百分比与计划任务的百分比进行对比。

在实际工作中，也常用差率来反映计划完成情况。这种方法是直接用实际提高率（或降低率）减去计划提高率（或降低率），然后换算成百分点来表示。以［例4-7］和［例4-8］的数据为例：

劳动生产率的计划完成情况为：

$(5\%-4\%)\div1\%=1$　或　$(105\%-104\%)\div1\%=1$

它表明实际劳动生产率比计划提高了1个百分点。

甲种产品单位产品成本计划完成情况为：

$(6\%-5\%)\div1\%=1$

它表明实际单位产品成本较计划单位产品成本多降低了1个百分点。

此外，在评价计划完成情况时，应当注意计划指标的性质和要求。计划指标是以最低限额规定的（正指标），如产品质量、产值、利润等，计划完成情况相对指标要大于100%才算超额完成计划；计划指标是以最高限额规定的（逆指标），如单位产品成本、原材料消耗量等，则计划完成情况相对指标要小于100%才算超额完成计划。

例如，在分别评价［例4-7］和［例4-8］是否完成计划，以及是否超额完成计划时，其答案分别是：

该企业完成了2022年规定的劳动生产率提高计划，并且超额完成了计划的0.96%（100.96% - 100.00%）。

该企业完成了2022年规定的甲种产品单位产品成本降低计划，并且超额完成了计划的1.05%（100.00% - 98.95%）。

2.计划执行进度指标

计划完成情况相对指标还可以用来检查计划执行的进度。它是用计划期中某一段时期的累计实际完成数与全期计划任务数之比来表示的。其计算公式为：

$$计划执行进度指标=\frac{累计至本期止实际完成数}{全期计划任务数}\times100\% \tag{4.11}$$

这种指标主要用来分析整个计划期间计划执行的进度，考核计划执行的均衡性，以便及时发现问题，采取措施，保证计划的完成和超额完成。

计划完成情况的检查，可分为长期计划检查和短期计划检查两种。依计划任务数的规定不同，检查长期计划的完成情况又有水平法和累计法两种方法。

（1）水平法。当计划任务数是规定末期（如末年）应达到的水平时，要采用水平法检查计划的完成情况。其计算公式为：

$$长期计划完成情况相对数=\frac{长期计划末期(如末年)实际达到的水平}{长期计划规定的末期(如末年)水平}\times100\% \tag{4.12}$$

采用水平法检查计划执行情况，不仅要计算计划完成程度，还应计算提前完成计划的时间。只要有连续一期（如1年）的时间实际完成的水平达到了计划末期（如末年）水平，就能计算提前完成时间。

［例4-9］某企业“十三五”期间（2016—2020年）计划甲产品产量2020年达到200万吨，执行结果为2020年实际达到210万吨。据统计，达到并超过200万吨产量的时间是2020年8月。求该企业甲产品产量计划完成程度以及提前完成计划的时间。

该企业甲产品产量的五年计划完成情况相对指标为：

$$\text{甲产品计划完成程度}=\frac{210}{200}\times100\%=105\%$$

甲产品的五年计划任务于2020年8月完成，提前了4个月。

（2）累计法。当计划任务数是规定在整个计划期间应完成的累计数时，用累计法检查计划完成情况。这类指标包括基本建设投资完成额、新增固定资产等。其计算公式为：

$$\text{长期计划完成情况相对数}=\frac{\text{长期计划期间实际完成的累计数}}{\text{本期计划任务数}}\times100\% \tag{4.13}$$

［例4-10］某企业“十三五”期间（2016—2020年）计划基本建设投资总额为1 500万元，到2020年8月底实际累计完成投资额1 540万元，求计划完成情况相对指标和提前期。

该企业五年基本建设投资计划完成程度为：

$$\text{计划完成程度}=\frac{1\,540}{1\,500}\times100\%=102.7\%$$

按累计法计算提前完成计划的时间，是将计划期的全部时间（60个月）减去自执行计划之日起至累计完成计划的时间（56个月）。［例4-10］中该企业于2020年8月底实际完成的累计投资额已达到并超过了1 500万元，则该企业提前完成计划的时间为：

60-56=4（个月）

即该企业提前4个月完成了五年计划。

第三节　计算和运用总量指标、相对指标的原则

一、计算和运用总量指标的原则

（一）在计算实物指标时，应注意现象的同类性

只有同类现象才能计算实物总量，而同类性是由事物的性质所决定的。例如，钢材和水泥的性质不同，就不能将它们混在一起计算实物总量，但是原煤、原油、天然气、水电等各种不同的燃料由于使用价值相同却可以折算为标准燃料计算总量，在统计粮食总产量时，稻谷、小麦、玉米、高粱、大豆的产量也可以直接相加。

不过，在计算货物运输总量时，产品的同类性就无法成为计算的条件了，因为它只要求计算货物的重量或里程，而不管其品种如何，因此对于现象同类性的认识，还应取决于现象所处的条件或统计研究的目的。

（二）统计总量指标时要有明确的统计含义和合理的统计方法

统计指标的含义包括指标的内涵和外延两个方面。只有明确了总量指标的含义，才能正确地划分它的范围，正确地确定它的计算方法，进而才能正确地计算总量指标。例如，在计算工业增加值时，首先要明确工业的范围，工业的范围不搞清楚，就不可能统计出准确的工业增加值。再如，根据研究的目的不同，国内生产总值可以采用支出法、生产法和收入法三种计算方法。因此，一定要根据研究目的，统一规定指标的含义，采取明确而合理的计算方法。

（三）统一计量单位

对于同一个总量指标在不同的时间、地点、单位进行计量时，其计量单位应当一致。不一致时，应进行换算使之统一，以便于对比和分析。

二、计算和运用相对指标的原则

相对指标是将相互联系的事物进行比较，以反映事物之间的数量对比关系。因此，可比性原则就成为计算和运用相对指标的前提。

相对指标的可比性主要指所对比指标的经济内容要一致，计算范围要相同，计算方法和计量单位要可比等。例如，世界各国三次产业的划分标准不尽相同，如我国第一产业中不包括采掘业，而很多国家把采掘业划入第一产业范围，这样我国与这些国家的三次产业增加值是不能直接对比的。

对于可比性不应机械地理解，而要灵活运用。我们既要防止过分强求可比性而不敢进行事物的对比分析，又不能忽视指标的可比性，盲目地进行对比分析。只要两个指标比得合理，比得符合实际，比得符合研究目的，对比的结果能够确切地说明分析对象固有的联系，这样的对比就符合可比性原则。

三、相对指标和总量指标结合运用的原则

无论哪一种统计指标，都有它自身的优势，也有其局限性。总量指标能够反映事物发展的总规模和总水平，却难以反映事物差别的程度；相对指标反映了现象之间的数量对比关系和差异程度，却又将现象的具体规模和水平抽象化了。因此，将相对指标和总量指标结合起来使用，才能克服认识上的片面性，达到对客观事物全面正确的认识。

此外，每一种相对指标也都只是从某一方面说明问题的，在分析研究复杂的现象时，应该将多种相对指标结合起来使用，这样才能把不同侧面反映的情况结合起来观察分析，从而更加深入、全面地分析问题和认识问题。

例如，在研究企业的经营效果时，我们不仅要看总产值、增加值、产品产量、销售收入、利税总额等总量指标，还要结合企业的投入，观察产值利税率、资金利税率等相对指标，从而了解企业的经济效益。同时，我们还需要将这些指标与企业的计划任务相比较，检查企业计划的执行情况；利用动态相对指标，将当期指标数值与企业过去的同类指标数值进行纵向对比，可以总结经验和成绩，找出事物发展变化的规律；通过计算比较各个相对指标，能够实现与其他同类企业的横向对比，发现自身的差距和不足，及时制订计划和措施，迎头赶上。

复习思考练习题

1.时期指标与时点指标有何异同?

2.实物指标与价值指标各有什么特点?

3.强度相对指标与比较相对指标有什么区别?

4.在分析长期计划执行情况时，水平法与累计法有什么区别?

5.在统计实践中，为什么要将各种指标结合起来使用?

6.某企业的工人人数及工资资料见表4-1。

表4-1 某企业的工人人数及工资资料

工人类别	2021年		2022年	
	月工资额（元）	工人人数（人）	月工资额（元）	工人人数（人）
技术工人	3 600	150	4 000	200
辅助工人	2 000	100	2 100	300
合　计	—	250	—	500

要求:（1）计算工人人数结构相对指标;（2）各工种工人的月工资额报告期比基期均有提高，但全厂工人的月工资额却下降了，分析其原因。

下章内容导引

小明经常帮助妈妈去小区附近的农贸市场买菜，他发现最近市场上黄瓜的价格变动很大。比如有个常去的摊位，早晨去的时候卖4元每千克，中午去的时候卖3.8元每千克，晚上最便宜，3.5元就能买到1千克了。现在我们帮小明算一下，如果这天他早、中、晚先后三次去该农贸市场，每次都在前述摊位买1千克的黄瓜，一天下来，他购买黄瓜的平均价格是多少呢?如果每一次都买3元钱的黄瓜，黄瓜的平均价格又是多少呢?这就涉及平均指标的计算问题。平均指标是什么?它有几种计算方法?计算出的平均指标能说明哪些问题呢?平均指标计算时应当注意哪些事项?这些都是第五章将要介绍的一个方面的内容。

如果这天中午小明所去的农贸市场各个摊位黄瓜的销量是一样的，且平均价格是3.9元每千克，一共有5家卖黄瓜的摊位，最贵的一家摊位卖5元每千克，最便宜的一家摊位卖3.5元每千克，其余3家摊位分别有2家卖3.6元每千克，1家卖3.8元每千克，那么平均每家价格相差多少呢?这就是第五章将要介绍的另一方面主要内容即变异指标。标志变异指标常用来说明哪些问题?其为什么经常要同平均指标一起使用呢?标志变异指标有许多种，计算也比较复杂，有若干种计算方法，我们如何选取最恰当的标志变异指标分析经济问题呢?

第五章　平均指标和变异指标

内容提要

本章包括平均指标和变异指标两部分内容，阐述了平均指标的概念和作用；各种平均数（算术平均数、调和平均数、几何平均数、众数和中位数）的计算原则、方法与应用条件；变异指标的作用、主要变异指标（全距、平均差、标准差及其系数）的计算方法和运用条件。

第一节 平均指标的概念和作用

一、平均指标的概念

在社会经济现象的同质总体中，同一标志在各单位的数量表现不尽相同，标志值大小各异，这就需要利用平均指标来代表总体的一般水平。总体各单位的同质性和某种标志值在各单位的差异性，是计算平均指标的前提条件。

平均指标，是将同类社会经济现象总体内各单位某一数量标志值的差异抽象化的代表性水平指标，其数值表现为平均数。平均指标一般是一种具有单位名称的数，它的计算单位是一个复合单位。平均指标是社会经济统计中最常用的综合指标之一。

平均指标的显著特点是，把同质总体内各单位在某一数量标志值上的差异抽象化了，是对各单位具体数值的平均；它不是某一单位的具体数值，而是代表总体某种数量标志值的一般水平，是总体各单位的代表值。需要注意的是，掩盖总体内部各单位某种数量标志值的差异，是平均数的局限性，必须充分认识，以防误用。

二、平均指标的作用

平均指标由于能综合反映所研究现象的总体在具体条件下的一般水平，因此，在统计研究中，以及各项经济管理和分析中被广泛应用。其作用概括起来主要有以下五个方面。

（一）利用平均指标，可以了解总体次数分布的集中趋势

就社会经济现象变量数列的分配情况看，通常是接近平均数的单位数越来越多，而远离平均数的单位数越来越少，整个变量数列呈现出以平均数为中心波动的状况。所以，平均数反映了总体分布的集中趋势，它是总体分布的重要特征值。例如，如果某个企业职工收入水平呈正态分布，那么从平均工资就可以看出该企业职工收入的一般水平。

（二）利用平均指标，可以对若干同类现象在不同单位、地区间进行比较研究

例如，在评价两个规模大小不同的工业企业的生产效率时，如果用总量指标进行对比，因其规模大小不同，则无法评价；如果用生产工人劳动生产率这个平均指标，则可消除这种影响，进行比较、分析、评价。

（三）利用平均指标，可以研究某一总体某种数值的平均水平在时间上的发展过程和趋势

例如，随着经济的不断发展，我国居民收入水平所呈现出的不断提高趋势就可以通过各年度人均收入的不断增长反映出来。

（四）利用平均指标，可以分析现象之间的依存关系

在对现象总体进行分组分类的基础上，应用平均指标可以观察现象之间存在的相互联系、相互制约的关系，如将耕地按自然条件、耕作深度或施肥状况等标志进行分组，计算单位面积产量，则可反映自然条件优劣、耕作深度和施肥多少对单位面积产量的影响。

（五）平均指标可作为某些科学预测、决策和某些推算的依据

例如，企业的劳动定额、生产定额、物资消耗定额等都要依据相应的平均指标来确定，抽样推断中则依据样本平均数来推断总体平均数进而推断总体相应的总量指标。

平均指标是对同质总体各单位某一数量标志值的平均，用以反映总体的一般水平。根据这个指标的确定方法和依据资料不同可以分为算术平均数、调和平均数、几何平均数、众数和中位数。

第二节　算术平均数

一、算术平均数的基本形式

算术平均数是统计中最基本、最常用的一种平均数。它的基本计算形式是用总体的单位总数去除总体的标志总量。算术平均数的基本计算公式是：

$$\text{算术平均数}=\frac{\text{总体的标志总量}}{\text{总体的单位总数}} \tag{5.1}$$

在社会经济现象中，总体的标志总量常常是总体单位标志值的算术总和。例如，某公司员工的工资总额是该公司各个员工工资的总和；某乡某个年份的粮食总产量是该乡该年份各块地播种面积产量的总和等。在掌握了标志总量和总体单位总数的资料后，就可以按照公式（5.1）计算算术平均数。

例如，某公司某月的工资总额为744万元，员工总数为2 000人，则该公司员工的月平均工资为：

$$\text{工人的月平均工资}=\frac{7\ 440\ 000}{2\ 000}=3\ 720\text{（元）}$$

必须指出，平均数的计算方法，在形式上与强度相对数的计算方法很相似，因而容易出现把二者混淆的问题。在计算和识别平均数或强度相对数时，必须注意二者的区别。它们对比的子项与母项的关系是不相同的。平均数是同一总体标志总量除以总体单位总数，在这里，标志总量随着总体单位总数的变动而变动，子项依存于母项，二者是互相适应的，而强度相对数则是两个性质不同，但有联系的总量指标之比，作为分子的总量指标，并不随着作为分母的总量指标的变动而变动。例如，人均国内生产总值指标是国内生产总值与平均人口总数在相同范围内的比值。因为国内生产总值不是全部人口生产的，国内生产总值不依存于人口数量的多少，所以它是强度相对指标，而不是平均指标。在利用基本公式计算算术平均数时，要特别注意子项（总体的标志总量）与母项（总体的单位总数）必须属于同一总体。

二、算术平均数的计算方法

算术平均数根据掌握的资料不同和计算的复杂程度不同，可分为简单算术平均数和加权算术平均数。

（一）简单算术平均数

如果所掌握的资料是没有经过统计分组的总体各单位的标志数值，则先将这些标志值相加得出标志总量，再用总体单位总数去除，就得出算术平均数。这样计算出来的算术平均数称为简单算术平均数。其计算公式为：

$$\text{简单算术平均数} = \frac{\text{各单位标志数值之总和}}{\text{总体单位总数}}$$

用符号表示为：

$$\bar{X} = \frac{X_1 + X_2 + X_3 + \cdots + X_n}{n} = \frac{\sum X}{n} \tag{5.2}$$

式中：$\bar{X}$为平均数；X为各单位标志值；n为总体单位总数；$\sum$为总和符号。

［例5-1］红光机械厂第一生产班组有10名工人，生产某种零件，每名工人的日产量分别为45件、48件、52件、62件、69件、44件、52件、58件、38件、64件。试用简单算术平均数法计算工人平均日产量（$\bar{X}$）。

工人平均日产量计算如下：

$$\bar{X}=\frac{\sum X}{n}=\frac{45+48+52+62+69+44+52+58+38+64}{10}=\frac{532}{10}=53.2\text{（件）}$$

（二）加权算术平均数

有时我们研究的统计总体包括许多单位，其中有些单位的标志值相同，另一些单位的标志值不同。在这种情况下，就需要首先对总体各单位的标志值进行分组，编成单项变量数列或组距变量数列，再用加权算术平均数的方法计算平均数。

［例5-2］某厂机械车间有200名工人，每人每日生产某种零件数的单项变量数列及计算见表5-1，试求平均每名工人日产零件数。

表5-1 日产零件数及其平均数计算表

按每人日产零件数分组X（件）	工人数		生产零件数Xf（件）	日产零件数乘权重系数$Xf/\sum f$
	人数f	权重系数$f/\sum f$		
15	10	0.05	150	0.75
16	20	0.10	320	1.60
17	36	0.18	612	3.06
18	60	0.30	1 080	5.40
19	44	0.22	836	4.18
20	30	0.15	600	3.00
合　计	200	1.00	3 598	17.99

平均每名工人日产零件数计算如下：

$$\bar{X}=\frac{15\times10+16\times20+17\times36+18\times60+19\times44+20\times30}{10+20+36+60+44+30}=\frac{3\,598}{200}=17.99\text{（件）}$$

在［例5-2］中，各组每人日产零件数与各组工人数的乘积是各组工人日产零件合计数，即各组单位标志值之和。将各组日产零件合计数相加，可以得到全车间工人日产零件总数，再除以工人总数（即总体单位总数），便可求得该车间平均每名工人日产零件数。这里，平均每名工人日产零件数（$\bar{X}$）不仅受各组日产零件数（X）多少的影响，而且还受各组工人数（f）多少的影响。人数多的组，其变量值对平均数的影响大；人数少的组，其变量值对平均数的影响小。也就是说，当标志值比较大的组次数（f）多时，平均数（$\bar{X}$）就接近标志值大的一方；当标志值比较小的组次数（f）多时，平均数（$\bar{X}$）就接近标志值小的一方。标志值的次数（f）多少对平均数（$\bar{X}$）大小的影响具有权衡轻重的作用。因此，在统计中通常把各组单位数（此例中就是各组工人数）称为权数。把每个变量值乘以权数的过程叫加权，这样计算出来的算术平均数叫加权算术平均数。

从上例中我们可归纳出计算加权算术平均数的一般公式为：

$$\text{加权算术平均数}=\frac{\text{各组标志数值与各该组单位数乘积的总和}}{\text{各组单位数的总和}}$$

用符号表示为：

$$\bar{X}=\frac{X_1f_1+X_2f_2+\cdots+X_nf_n}{f_1+f_2+\cdots+f_n}=\frac{\sum Xf}{\sum f} \tag{5.3}$$

式中：f为权数，即各组单位数；其他符号含义同公式（5.2）。

可见，加权算术平均数的大小，受两个因素的影响，即受总体各组标志值（X）的大小和各组权数（f）多少的影响。例如，一家专门销售空调的电器商店，假如该商店销售10种不同品牌的空调，如果我们要了解该商店某月销售的每台空调平均价格是多少，就需要用该月的空调销售额除以同期空调的销售量。而空调销售额的多少不仅取决于各种不同品牌空调的价格，还取决于各种不同品牌空调在该月的销售量。这里的每种品牌空调的价格就是标志值，各种不同品牌空调的销售量就是权数。

必须指出，权数对于算术平均数的影响作用，就其实质而言，并不取决于各组单位数（次数或频数）的多少，而是取决于各组单位数（次数或频数）占总体单位数的比重（又称为权重系数）的大小。哪一组单位数所占比重大，哪一组标志值对平均数的影响就大。因此，当各组的单位数相等时，各组单位数所占的比重相等，权数的作用相等，也可谓权数作用消失，加权算术平均数就等于简单算术平均数。这个道理可证明如下：

即求证：当 $f_1=f_2=\cdots=f_n=A$ 时，$\frac{\sum Xf}{\sum f}=\frac{\sum X}{n}$。

证明：$\because \bar{X}=\frac{\sum Xf}{\sum f}=\frac{X_1f_1+X_2f_2+\cdots+X_nf_n}{f_1+f_2+\cdots+f_n}$　　$(f_1=f_2=\cdots=f_n=A)$

$$\therefore \bar{X}=\frac{\sum Xf}{\sum f}=\frac{A(X_1+X_2+\cdots+X_n)}{\underbrace{A+A+\cdots+A}_{n\text{个}}}=\frac{A\sum X}{An}=\frac{\sum X}{n}$$

加权算术平均数的另一个计算公式是：

$$\bar{X}=\sum X\frac{f}{\sum f} \tag{5.4}$$

式中：$\frac{f}{\sum f}$为权重系数。

此公式表明，加权算术平均数等于各标志值与其权重系数乘积的总和。

通常在已知各标志值及其权重系数的情况下，可以直接利用此公式计算平均数，计算结果与用公式（5.3）计算的结果相同。因为：

当$\sum\frac{f}{\sum f}=1$时，$\bar{X}=\frac{\sum Xf}{\sum f}=\frac{\sum X\frac{f}{\sum f}}{\sum\frac{f}{\sum f}}=\sum X\frac{f}{\sum f}$。

现仍用［例5-2］的资料（见表5-1），采用权重系数形式计算加权算术平均数如下：

$$\bar{X}=\sum X\frac{f}{\sum f}$$

$$=15\times0.05+16\times0.10+17\times0.18+18\times0.30+19\times0.22+20\times0.15$$

$=17.99$（件）

计算结果和［例5-2］计算的加权算术平均数完全相同。可见，总体单位次数对平均数的影响不是取决于次数的绝对量，而是取决于各标志值次数占总体全部次数的比重（权重系数）。所以，用次数加权实质上是用权重系数加权。

上面所举的例子，是根据单项变量数列来计算算术平均数的。如果我们掌握的资料是组距变量数列，则要先计算出各组的组中值（组中值是各组的中间数值，其确定方法在第三章已阐述），然后以各组的组中值作为标志值，代入加权算术平均数公式即可。

［例5-3］某月某企业工人工资资料见表5-2，求工人月平均工资。

表5-2　　某月某企业工人工资情况

按月工资额分组（元）	组中值（元）X	工人人数（人）f	各组工人工资额（元）Xf
2 000以下	1 500	180	270 000
2 000 ~ 3 000	2 500	350	875 000
3 000 ~ 4 000	3 500	900	3 150 000
4 000 ~ 5 000	4 500	520	2 340 000
5 000及以上	5 500	50	275 000
合　计	—	2 000	6 910 000

工人月平均工资计算如下：

$\bar{X}=\frac{\sum Xf}{\sum f}=\frac{6\,910\,000}{2\,000}=3\,455$（元）

应该指出，依据组距变量数列计算的算术平均数是一个近似值而并不是一个准确数值。因为用各组组中值作为标志值具有一定的假定性，即假定各组内部的不同标志值分布是均匀的。但对于绝大多数的实际统计资料而言，很少会是各组内的不同标志值都呈现出均匀分布。

在计算算术平均数时，如果变量值是绝对数，其次数就是权数。但是，在根据相对数或平均数资料来计算平均数时，权数的选择就不这么简单了，而要根据指标间的关系来确定，这样才能使加权结果有实际经济意义。例如，根据不同计划完成程度的企业数及计划任务数资料求平均计划完成程度时，就要根据计划完成程度、实际完成数和计划完成数这三个指标间的关系来计算计划完成程度（%）（实际完成数÷计划任务数×100%）和确定权数，权数应该是计划数而不是企业数。因为：

计划完成程度（%）×计划任务数=实际完成数

这样加权结果有实际意义，求出实际完成数以后就可以求出平均计划完成程度。

三、算术平均数的几个重要数学性质

从平均数的代数公式中，可以发现平均数的一系列性质。为了在实际工作中能够更好地计算、应用和分析平均数，必须了解这些性质。这些性质不单是平均数形式数学变形的结果，也和标准差（详见本章第七节）的计算有关，具有重要的实际意义。

这里仅将重要性质叙述如下：

（一）平均数与次数和的乘积等于所有变量值（数量标志值）的总和

$n\bar{X}=\sum X$（简单算术平均数）

$\bar{X}\sum f=\sum Xf$（加权算术平均数）

这个性质说明，平均数是所有变量值的代表数值，并且根据平均数与次数可以推算出数量标志值的总和。

（二）所有变量值与平均数的离差之和等于零

简单算术平均数：$\sum(X-\bar{X})=0$

$$\sum(X-\bar{X})=\sum X-n\bar{X}=\sum X-\sum X=0$$

加权算术平均数：$\sum(X-\bar{X})f=0$

$$\because \sum(X-\bar{X})f=\sum Xf-\sum \bar{X}f=\sum Xf-\bar{X}\sum f=\bar{X}\sum f-\bar{X}\sum f=0$$

$$\therefore \sum(X-\bar{X})f=0$$

在理论上，这个性质说明，在算术平均数中，变量值之间高于或低于平均数的偏差可以相互抵消。

（三）各个变量值与平均数离差平方之和最小

简单算术平均数：$\sum(X-\bar{X})^2=\min$（最小值）

设 X_0=任意数，$c=\bar{X}-X_0$，$X_0=\bar{X}-c$

以 X_0 为中心离差的平方之和为：

$$\sum(X-X_0)^2=\sum[X-(\bar{X}-c)]^2=\sum[(X-\bar{X})+c]^2$$

$$=\sum(X-\bar{X})^2+2c\sum(X-\bar{X})+nc^2=\sum(X-\bar{X})^2+nc^2$$

$$\because nc^2\geqslant 0$$

$$\therefore \sum(X-X_0)^2\geqslant\sum(X-\bar{X})^2,\quad \sum(X-\bar{X})^2=\min\text{（最小值）}$$

同理可证，加权算术平均数：$\sum(X-\bar{X})^2f=\min$（最小值）

由此可计算出：$\dfrac{\sum(X-\bar{X})^2f}{\sum f}=\min$（最小值）

这样有助于理解方差和均方差的意义。

第三节 调和平均数

一、调和平均数的概念

调和平均数是平均数的一种，它是根据变量值的倒数计算的，是变量值倒数的算术平均数的倒数，故又称倒数平均数。在社会经济统计中，往往由于缺乏总体的单位数资料，不能直接采用算术平均数计算，这时，就需要把算术平均数的形式加以改变，而采用另一种计算方法。所以，在实际工作中，它主要是作为算术平均数的变形来使用的。其主要特点是用特定的权数（m=Xf）加权，其变量值多为相对数和平均数。在计算平均数时，由于受到所掌握的资料的限制，往往不能直接用加权算术平均数计算，而需要按照平均数基本公式，算出所需总体单位数，或相当于总体单位数的数字。这时所用的方法，就是加权调和平均数的方法。调和平均数有简单调和平均数和加权调和平均数两种。

二、简单调和平均数

在市场上（如蔬菜市场）常常早上1元可买到1.5千克蔬菜，即每千克0.67元；中午1元可买到2千克蔬菜，即每千克0.50元；晚上1元可买到2.5千克蔬菜，即每千克0.40元。要计算这一天蔬菜的平均价格是多少有以下两种方法。

（1）先求出每千克蔬菜的价格，然后求平均数，即用简单算术平均数方法：

$$\bar{X}=\frac{\frac{1}{1.5}+\frac{1}{2}+\frac{1}{2.5}}{3}=\frac{1.57}{3}=0.52\text{（元）}$$

（2）用总金额除以总数量，即用简单调和平均数方法：

$$H=\frac{3}{1.5+2+2.5}=\frac{3}{6}=0.50\text{（元）}$$

这两种方法计算出的平均价格为什么不同呢？

因为前一种平均价格是用简单算术平均数方法计算的，后一种平均价格是用简单调和平均数方法计算的。前一种方法是依据早、中、晚的单价简单平均计算的，它只受早、中、晚单价的影响，而假设早、中、晚买的重量相同（1千克），从而不受重量的影响；而后一种简单调和平均数，不仅受早、中、晚不同价格的影响，还受早、中、晚购买的蔬菜重量不同的影响，所以两种方法计算出的平均价格是不同的。

由于晚上价格较低从而相同金额可以购买的重量较多（1元可买到2.5千克）的蔬菜，后一种方法受重量因素的影响，因此用后一种方法计算出的平均价格低于用前一种方法计算出的平均价格（0.50元<0.52元）。

哪种平均价格更具代表性呢？在销售量不同的情况下，应考虑销售量这个因素对平均价格的影响，故用第二种方法计算出的平均价格（0.50元/千克）更具代表性。

简单调和平均数的计算公式为：

$$H=\frac{n}{\frac{1}{X_1}+\frac{1}{X_2}+\cdots+\frac{1}{X_n}}=\frac{n}{\sum\frac{1}{X}} \tag{5.5}$$

式中：H为调和平均数；其他符号含义同前。

三、加权调和平均数

加权调和平均数实际上是加权算术平均数的变形。在实际工作中，经常会遇到只有各组标志总量和各个组变量值，缺少总体单位数资料的情况，这时就需要利用加权调和平均数公式计算平均数。它的计算方法是以标志总量为权数，其计算公式为：

$$H=\frac{m_1+m_2+\cdots+m_n}{\frac{m_1}{X_1}+\frac{m_2}{X_2}+\cdots+\frac{m_n}{X_n}}=\frac{\sum m}{\sum\frac{m}{X}} \tag{5.6}$$

式中：m为标志总量（m=Xf）；其他符号含义同前。

［例5-4］某农产品收购部门某月购进三批同种产品，每批产品的价格及收购金额如表5-3所示。

根据表5-3资料，求该农产品收购部门该月所购进三批产品的平均价格。

表5-3　某农产品收购部门收购情况表

批次	价格X（元/千克）	收购金额m（元）	收购量$\frac{m}{X}$（千克）
第一批	50	11 000	220
第二批	55	27 500	500
第三批	60	18 000	300
合　计	—	56 500	1 020

注：表5-3中第二、第三列为已知资料栏，第四列为计算栏。

平均每千克的价格（H）计算如下：

$$H=\frac{\sum m}{\sum\frac{m}{X}}=\frac{56\,500}{1\,020}=55.39\text{（元）}$$

式中：m为收购金额，即权数；X为变量值；分子是收购总金额，即总体标志总量；分母为收购量之和，即总体单位总数。

所以，调和平均数仍然是以总体标志总量除以总体单位总数计算的。它在经济内容和计算结果上与算术平均数一致，只是由于计算时依据的资料不同，而在计算公式和计算过程方面有别于算术平均数，如设m=Xf，则将$f=\frac{m}{X}$代入加权算术平均数计算公式，得：

$$\text{加权算术平均数}\ \bar{X}=\frac{\sum Xf}{\sum f}=\frac{\sum m}{\sum\frac{m}{X}}=H\text{（加权调和平均数）}$$

可见，加权调和平均数实际上是加权算术平均数的变形。

第四节 几何平均数

一、几何平均数的概念和特点

几何平均数不同于算术平均数和调和平均数，它是n个变量值连乘积的n次方根，是计算平均比率和平均速度时比较适用的一种指标。例如，有甲、乙两种商品，甲商品价格从200元上涨到250元，其价格指数为1.25（250÷200），上涨率为25%；而乙种商品价格从250元下降到200元，其价格指数为0.8（200÷250），下降了20%。如果单纯从价格变动来看，两者升降抵消，应当是没有变动，但这两种价格指数按算术平均法计算平均价格指数为1.025（（1.25+0.8）÷2），平均上涨了2.5%。如果按调和平均法计算平均价格指数为：

$$\frac{2}{\frac{1}{1.25}+\frac{1}{0.8}}=\frac{2}{2.05}=0.9756$$

即平均下降了2.44%。很明显，由于甲商品涨幅超过乙商品的降幅，所以按算术平均法计算结果偏高，按调和平均法计算结果偏低，都不符合实际。实际是甲商品上涨了50元，乙商品下降了50元，从绝对数来说为0（+50+（-50）），即甲、乙两种商品平均来说没涨没降。在这种情况下，就适合用几何平均法计算甲、乙两种商品平均价格指数。即甲、乙商品平均价格指数$=\sqrt{1.25\times0.8}=1$或100%，表明两种商品价格平均起来没涨没降。所以，凡是变量值的连乘积等于总比率或总速度的现象都可用几何平均法计算其平均数。

二、几何平均数的计算方法

几何平均数分为简单几何平均数和加权几何平均数两种。

（一）简单几何平均数

简单几何平均数是n个变量值连乘积的n次方根。其计算公式为：

$$G=\sqrt[n]{X_1X_2\cdots X_n}=\sqrt[n]{\prod X} \tag{5.7}$$

式中：G为几何平均数；X为各个变量值（比率或速度）；n为变量值的个数；$\prod$为连乘符号。

［例5-5］某机械厂生产机器，设有毛坯、粗加工、精加工、装配四个连续作业的车间。某批产品的毛坯车间制品合格率为97%，粗加工车间制品合格率为93%，精加工车间制品合格率为91%，装配车间产品合格率为95%。

根据上述资料求各车间制品平均合格率。

由于各车间制品的合格率总和并不等于全厂产品的总合格率，后续作业车间的合格率是在前一作业车间制品全部合格基础上计算的。

全厂产品总合格率等于各车间制品合格率的连乘积，所以应采用几何平均法计算各车间制品平均合格率。

各车间制品平均合格率计算如下：

$$G=\sqrt[n]{\prod X}=\sqrt[4]{97\% \times 93\% \times 91\% \times 95\%}=0.9397 或 93.97\%$$

为进一步了解它的实质，采用对数方法计算：

$$\lg G=\frac{1}{n}（\lg X_1+\lg X_2+\cdots+\lg X_n）=\frac{\sum \lg X}{n}$$

由此可见，几何平均数的对数实质上是各个变量值的对数的算术平均数。求出了几何平均数的对数之后，再由反对数找出真数，即为几何平均数。

按对数方法计算各车间制品平均合格率见表5-4。

表5-4　各车间制品平均合格率计算表

车　间	制品合格率X（%）	合格率的对数lgX
毛坯车间	97	1.98677
粗加工车间	93	1.96848
精加工车间	91	1.95904
装配车间	95	1.97772
合　计	—	7.89201

$$\lg G=\frac{\sum \lg X}{n}=\frac{7.89201}{4}=1.97300$$

求反对数，得出制品平均合格率：

G=93.97（%）

这种计算，可以直接运用计算器。

关于求平均速度的计算实例详见第六章。

（二）加权几何平均数

当计算几何平均数的每个变量值的次数不相同时，则应用加权几何平均法，其计算公式为：

$$G=\sqrt[f_1+f_2+\cdots+f_n]{X_1^{f_1}X_2^{f_2}\cdots X_n^{f_n}}=\sqrt[\sum f]{\prod X^f} \quad (5.8)$$

式中：f为变量值的次数；$\sum f$为次数总和；其他符号含义同前。

将上述公式两边取对数，则：

$$\lg G=\frac{f_1\lg X_1+f_2\lg X_2+\cdots+f_n\lg X_n}{f_1+f_2+\cdots+f_n}=\frac{\sum f\lg X}{\sum f}$$

可见，加权几何平均数的对数，就是各变量值对数的加权算术平均数。

[例5-6] 某商业银行某项投资的年利率是按复利计算的，25年的年利率情况是：1年为8%、4年为5%、8年为4%、10年为3%、2年为2%，求平均年利率。

在计算平均年利率时，根据研究对象性质必须先将各年利率加100%换算成各年本利率，然后按加权几何平均法计算平均年本利率，再减100%得平均年利率，现列表计算，见表5-5。

表5-5 平均年本利率计算表

本利率X（%）	年数f（次数）	本利率的对数 lgX	次数乘对数 flgX
108	1	2.03342	2.03342
105	4	2.02119	8.08476
104	8	2.01703	16.13624
103	10	2.01284	20.12840
102	2	2.00860	4.01720
合 计	25	—	50.40002

$$lgG=\frac{\sum f\lg X}{\sum f}=\frac{50.40002}{25}=2.01600$$

求反对数得平均年本利率：

G=103.75（%）

平均年利率=103.75%-100%=3.75%

这就是说，25年间的平均年本利率为103.75%，平均年利率为3.75%。

第五节 众数和中位数

算术平均数、调和平均数和几何平均数都是根据总体各单位的标志值计算的。众数和中位数不是根据总体各单位的标志值计算的，而是根据其在总体中所处的特殊位置上的个别单位的标志值或部分单位的标志值来确定的，因此也称位置平均数。

一、众数

在观察某一总体时，一组标志值中出现次数最多的标志值在统计上称为众数。它是总体中最常遇到的变量值，是最普遍、最一般的，因而，可以用来说明社会经济现象的一般水平。

在实际工作中，众数被广泛运用。例如，消费者需要的鞋、袜、帽等最普遍的尺码，集市贸易市场某种商品最普遍的价格水平，企业工人中最普遍的工资水平等，常用它来说明总体各单位某一数量标志值的一般水平。但必须指出，众数只有在总体内单位足够多时才有意义。

一般来说，众数的确定比较简单，不需要进行复杂的计算，只要大量观察就可得知。当掌握原始资料时，只要直接观察各数值即可得知众数，不必一一列举，如根据单项变量数列确定众数，只需要观察找出次数最多的那个变量值即可。

［例5-7］根据某菜市场上黄瓜的价格分组资料（见表5-6）求众数。

表5-6　某菜市场上黄瓜的价格分组资料

价格（元）	1.7	1.8	1.9	2.0	2.1	2.2
摊位数（个）	1	2	5	8	3	1

经观察发现，价格为2.0元的摊位数最多，故众数为2.0元。

例如，某百货商店在女式旅游鞋销售中，$23\frac{1}{2}$号的销量最多，故众数为$23\frac{1}{2}$号。

如果根据组距变量数列确定众数，则需计算众数的近似值。

设：M_0为众数；L为众数所在组的下限；U为众数所在组的上限；f_{-1}为众数所在组以下（前）一组的次数；f_0为众数所在组的次数；f_{+1}为众数所在组以上（后）一组的次数；Δ_1为众数组次数与以下（前）一组次数之差，即$\Delta_1=f_0-f_{-1}$；Δ_2为众数组次数与以上（后）一组次数之差，即$\Delta_2=f_0-f_{+1}$；i为众数所在组的组距。

计算众数的公式为：

下限公式：

$$M_0=L+\frac{f_0-f_{-1}}{(f_0-f_{-1})+(f_0-f_{+1})}i=L+\frac{\Delta_1}{\Delta_1+\Delta_2}i \tag{5.9}$$

上限公式：

$$M_0=U-\frac{f_0-f_{+1}}{(f_0-f_{-1})+(f_0-f_{+1})}i=U-\frac{\Delta_2}{\Delta_1+\Delta_2}i \tag{5.10}$$

[例5-8] 某地农民家庭户按人均纯收入额分组资料见表5-7，求众数。

表5-7　某地农民家庭户按人均纯收入额分组资料

按人均纯收入额分组（元）	农户数（户）
1 0000以下	44
1 0000 ~ 2 0000	79
2 0000 ~ 3 0000	236
3 0000 ~ 4 0000	260
4 0000 ~ 5 0000	223
5 0000以上	158
合　计	1 000

从表5-7中可见，人均纯收入额为30 000 ~ 40 000元者为农民家庭户最多的组，这组为众数组，其具体数值可依确定众数的下限公式或上限公式计算。

将具体数值代入确定众数的下限公式：

$$M_0=L+\frac{f_0-f_{-1}}{(f_0-f_{-1})+(f_0-f_{+1})}i$$

$$=L+\frac{\Delta_1}{\Delta_1+\Delta_2}i$$

$$=30\ 000+\frac{260-236}{(260-236)+(260-223)}\times 10\ 000$$

$$=30\ 000+\frac{24}{24+37}\times 10\ 000$$

$$=33\ 934.43\text{（元）}$$

即农民家庭户人均纯收入额众数为33 934.43元。

将具体数值代入上限公式，计算结果与用下限公式计算的结果一样（计算从略）。

众数计算公式（以下限公式为例）的意义是：众数等于众数组的下限加上众数组组距的一部分数量，这部分数量的大小取决于众数组前后组次数的多少。众数是按比例推算的近似值。

计算和应用众数的条件是总体单位数较多而且有明显的集中趋势。如果总体单位数很少或无明显的集中趋势，求众数是没有意义的；如果总体各单位标志值的次数相同，则无众数；当有两个标志值的次数都很多时，要依据这两个标志值所在的组来计算众数，但是这个众数的代表性比加权算术平均数要差。

二、中位数

将总体中各单位标志值按大小顺序排列，处于中间位置的那个单位的标志值就是中位数。如果总体单位数是偶数，则处于中间位置的两个标志值的算术平均数是中位数。显然，中位数是处于中间位置的标志值，因而可用来说明社会经济现象各单位数量标志值的一般水平。中位数的确定方法要根据所掌握的资料而定。

如果根据未经分组的资料，其确定方法是将各单位的标志值按大小或多少的次序排列，处于中间位置的标志值（变量值）就是中位数。将研究的数列项数（无论是奇数还是偶数）加1除以2，即可求得中位数的位置，从而可找到中位数。

设未分组的统计数列资料为：X_1，X_2，X_3，…，X_n（已按大小排序）。若n为奇数，则第$\frac{n+1}{2}$项的标志值$X_{\frac{n+1}{2}}$即为中位数；若n为偶数，则以$X_{\frac{n}{2}}$与$X_{\frac{n}{2}+1}$这两个标志值的简单算术平均数为中位数，即：

$$M_e=\frac{X_{\frac{n}{2}}+X_{\frac{n}{2}+1}}{2}$$

故中位数M_e的确定可表述为：

$$M_e=\begin{cases} X_{\frac{n+1}{2}} & (n为奇数) \\ \dfrac{X_{\frac{n}{2}}+X_{\frac{n}{2}+1}}{2} & (n为偶数) \end{cases}$$

式中：M_e代表中位数。

［例5-9］某工厂某班组11名工人生产产品零件数已按大小顺序排好（见表5-8），求中位数。

表5-8　　工人生产产品零件数

工人n（序号）	1	2	3	4	5	6	7	8	9	10	11
生产零件数X（件）	15	17	19	20	22	22	23	24	25	26	30

$$中位数的位置=\frac{n+1}{2}=\frac{11+1}{2}=6$$

中位数为第6号位置的零件数，即：

$$M_e=X_6=22（件）$$

如果项数为偶数，即假如上例有第12号工人，其生产零件数为31件，则：

$$中位数的位置=\frac{n+1}{2}=\frac{12+1}{2}=6.5$$

即中位数在第6号、第7号两位置中间，即：

$$M_e=\frac{X_6+X_7}{2}=\frac{22+23}{2}=22.5（件）$$

根据单项分组数列资料确定中位数的方法是，次数累计到一半时所对应的变量值即中位数。

［例5-10］某工厂某工段工人按日生产零件数分组资料见表5-9，求中位数。

表5-9　　工人按日生产零件数分组资料

按日生产零件数分组（件/日）	工人数（人）	人数累计（人）	
		以下累计（人）	以上累计（人）
20	10	10	100
21	20	30	90
22	30	60	70
23	20	80	40
24	15	95	20
25	5	100	5
合　计	100	—	—

累计总人数一半（100÷2=50）在日生产零件为22件的这一组中，所以其中位数为22件。

如果根据组距变量数列资料来确定中位数，则比较复杂。

［例5-11］现用表5-7的资料来说明中位数的确定方法。

确定中位数的具体步骤见表5-10。

表5-10　　某地农民家庭户按人均纯收入额分组累计次数表

按人均纯收入额分组（元）	农户数（户）	累计次数（户）	
		以下（向上）累计	以上（向下）累计
10 000以下	44	44	1 000
10 000～20 000	79	123	956
20 000～30 000	236	359	877
30 000～40 000	260	619	641
40 000～50 000	223	842	381
50 000以上	158	1 000	158
合　计	1 000	—	—

第一步，确定中位数所在组（即确定中点位置）。在按组距分组的数列中，处于中间位置的标志值显然是在总次数一半的位置上，它前后的次数应该一样，其方法为总次数除以2。本例为500（1 000÷2），它说明中位数的位置在本数列中前后各有500户的那个位置上，即在以下（向上）累计次数为619户的30 000 ~ 40 000元组内，这组即为中位数所在组。

第二步，计算中位数的近似值。这个计算是从中位数所在组的各个数值是均匀分配的假定出发的，依中位数在该组内所在的位次，有比例地计算出它的近似值。中位数在该组内的位次为141（500−359），它与全组农民家庭户的比为0.54231（141÷260），按该组组距数值10 000（40 000−30 000）加以推算，则为5 423.1元（10 000×0.54231）。于是将中位数所在组的下限数值加上这个数值，得35 423.1元（30 000+5 423.1），即为中位数。

上述计算过程可概括成一般公式：

下限公式为：

$$M_e=L+\frac{\frac{\sum f}{2}-S_{m-1}}{f_m}i \tag{5.11}$$

上限公式为：

$$M_e=U-\frac{\frac{\sum f}{2}-S_{m+1}}{f_m}i \tag{5.12}$$

式中：M_e为中位数；L为中位数所在组的下限；U为中位数所在组的上限；$\sum f$为总次数，即各组次数总和；f_m为中位数所在组的次数；S_{m-1}为以下（向上）累计至中位数所在组以下一组止的次数；S_{m+1}为以上（向下）累计至中位数所在组以上一组止的次数；i为中位数所在组的组距。

将表5−10中的数值代入下限公式得：

$$M_e=L+\frac{\frac{\sum f}{2}-S_{m-1}}{f_m}i=30\ 000+\frac{\frac{1\ 000}{2}-359}{260}\times 10\ 000=35\ 423.1\text{（元）}$$

将表5−10中的数值代入上限公式，也可求得中位数为35 423.1元（计算从略）。

计算和应用中位数和众数的条件是，当现象总体中有异常值（极大值或极小值）时，宜于计算和应用中位数和众数，因为它们可以消除极值的影响，比算术平均数更能代表总体的一般水平。

第六节 正确计算和运用平均指标的原则

正确计算和运用平均指标来分析社会经济现象，应该遵循以下五项重要原则：

一、必须注意所研究社会经济现象的同质性

同质性，就是社会经济现象的各个单位在被平均的标志上具有同类性。各单位之间的

差别，仅仅表现在数量上，被平均的只是量的差异。马克思指出：“平均量始终只是同种的许多不同的个别量的平均数。”[①]如果各单位在类型上是异质的，特别是从社会关系来说存在根本差别，那么，平均数不仅不能说明事物的本质和规律，反而会歪曲事实，掩盖真相，抹杀现象之间的本质差别，它只能是“虚构的”平均数。在计算和应用平均指标分析社会经济现象时，最常见的错误是违背同质性原则，即把不同质的事物当作同质总体求平均数。

二、必须注意用组平均数补充说明总平均数

根据同质总体计算的平均数是总平均数，它说明总体各个单位的一般水平，在统计分析中有重要作用。但是，仅看总平均数还不能全面说明总体特征，因为总体单位之间还存在其他一些性质上的差别，有时这些差别会被总平均数所掩盖。为揭示这些重要差别，还必须注意各单位在性质上的差别对总平均数的影响，即需要按反映重要差别的标志把总体单位分组，计算组平均数，以补充说明总平均数。例如，某地甲、乙两村粮食产量情况见表5-11。

表5-11　　某地甲、乙两村粮食产量情况表

按自然条件分组	甲村				乙村			
	播种面积		总产量（万千克）	单产（千克/公顷）	播种面积		总产量（万千克）	单产（千克/公顷）
	绝对数（公顷）	相对数（%）			绝对数（公顷）	相对数（%）		
山　地	18	10	4.32	2 400	150	45	54.00	3 600
丘　陵	90	50	54.00	6 000	120	30	90.00	7 500
平　原	72	40	108.00	15 000	90	25	162.00	18 000
合　计	180	100	166.32	9 240	360	100	306.00	8 500

从表5-11中的总平均数来看，甲村粮食每公顷产量为9 240千克，乙村为8 500千克，甲村高于乙村，这样能否断定甲村粮食生产好于乙村呢？这就需要从组平均数来分析了。从组平均数来看，山地、丘陵和平原的每公顷产量甲村都低于乙村。

这表明在同样的自然条件下乙村作了努力，精耕细作，产量高于甲村。那么，为什么总平均每公顷产量甲村高于乙村呢？原因在于甲村条件好，90%是平原和丘陵，其中平原占40%。相反，乙村平原仅占25%，近一半的土地是山地。总平均数把不同条件的生产水平的播种面积结构上的差异给掩盖了。可见，总平均数具有明显的抽象性。为了全面且科学地分析，必须以组平均数补充说明总平均数。

三、必须注意应用分配数列补充说明平均数

平均数的重要特征是把总体各单位的数量差异抽象化，掩盖了各单位的数量差别及分配状况，因此，要用分配数列来补充说明平均数。

---

① 中共中央马克思恩格斯列宁斯大林著作编译局．马克思恩格斯全集（第23卷）[M]．北京：人民出版社，1972：359.

例如，某重型机器厂的一个附属零件加工厂有120名工人，第三季度平均日产零件45件，在第四季度由于实行新的激励机制，平均日产量发生了很大变化，日产零件达到47件。为了更好地分析这种变化，需要和分配数列结合（见表5-12）。

表5-12　某零件加工厂按日产零件数分组表

按日产零件数分组（件）	组中值（件）	各组工人数（人）	
		第三季度	第四季度
39～41	40	15	5
41～43	42	25	10
43～45	44	30	20
45～47	46	20	25
47～49	48	15	30
49～51	50	10	20
51～53	52	5	10
合　计	—	120	120

从表5-12中的数据可见，不仅平均日产水平发生了变化，分配数列结构也发生了很大变化。第三季度整体分布偏低，低于平均水平的有70人，占一半以上。到第四季度，整体分布偏高了，低于原平均水平的仅剩35人，大部分是超过原平均水平的。这个结构与分布的变化，反映了事物总体内部的变化，看到这点就使分析研究更具体、更直观了。

四、必须注意一般与个别相结合，把平均数和典型事例结合起来

任何事物的发展都是不平衡的，在同一总体中，既有先进部分，也有后进部分，不能满足于一般状况。如果在分析研究时，只掌握一般情况而忽视个别情况，不注意发现先进，找出后进，促使后进转化，就会犯错误。

所以，为了全面深入地认识事物，在应用平均数时，需要结合个别的典型事物，研究先进和落后的典型，发现新生事物，加以总结和推广，推动事物的发展。

五、平均指标要与变异指标结合运用

详见本章“第七节　标志变异指标”。

第七节　标志变异指标

一、标志变异指标的概念和作用

（一）标志变异指标的概念

平均指标确实能反映某种事物的一般水平，在比较不同空间和时间上的情况时能消除

规模大小的影响，是衡量其差距的重要指标。但只依据平均指标来评价事物的优劣远远不够，因为总体内部各单位标志值具有差异，有高低、大小、多少之别。就总体而言，平均数背后隐藏着最大值与最小值之间的差距，有的差距不大，有的则相差非常悬殊。总体内部各单位标志值差距悬殊的平均数就掩盖着尖锐的矛盾，让人们感到不真实。在现实生活中，此种事例很多。所以，在反映具体问题时，除了列出总平均指标外，还应把总体内部各单位标志值中最大值、最小值及其差距摆出来，要列出平均差异大小和差异的相对程度，即要测定标志变异指标。

标志变异指标是反映统计数列中以平均数为中心，总体各单位标志值的差异大小范围或离差程度的指标，也称标志变动度。标志变异指标是社会经济现象数量关系所具有的重要特征之一，它是客观过程中多种因素制约的结果。如果说平均指标说明分配数列中变量的集中趋势，那么标志变异指标则说明变量的离中趋势。

在研究现象总体数量一般水平特征时，仅用平均指标说明是不够的，应该既看到总体的集中趋势，又看到总体的离中趋势，才能全面认识总体的数量特征。所以，要把平均指标与标志变异指标结合起来运用。

（二）标志变异指标的作用

在统计分析研究中，标志变异指标的作用，可以概括为以下四点：

1.标志变异指标可以衡量平均数代表性的优劣

平均指标作为总体内各单位某一数量标志的代表值，其代表性的优劣与总体各单位标志值的差异程度有直接关系。理论与实践均证明了这种关系，其表现是：标志变异指标值越大，平均数代表性越差；反之，标志变异指标值越小，平均数代表性越好。

现仅以某工厂某车间两个班组各10名工人的每人日产某种零件数（单位：件）为例，说明标志变异指标与平均指标之间的关系。

第一组：20，25，30，35，50，70，75，85，90，120。

第二组：50，51，52，53，56，60，62，71，72，73。

依据以上数据可以算出，这两个小组的平均日产量均为60件，但是，各组工人日产零件的差异程度却不同。

第一组的各个工人之间日产零件数相差很大，最高与最低相差100件；第二组的各个工人之间日产零件数的差异却较小，最高与最低仅相差23件。很明显，两组工人平均日产零件数虽然都是60件，但对于第一组来说，其代表性要差得多；而对于第二组来说，其代表性就相对好得多。

2.标志变异指标可以反映社会经济活动过程的节奏性和均衡性

由于标志变异指标可以表明生产过程的节奏性和社会经济活动过程的均衡性，因此，利用它可以进行产品质量控制和评价经济管理工作质量。

3.标志变异指标可以反映总体单位标志值的均匀性和稳定性

测定同类总体的标志变异指标并进行比较，可以观察它们的均匀性和稳定性。例如，工业企业检验产品质量状况要求具有均匀性，不希望规格质量参差不齐。又如，农业生产上要求农作物收获率水平相对稳定，即要求稳产高产，不希望产量大起大落。

4.标志变异指标是科学地确定必要的抽样单位数应考虑的重要因素

（这部分内容详见第八章）。

二、标志变异指标的种类及其计算方法

表示标志变异的指标主要有变异全距、平均差和标准差及其系数。

（一）变异全距

变异全距是指总体各单位标志值中最大值与最小值之差，简称全距，又称极差。其一般计算公式为：

变异全距=最大标志值-最小标志值 (5.13)

具体计算时，要依资料条件而定，如根据未经整理分组的统计资料，可直接观察找出最大值与最小值，然后相减即得变异全距。

如系单项分组资料，可找出最大值与最小值，然后相减即可求得变异全距。例如，根据某工厂某工段工人日生产零件分组资料（见表5-9），可计算变异全距为5件（25-20）。

如果为组距数列，其变异全距则通过下式计算：

变异全距=最高组的上限-最低组的下限 (5.14)

例如，表5-12是组距式分组数列资料，最高组为51～53件组，上限为53件，最低组为39～41件组，下限为39件，则变异全距为：

变异全距=53-39=14（件）

这个计算结果是近似值，因为最大与最小标志值是以最高组上限和最低组下限代替的。

变异全距计算方法简单、易懂，容易被人们理解。在实际生活中，研究具体问题时除列出平均数外，再列出最大值、最小值及两者差距就可使人们感到符合实际些。例如，在研究某地区居民平均收入时，同时列出该地区居民最高收入、最低收入和最高收入与最低收入的差距，则可以更具体地了解该地区居民的收入状况。在实际工作中，变异全距被广泛应用于检查产品质量的均匀性和稳定性，在质量管理中它与平均数结合使用进行产品质量控制。

但是，全距只说明标志值变异的范围，所以，这种方法是很粗略的。为精确地表明总体各单位在某一标志上的差异大小和程度，还应当利用其他变异指标，如平均差、标准差及其系数等。

（二）平均差

平均差是各标志值与其算术平均数的离差绝对值的平均数。由于各标志值与其算术平均数的离差总和恒等于零，即$\sum(X-\bar{X})\equiv 0$，因此，在计算平均差时，采取离差的绝对值（$|X-\bar{X}|$）来计算。平均差实质上是以算术平均数为中心，各标志值距平均数的平均距离。

平均差的计算由于依据的资料条件不同，可分为简单平均差和加权平均差两种。

1.简单平均差

如果掌握的是未经分组的（原始数列）资料，则采用简单算术平均差。其计算公式为：

$$A.D.=\frac{\sum|X-\bar{X}|}{n} \tag{5.15}$$

式中：A.D.为平均差；其他符号含义同前。

［例5-12］某工厂某车间两个班组工人的每人日产某种零件数资料见表5-13，求平均差。

表5-13　　　　平均差计算资料表

第一组（$\bar{X}$=60）			第二组（$\bar{X}$=60）		
日产数	离　差	离差绝对值	日产数	离　差	离差绝对值
X	$X-\bar{X}$	$\lvert X-\bar{X}\rvert$	X	$X-\bar{X}$	$\lvert X-\bar{X}\rvert$
20	-40	40	50	-10	10
25	-35	35	51	-9	9
30	-30	30	52	-8	8
35	-25	25	53	-7	7
50	-10	10	56	-4	4
70	10	10	60	0	0
75	15	15	62	2	2
85	25	25	71	11	11
90	30	30	72	12	12
120	60	60	73	13	13
合　计	—	280	合　计	—	76

经计算，第一组的平均差为：$A.D.=\frac{\sum|X-\bar{X}|}{n}=\frac{280}{10}=28$（件）

经计算，第二组的平均差为：$A.D.=\frac{\sum|X-\bar{X}|}{n}=\frac{76}{10}=7.6$（件）

上述计算结果表明，第一组和第二组工人的平均日产量虽然都是60件，但是，因为第一组的平均差（28件）比第二组的平均差（7.6件）大，所以第二组的平均数的代表性好于第一组。

2.加权平均差

如果掌握的资料是分组数列，则应采用加权平均差。

其计算公式为：

$$A.D.=\frac{\sum|X-\bar{X}|f}{\sum f} \qquad (5.16)$$

［例5-13］某厂某月工人日包装数分组数列资料见表5-14前两栏，求平均差。

计算过程详见表5-14。

表5-14 某厂某月工人日包装数分组数列资料及平均差计算表

按日包装数分组（箱）	工人数（人）	包装数（箱）	离差（$\bar{X}$=9.05）	离差绝对值	以工人数加权计算的离差绝对值
X	f	Xf	$X-\bar{X}$	$\lvert X-\bar{X}\rvert$	$\lvert X-\bar{X}\rvert f$
7	100	700	-2.05	2.05	205.0
8	250	2 000	-1.05	1.05	262.5
9	300	2 700	-0.05	0.05	15.0
10	200	2 000	0.95	0.95	190.0
11	150	1 650	1.95	1.95	292.5
合计	1 000	9 050	—	—	965.0

$$\bar{X}=\frac{\sum Xf}{\sum f}=\frac{9\ 050}{1\ 000}=9.05\text{（箱）}$$

$$A.D.=\frac{\sum\lvert X-\bar{X}\rvert f}{\sum f}=\frac{965}{1\ 000}=0.965\approx0.97\text{（箱）}$$

计算结果表明，全厂某月各工人日包装数与全厂工人日平均包装数平均相差0.97箱。计算表明平均差的数值越小，其平均数的代表性越好。

当掌握的是组距式分组资料时，基本上与前文的单项分组资料的计算方法相同，所不同的只是以组中值代表各组的标志值，算例从略。

平均差的意义明确，它包括了研究总体所有标志值的差异情况，能够准确地综合反映总体的离差大小。平均差一般应用于某些产品质量检查中。由于总体中各单位标志值与算术平均数的离差之和等于零，所以为避免离差之和等于零就取离差绝对值计算，但是，用绝对值进行运算，不适于用代数形式处理，在实际应用时受到很大限制。

（三）标准差

标准差是总体中各单位标志值与算术平均数离差平方之和的算术平均数的平方根，故又称为均方根差。标准差的实质与平均差基本相同，也是各个标志值对其算术平均数的平均离差，即平均距离。标准差与平均差只是在数学处理上不同，它是采用平方的方法消除离差的正负号来求得的，是标志变异指标中使用较为广泛的指标。

依据资料条件的差异，其计算公式也分为简单标准差与加权标准差两种形式，现分述如下：

1.简单标准差

如果掌握的是未分组的原始数列资料，在计算标准差时，采用下列公式：

$$\sigma=\sqrt{\frac{\sum(X-\bar{X})^2}{n}} \tag{5.17}$$

式中：σ为标准差；其他符号含义同前。

［例5-14］某工厂某车间两个班组的工人日产零件数见表5-15，求标准差。

表 5-15　　　　工人日产零件数标准差计算表

第一组（$\bar{X}$=60）			第二组（$\bar{X}$=60）		
日产数（件）	离　差	离差平方	日产数（件）	离　差	离差平方
X	$X-\bar{X}$	$(X-\bar{X})^2$	X	$X-\bar{X}$	$(X-\bar{X})^2$
20	-40	1 600	50	-10	100
25	-35	1 225	51	-9	81
30	-30	900	52	-8	64
35	-25	625	53	-7	49
50	-10	100	56	-4	16
70	10	100	60	0	0
75	15	225	62	2	4
85	25	625	71	11	121
90	30	900	72	12	144
120	60	3 600	73	13	169
合　计	—	9 900	合　计	—	748

经计算得：

第一组的标准差：$\sigma_1=\sqrt{\frac{9\,900}{10}}=\sqrt{990}=31.46$（件）

第二组的标准差：$\sigma_2=\sqrt{\frac{748}{10}}=\sqrt{74.8}=8.65$（件）

计算结果说明，在第一组和第二组工人平均日产零件数相等的条件下，第一组的标准差大，第二组的标准差比第一组小。这表明，第二组的平均数的代表性好于第一组。

2.加权标准差

如果掌握的资料是分组数列，则计算标准差应采用下列公式：

$$\sigma=\sqrt{\frac{\sum(X-\bar{X})^2f}{\sum f}} \tag{5.18}$$

［例 5-15］根据表 5-14 的资料列标准差计算表（见表 5-16）。

表 5-16　　　　标准差计算表

按日包装数分组（箱）	工人数（人）	包装数（箱）	离　差（$\bar{X}$=9.05）	离差平方	离差平方乘工人数
X	f	Xf	$X-\bar{X}$	（X-$\bar{X}$）2	$(X-\bar{X})^2f$
7	100	700	-2.05	4.2025	420.250
8	250	2 000	-1.05	1.1025	275.625
9	300	2 700	-0.05	0.0025	0.750
10	200	2 000	0.95	0.9025	180.500
11	150	1 650	1.95	3.8025	570.375
合　计	1 000	9 050	—	—	1 447.500

$$\bar{X}=\frac{\sum Xf}{\sum f}=\frac{9\ 050}{1\ 000}=9.05\text{（箱）}$$

$$\sigma=\sqrt{\frac{\sum(X-\bar{X})^2f}{\sum f}}=\sqrt{\frac{1\ 447.5}{1\ 000}}=\sqrt{1.4475}=1.2031\text{（箱）}$$

上面是根据单项分组资料用加权标准差计算的结果。如果依据组距分组资料（组距数列）计算标准差，应先求出组中值，然后按加权法进行计算。

［例5-16］以农民家庭收入情况资料为例，说明标准差的计算方法（见表5-17）。

表5-17　　农民家庭收入标准差计算资料表

按人均纯收入额分组（元）	农户数（户）	组中值（元）	总收入额（元）	离差（$\bar{X}$=3 513）	离差平方	离差平方乘农户数
X	f	X	Xf	$X-\bar{X}$	$(X-\bar{X})^2$	$(X-\bar{X})^2f$
10 000以下	44	5 000	220 000	-30 130	907 816 900	39 943 943 600
10 000～20 000	79	15 000	1 185 000	-20 130	405 216 900	32 012 135 100
20 000～30 000	236	25 000	5 900 000	-10 130	102 616 900	24 217 588 400
30 000～40 000	260	35 000	9 100 000	-130	16 900	4 394 000
40 000～50 000	223	45 000	10 035 000	9 870	97 416 900	21 723 968 700
50 000以上	158	55 000	8 690 000	19 870	394 816 900	62 381 070 200
合　计	1 000	—	35 130 000	—	—	1 80 283 100 000

$$\bar{X}=\frac{\sum Xf}{\sum f}=\frac{35\ 130\ 000}{1\ 000}=35\ 130\text{（元）}$$

$$\sigma=\sqrt{\frac{\sum(X-\bar{X})^2f}{\sum f}}=\sqrt{\frac{180\ 283\ 100\ 000}{1\ 000}}=13\ 426.95\text{（元）}$$

3.是非标志的标准差

在社会经济统计中，有时把某种社会经济现象的全部单位分为具有某一标志的单位和不具有该种标志的单位两组。

例如，将全部产品分为合格品和不合格品两组；将全部农作物播种面积分为受灾面积与非受灾面积两组等。这种用“是”“否”或“有”“无”来表示的标志，叫作是非标志，又称为交替标志。

是非标志既然是用“是”“否”或“有”“无”来回答的，也就可把它量化，用1表示具有所研究的标志值，用0表示不具有所研究的标志值，即具有“是”标志的标志值为x_1=1，不具有“是”标志（具有“否”标志）的标志值为x_0=0。

全部单位数用N表示，具有所研究的标志值的单位数用N_1表示，不具有所研究标志值的单位数用N_0表示，则$N=N_1+N_0$，$N_0=N-N_1$。这两部分的单位数（N_1或N_0）占全部单位数N的比重（即成数）表述如下：

全部单位中具有所研究标志值的单位数所占成数$p=\frac{N_1}{N}$，全部单位中不具有所研究标志值的单位数所占成数 $q=\frac{N_0}{N}$。两个成数之和等于1，即 $\frac{N_1}{N}+\frac{N_0}{N}=\frac{N_1+(N-N_1)}{N}=1$，即 $p+q=1$、$q=1-p$。是非标志平均数和标准差的计算方法见表5-18。

表5-18 是非标志平均数和标准差的计算方法

是非标志值（变量值）	总体单位数比重（成数）	变量值乘总体单位数比重（成数）	离差（$\bar{X}=p$）	离差平方	离差平方加权
X	f	Xf	$X-\bar{X}$	$(X-\bar{X})^2$	$(X-\bar{X})^2f$
1	p	p	1−p	$(1-p)^2$	$(1-p)^2p$
0	q	0	0−p	$(0-p)^2$	$(0-p)^2q$
合 计	1	p	—	—	$(1-p)^2p+(0-p)^2q$

是非标志的平均数为：

$$\bar{X}=\frac{\sum Xf}{\sum f}=\frac{1\times p+0\times q}{p+q}=\frac{p}{1}=p$$

是非标志的标准差为：

$$\sigma=\sqrt{\frac{\sum(X-\bar{X})^2f}{\sum f}}=\sqrt{\frac{(1-p)^2p+(0-p)^2q}{p+q}}=\sqrt{\frac{q^2p+p^2q}{1}}=\sqrt{pq(q+p)}$$

$$=\sqrt{pq}=\sqrt{p(1-p)} \tag{5.19}$$

公式（5.19）中的 $\sigma=\sqrt{pq}=\sqrt{p(1-p)}$ 为计算是非标志标准差的简化公式。

从公式（5.19）可知，是非标志的标准差就是具有某一标志的单位在总体中的成数和不具有该种标志的单位在总体中的成数乘积的平方根，也就是以这两个成数为变量值的几何平均数。

［例5-17］某机械厂铸造车间生产6 000吨铸件，其中，合格品5 400吨，不合格品600吨，铸件合格率为90%，其是非标志的平均数和标准差计算见表5-19。

表5-19 是非标志的平均数和标准差计算资料表

是非标志值（变量值）	总体单位数比重（成数）	变量值乘总体单位数比重（成数）	离差（X=0.9）	离差平方	离差平方加权
X	f	Xf	$X-\bar{X}$	$(X-\bar{X})^2$	$(X-\bar{X})^2f$
1	0.9	0.9	0.1	0.01	0.009
0	0.1	0	−0.9	0.81	0.081
合 计	1	0.9	—	—	0.090

是非标志的算术平均数和标准差为：

$$\bar{X}=\frac{\sum Xf}{\sum f}=\frac{0.9}{1}=0.9\text{（或90\%）}$$

$$\sigma=\sqrt{\frac{\sum(X-\bar{X})^2f}{\sum f}}=\sqrt{\frac{0.09}{1}}=0.3\text{（或30\%）}$$

计算结果表明，该车间这批铸件的平均合格率为90%，标准差为30%。上述计算也可直接利用简化公式：

$\bar{X}=p=0.9$（或90%）

$\sigma=\sqrt{p(1-p)}=\sqrt{0.9\times(1-0.9)}=\sqrt{0.09}=0.3$（或30%）

（四）标准差系数

标准差和全距、平均差一样，其大小不仅取决于标志值的离散程度，还取决于数列平均水平的高低。因此对具有不同平均水平的数列或总体，就不宜直接通过标准差来比较其标志变异度的大小，而需要将标准差与相应的平均数对比，计算标志变异的相对指标，即标准差系数。用标准差与相应的平均数之比表明标志变异的相对程度的指标就是标准差系数（又称离散系数）。它可以消除数列平均水平高低对标志变异度大小的影响，反映不同水平和不同性质的变量数列的变异程度。

标准差系数的一般计算公式为：

$$V_\sigma=\frac{\sigma}{\bar{X}} \qquad (5.20)$$

式中：V_σ为标准差系数；其他符号含义同前。

标准差系数主要用于分析对比不同类别、不同数列、不同计量单位的事物标志变异的状况。现以两个不同生产水平的工厂工人劳动生产率资料为例计算并说明如下（见表5-20）。

表5-20 标准差系数计算表

厂　名	工人劳动生产率$\bar{X}$（元）	标准差σ（元）	标准差系数$V_\sigma=\frac{\sigma}{\bar{X}}$
甲	32 000	1 200	0.04
乙	16 000	800	0.05

上例中，甲厂的标准差虽然大于乙厂，但不能由此断言，甲厂工人劳动生产率的代表性没有乙厂好。从数据可见，两个工厂的平均劳动生产率水平相差悬殊，所以不能只根据标准差的大小作结论。在这种情况下，只有通过标准差系数才能作比较，才能得出恰当的结论。因为它消除了不同数列平均水平所产生的影响。此例中计算结果已经表明，并不是甲厂的标志变异度比乙厂大；相反，乙厂标志变异度比甲厂大。甲厂工人劳动生产率的代表性好于乙厂。

复习思考练习题

1.什么是平均指标？平均指标有哪些特征和作用？

2.平均指标与强度相对指标有什么区别？

3.什么是简单算术平均数？其计算公式如何？

4.什么是加权算术平均数？其计算公式如何？加权的含义是什么？权数对平均数起什么作用？

5.什么是调和平均数？请列出简单调和平均数和加权调和平均数的计算公式。

6.加权调和平均数和加权算术平均数的权数有何不同？

7.什么是众数？如何确定？

8.什么是中位数？如何确定？

9.什么是标志变异指标？为什么在研究数列分配特征时要用标志变异指标？

10.简要说明平均指标与变异指标在说明同质总体特征方面的联系和区别。

11.简要说明标准差与平均差的异同点。

12.用全距测定变量数列的变异程度有哪些优缺点？

13.什么是标准差系数？为什么要计算标准差系数？

14.简述正确运用平均指标应遵循的原则。

15.什么是几何平均数？在什么情况下使用？

16.某公司400名员工工资资料见表5-21。

表5-21　某公司400名员工工资资料

按月工资分组（元）	员工人数（人）
9 000 ~ 11 000	60
11 000 ~ 13 000	100
13 000 ~ 15 000	140
15 000 ~ 17 000	60
17 000 ~ 19 000	40
合计	400

要求：根据上述资料计算该公司员工平均工资和标准差。

下章内容导引

国家统计局2022年12月15日在其官网发布了11月份国民经济总体运行态势的报告。现摘录其中部分信息如下：

一、（略）

二、工业生产持续增长，高技术制造业增长较快

1—11月份，全国规模以上工业增加值同比增长3.8%。分三大门类看，采矿业增加值同比增长7.6%，制造业增加值同比增长3.3%，电力、热力、燃气及水生产和供应业增加值同比增长4.8%。高技术制造业增加值同比增长8.0%。11月份，全国规模以上工业增加值同比增长2.2%，环比下降0.31%。其中，采矿业增加值同比增长5.9%，制造业增加值同比增长2.0%，电力、热力、燃气及水生产和供应业增加值同比下降1.5%。11月份，制造业采购经理指数为48.0%。1—10月份，全国规模以上工业企业实现利润总额69 768亿元，同比下降3.0%。

三、服务业生产放缓，现代服务业增势较好

1—11月份，全国服务业生产指数同比下降0.1%。其中，信息传输、软件和信息技术服务业，金融业生产指数分别增长11.0%、5.4%。11月份，全国服务业生产指数同比下降1.9%。其中，信息传输、软件和信息技术服务业，金融业生产指数分别增长10.2%、7.3%，分别比上月高1.0、0.9个百分点。

四、市场销售略减，基本生活类商品销售和网上零售较快增长

1—11月份，社会消费品零售总额为399 190亿元，同比下降0.1%。按经营单位所在地分，城镇消费品零售额为345 853亿元，同比下降0.1%；乡村消费品零售额为53 337亿元，同比增长0.2%。11月份，社会消费品零售总额为38 615亿元，同比下降5.9%，环比增长0.15%。其中，商品零售总额为34 180亿元，同比下降5.6%；餐饮收入总额为4 435亿元，同比下降8.4%。

在上面所摘录的信息里，有时提到了“同比”“环比”“百分点”“增速”“增长”“下降”等词语，它们的具体含义是什么？这份统计报告你能读懂吗？通过这份报告，你如何看待我国2022年前11个月和11月份的经济运行态势？学习了第六章的内容我们就会真正读懂它，而且还会知道很多与其相关的知识。

第六章 动态数列

内容提要

动态分析是统计分析方法之一，其依据是动态数列。本章阐述了动态数列的概念、作用、种类和编制原则，总量指标、相对指标和平均指标三种动态数列（其中总量指标动态数列是基础），动态分析的水平和速度指标（平均发展水平、平均增长量、平均发展速度和平均增长速度），测定事物变动长期趋势的主要方法（时距扩大法、序时平均法、移动平均法和直线配合法），直线配合法的常用方法，测定季节变动的主要指标。

第一节 动态数列的一般问题

一、动态数列的概念和作用

动态，是指某种现象在时间上的发展变化。把反映某种现象的同一指标，在不同时间上的指标数值，按时间（如按年、季、月、日、时等）先后顺序编排所形成的数列，称为动态数列或时间数列，又称时间序列（见表6-1）。

表6-1 2012—2021年我国年末总人口、国内生产总值及第三产业增加值的变化

年份	2012	2013	2014	2015	2016	2017	2018	2019	2020	2021
年末总人口（万人）	135 922	136 726	137 646	138 326	139 232	140 011	140 541	141 008	141 212	141 260
国内生产总值（亿元）	538 580.0	592 963.2	643 563.1	688 858.2	746 395.1	832 035.9	919 281.1	986 515.2	1 013 567.0	1 143 669.7
其中：第三产业增加值（亿元）	244 856.2	277 983.5	310 654.0	349 744.7	390 828.1	438 355.9	489 700.8	535 371.0	551 973.7	609 679.7
第三产业增加值占国内生产总值比重（%）	45.5	46.9	48.3	50.8	52.4	52.7	53.3	54.3	54.5	53.3

资料来源 国家统计局．中国统计年鉴（2022）[M]．北京：中国统计出版社，2012.

表6-1中的每一行有序数值，就是一个动态数列，表6-1共有4个动态数列。可见，任何一个动态数列，均由两个基本要素构成：一个是现象所属的时间；另一个是反映在现象所属时间的发展水平，即统计指标数值。

要研究和分析现象的发展变化，必须编制动态数列，因为动态数列是动态分析的依据。动态数列的主要作用是：第一，它可以描述被研究现象的发展过程和结果；第二，通过它可分析被研究现象的发展速度、趋势，探索其发展变化的规律；第三，通过动态数列有关统计数据的计算、研究，对所研究的现象作趋势预测；第四，将不同国家或地区的同类现象的动态数列进行对比，观察其发展变化的数量关系，也可将两个以上相关现象在同一历史时期的动态数列进行对比，分析其发展变化的协调性。

二、动态数列的种类

根据统计指标表现形式的不同，动态数列可分为总量指标动态数列、相对指标动态数列和平均指标动态数列三种，其中，总量指标动态数列是基本数列，后两种是派生数列。

（一）总量指标动态数列

将一种现象某一总量指标在不同时间的数值序时编排所形成的数列，称为总量指标动

态数列，它反映被研究现象总水平（或规模）的发展过程和结果。例如，表6-1中的“年末总人口”、“国内生产总值”和“第三产业增加值”这三个动态数列，均为总量指标动态数列。

根据总量指标反映现象的时间状况不同，总量指标动态数列又可分为时期数列和时点数列。

1.时期数列

在动态数列中，把反映现象在每一段时期内发展过程总和的总量指标动态数列称为时期数列。例如，表6-1中的国内生产总值动态数列和第三产业增加值动态数列就是两个时期数列。时期数列中的每个指标数值，反映现象所在时间的长短，称为时期。例如，表6-1中国内生产总值和第三产业增加值的每个指标数值，均是1年的总额。所以，这两个时期数列的时期都是1年。在动态数列中，两个相邻指标数值所在时间的距离，称为间隔。上述两个时期数列的间隔也都是1年。若将该动态数列中的2013年、2015年、2017年、2019年和2021年的资料略去，其时期仍为1年，但其间隔就不是1年而是2年了。

2.时点数列

在动态数列中，把反映现象在某一时点上总量的总量指标动态数列称为时点数列。例如，表6-1中年末总人口动态数列就是一个时点数列。时点数列没有时期，只有间隔，表6-1中时点数列的间隔为1年。

时期数列和时点数列的区别是由这两种动态数列所反映现象的性质和特点决定的，其区别是：

（1）时期数列中的每个指标数值，都反映现象在一定时期内发展过程的总量；时点数列中的每个指标数值，则反映现象在某一时点上的总量。

（2）时期数列各时期指标数值可以相加，因为相加的结果有实际的意义；时点数列中的各指标数值除非计算过程需要相加外，一般不能相加，因为相加的结果无实际意义。

（3）时期数列中，每个指标数值的大小与时期的长短有关；时点数列中，每个指标数值的大小与时间的间隔长短无直接关系。

（4）时期数列的每个指标数值，是跟随现象发展过程作连续登记得到的；时点数列中的每个指标数值，是对现象作一时调查确定的。

（二）相对指标动态数列

将现象某一相对指标在不同时间的数值序时编排所形成的数列，称为相对指标动态数列，它反映被研究现象数量对比关系的发展变化过程。例如，表6-1中的第三产业增加值占国内生产总值比重动态数列，就是一个相对指标动态数列，它反映我国2012—2021年这10年间国内生产总值中的第三产业增加值比重的变化过程。相对指标动态数列中的相对数，除上述所举的结构相对数外，也可以是第四章所讲过的其他任何一种相对数，如计划完成相对数、比例相对数、比较相对数、动态相对数和强度相对数等。相对指标动态数列中的各时间的数值是不能加总的。

（三）平均指标动态数列

将现象某一平均指标在不同时间的数值序时编排所形成的数列，称为平均指标动态数列，它反映现象平均水平的发展趋势。由于平均指标可分为静态平均数（一般平均数）和动态平均数（序时平均数），因此，平均指标动态数列亦可分为静态平均数动态数列和序时平均数动态数列两种。

1.静态平均数动态数列

静态平均数是标志总量除以总体单位总量得出的，它反映总体各单位某一数量标志值在特定时间上的一般水平。把总体同一静态平均指标在不同时间上的数值序时编排所形成的动态数列，称为静态平均数动态数列（见表6-2）。

表6-2 某商场2022年各月每个售货员平均商品销售额

月份	商品销售额（万元）	平均售货员人数（人）	每个售货员平均商品销售额（万元）	月份	商品销售额（万元）	平均售货员人数（人）	每个售货员平均商品销售额（万元）
1	144.0	80	1.80	7	170.2	92	1.85
2	148.2	78	1.90	8	186.2	95	1.96
3	154.7	91	1.70	9	198.9	102	1.95
4	164.5	94	1.75	10	196.0	98	2.00
5	160.2	90	1.78	11	195.0	100	1.95
6	177.6	96	1.85	12	218.4	105	2.08

表6-2中，每个售货员平均商品销售额（当月商品销售额除以当月平均售货员人数），即表中第四列和第八列，是静态平均数动态数列。静态平均数动态数列中的各期指标数值，也是不能相加的。

2.序时平均数动态数列

把反映某种现象自身在不同时期情况的若干个序时平均数的数值，按时间顺序编排所形成的动态数列，称为序时平均数动态数列。例如，表6-2中的平均售货员人数动态数列就是一个序时平均数动态数列，它反映该商场各月平均售货员人数的变化。序时平均数动态数列中的各期数值直接相加的结果，也没有独立存在的意义。如果为了进一步计算该序时平均数动态数列的序时平均数，作为一个计算步骤，则是可以的。

关于序时平均数的概念及计算方法，将在下一节中详细介绍，此处从略。

三、编制动态数列的原则

编制动态数列的目的，在于通过动态数列中的指标各数值前后的对比，来观察和分析被研究现象的变化过程及发展趋势和规律，因此，保证动态数列中指标各个数值的可比性，是编制动态数列应遵循的基本原则。编制动态数列的具体原则主要有以下四点：

（一）总体范围应一致

总体范围，通常是指现象的空间范围。例如，要研究一个省（自治区、直辖市）的人口数、耕地面积的发展变化情况，需要分别编制这些统计指标的动态数列。如果该省（自治区、直辖市）的行政区划有过变动，其变动前后的统计指标数值，是不能直接对比的，否则会歪曲被研究现象本身变化的趋势和规律。正确编制动态数列，应根据研究目的，将总体区划变动前后的统计资料加以调整，使其总体范围一致。

（二）指标的内容应相同

指标的内容与指标所反映现象的性质是密切联系的，当指标所反映现象的性质发生变化时，指标的名称虽然不变，但它已属于另一种性质了，在此情况下，若将该指标数值进行动态对比分析，结论很可能是错误的。

（三）时期数列的时期长短应一致，时期数列和时点数列的间隔力求一致

时期数列指标数值的大小，与时期的长短有直接关系，因此，时期数列各指标数值的时期长短应一致。时期数列和时点数列指标数值的大小，与其间隔的长短无直接联系，因此，这两种数列的间隔长短不等都是可以的，但为了便于研究现象变化的规律，它们的间隔相等更佳。

（四）指标的计算方法、计算价格和计量单位应一致

在一个动态数列中，各期指标的计算方法、计算价格和计量单位应当相同，只有这样，其指标数值才具有可比性。

第二节　动态数列的水平指标

动态数列虽描述了现象的发展过程和结果，但它还不能直接反映现象各期的增减数量、变动速度和规律，为深刻揭示现象的这些方面，需运用一系列动态分析指标。常用的动态分析指标有：发展水平、平均发展水平、增长量、平均增长量、发展速度、增长速度、平均发展速度和平均增长速度等。前四种为动态数列的水平指标，用于现象发展的水平分析，是本节的内容；后四种为动态数列的速度指标，用于现象发展的速度分析，将在下一节阐述。

一、发展水平和平均发展水平

（一）发展水平

发展水平是动态数列中与其所属时间相对应的反映某种现象发展变化所达到的规模、程度和水平的指标数值，通常指总量指标，也可指相对指标和平均指标的数值。按在动态数列中的次序先后不同，发展水平又分为最初、中间和最末三种水平。动态数列中的第一个数值叫最初水平，最后一个数值叫最末水平，中间各项数值叫中间水平。它们是计算其他动态分析指标的基础。另外，所要观察、计算、研究的那个时期的指标数值，称为报告期水平，又称为计算期水平；用作对比基础时期的指标数值，称为基期水平。

（二）平均发展水平

将一个动态数列各期发展水平加以平均而得的平均数，叫平均发展水平，又称为动态平均数或序时平均数。可见，序时平均数与一般平均数（静态平均数）是有区别的：第一，序时平均数是根据动态数列计算的，而一般平均数是根据变量数列计算的。第二，序时平均数所平均的，是被研究现象本身的数量在不同时间上的差异；而一般平均数所平均的，是总体各单位某一标志值的差异。第三，序时平均数是从动态上表明被研究现象本身

在一段时间内的平均发展水平，而一般平均数是从静态上说明总体各单位某个标志值的平均水平。序时平均数在动态分析中被广泛运用。

（三）序时平均数的计算方法

动态数列有三种，各种动态数列的序时平均数的计算方法不尽相同。其中，最基本的方法是根据总量指标动态数列计算序时平均数。

1. 总量指标动态数列序时平均数

总量指标动态数列包括时期数列和时点数列，这两种数列序时平均数的计算方法很不一样，需分别说明。

（1）时期数列序时平均数的计算。时期数列序时平均数的计算方法比较简单，只需将数列各期水平直接加总除以数列项数即可。

设数列各期水平分别以a_1，a_2，a_3，…，a_{n-1}，a_n代表，$\bar{a}$为其平均数，n为数值（水平）个数，则：

$$\bar{a}=\frac{a_1+a_2+a_3+\cdots+a_{n-1}+a_n}{n}=\frac{\sum a}{n} \tag{6.1}$$

［例6-1］根据表6-2中某商场的商品销售额动态数列资料计算平均每月商品销售额（序时平均数$\bar{a}$）。

依公式（6.1）计算得：

$$\bar{a}=\frac{144.0+148.2+154.7+164.5+160.2+177.6+170.2+186.2+198.9+196.0+195.0+218.4}{12}$$

=176.16（万元）

（2）时点数列序时平均数的计算。时点数列序时平均数的计算方法，因掌握资料的情况不同而异。

①间隔相等连续时点数列（如每日的）序时平均数的计算。例如，某单位对职工天天都考勤，因而有每日出勤人数，若计算月份的平均出勤人数，根据公式（6.1）计算即得。

②间隔不等连续时点数列序时平均数的计算。有些时点现象的量，不需要经常登记，只在它发生变动时，作变动记录即可。

［例6-2］某公司人力资源部对本公司在册职工人数有如下记录：某年的1月1日有职工218人，1月11日调出18人，1月16日调入6人，1月25日又调入9人，2月5日调出4人。亦即该单位1月1日至1月10日这10天都是218人，1月11日至1月15日这5天都是200人，1月16日至1月24日这9天都是206人，1月25日至1月31日这7天都是215人。问1月份该公司职工平均在册人数是多少？

这需要用加权平均法计算：

$$1月份职工平均在册人数=\frac{218\times10+200\times5+206\times9+215\times7}{10+5+9+7}=211（人）$$

如以a_1，a_2，a_3，…，a_n分别代表现象各期水平，以t_1，t_2，t_3，…，t_n分别代表与现象各期水平相应的时间距离，上述计算式可写为：

$$\bar{a}=\frac{a_1t_1+a_2t_2+a_3t_3+\cdots+a_nt_n}{t_1+t_2+t_3+\cdots+t_n}=\frac{\sum at}{\sum t} \tag{6.2}$$

③间隔相等的间断时点数列序时平均数的计算。对银行存款余额、商品库存量、职工人数和固定资产净值等重要的时点指标，均可从有关统计报表中取得其期末数值（如月

末、季末或年末)，于是，可编制间隔相等的时点数列（见表6-3)。

表6-3　某商场2022年各月月末售货员人数

月　份	上年12	1	2	3	4	5	6	7	8	9	10	11	12
月末售货员人数（人）	85	75	81	101	87	93	99	85	105	99	97	103	107

如问该商场2022年第一季度平均售货员人数是多少，不能将表6-3中的1月至3月的时点数直接用公式（6.1）计算，因为各月月末人数并不能代表各月的人数，只有各月的平均人数才能代表各月人数。月平均人数的计算方法，是将本月初（即上月末）人数加本月末人数除以2。

如：1月份的平均人数=（85+75）÷2=80（人）

2月份的平均人数=（75+81）÷2=78（人）

3月份的平均人数=（81+101）÷2=91（人）

然后，将各月平均人数用公式（6.1）计算，才能得到正确的答案。所以，该商场2022年第一季度平均售货员人数为：

$$\frac{80+78+91}{3}=83\text{（人）}$$

若把这两步计算过程连在一起，即：

$$\frac{\frac{85+75}{2}+\frac{75+81}{2}+\frac{81+101}{2}}{3}=\frac{\frac{85}{2}+75+81+\frac{101}{2}}{3}=83\text{（人）}$$

如以a_1，a_2，a_3，…，a_n分别代表现象各时点水平，则上述计算过程可归纳为：

$$\bar{a}=\frac{\frac{a_1}{2}+a_2+a_3+\cdots+a_{n-1}+\frac{a_n}{2}}{n-1} \tag{6.3}$$

利用公式（6.3），可计算该商场2022年每个月的平均售货员人数为：

$$\bar{a}=\frac{\frac{85}{2}+75+81+101+87+93+99+85+105+99+97+103+\frac{107}{2}}{12}=93.4\text{（人）}$$

④间隔不等的间断时点数列序时平均数的计算。有的时点数列的间隔不等，对此，要以各间隔长度（t）为权数，应用加权平均法计算。

假设在表6-3中，只有上年12月和当年1月、3月、6月、10月及12月末的人数资料，用加权算术平均法计算该商场2022年每个月平均售货员人数则为：

$$\bar{a}=\frac{\frac{85+75}{2}\times1+\frac{75+101}{2}\times2+\frac{101+99}{2}\times3+\frac{99+97}{2}\times4+\frac{97+107}{2}\times2}{1+2+3+4+2}=96\text{（人）}$$

将上述计算用公式表示为：

$$\bar{a}=\frac{\frac{a_1+a_2}{2}t_1+\frac{a_2+a_3}{2}t_2+\cdots+\frac{a_{n-1}+a_n}{2}t_{n-1}}{t_1+t_2+\cdots+t_{n-1}} \tag{6.4}$$

必须指出，对间隔相等和间隔不等的间断时点数列资料，分别用公式（6.3）和公式（6.4）计算序时平均数，都有假定性，即假定两个相邻时点水平之间现象数量的变动是均匀的。因此，用这两种方法计算得到的序时平均数，只是一个近似值。时点数列的间隔越长，这种假定性越大，其准确性就越差，故前一个序时平均数93.4人，较后一个序时平均数96人更接近实际一些。

2.相对指标动态数列序时平均数

相对指标可分为静态相对指标和动态相对指标，相应地，就有静态相对指标动态数列和动态相对指标动态数列。这两类相对指标动态数列的性质不同，因而，它们序时平均数的计算方法也不同。关于动态相对指标动态数列序时平均数的计算，在下一节阐述。这里仅阐述静态相对指标动态数列序时平均数的计算方法。

静态相对指标是由同期两个相关总量指标对比而来的，故其动态数列是由两个相关总量指标动态数列相应时间上指标数值对比的比率构成的。相对指标动态数列各期数值是不能加总的，因而，相对指标动态数列序时平均数（以$\bar{c}$代表）不能直接由相对指标动态数列计算，而应用构成该相对指标动态数列的两个总量指标动态数列的序时平均数相比求得。

设某相对指标为：$c=\frac{a}{b}$

某总量指标动态数列为：a_1，a_2，a_3，…，a_n

另一个有关总量指标动态数列为：b_1，b_2，b_3，…，b_n

相对指标动态数列为：c_1，c_2，c_3，…，c_n

（1）若两个相关的总量指标动态数列均为时期数列。

例如，一个是某经济指标的实际数，另一个是其计划数，此时，c为计划完成相对数。如计算全期平均计划完成程度，则需计算计划完成程度相对指标动态数列的序时平均数$\bar{c}$。

其计算方法为：

首先，用公式（6.1）分别求出：$\bar{a}=\frac{\sum a}{n}$和$\bar{b}=\frac{\sum b}{n}$

然后，将其相比求得：$\bar{c}=\frac{\bar{a}}{\bar{b}}=\frac{\frac{\sum a}{n}}{\frac{\sum b}{n}}=\frac{\sum a}{\sum b}$　（6.5）

因为$c=\frac{a}{b}$，所以$a=bc$或$b=\frac{a}{c}$。

在缺少a的数列资料时，$\bar{c}=\frac{\sum bc}{\sum b}$　（6.6）

在缺少b的数列资料时，$\bar{c}=\frac{\sum a}{\sum \frac{a}{c}}$　（6.7）

（2）若两个相关的总量指标动态数列均为时点数列。

例如，一个是企业各月月末的生产工人数，另一个是企业各月月末的全部职工人数，此时，c为生产工人数占全部职工人数的比重，该比重在各月月末不同，要求整个报告期的平均比重是多少，需计算c数列的序时平均数。

其计算方法为：如果两个都是间隔相等的时点数列，用公式（6.3）先分别求出a数列的$\bar{a}$和b数列的$\bar{b}$，然后求$\bar{c}\left(\bar{c}=\frac{\bar{a}}{\bar{b}}\right)$；如果两个都是间隔不等的时点数列，则用公式（6.4）

先分别求出 $\bar{a}$ 和 $\bar{b}$，然后求 $\bar{c}\left(\bar{c}=\frac{\bar{a}}{\bar{b}}\right)$。

（3）若两个相关的总量指标动态数列，一个是时期数列，另一个是时点数列（见表6-4）。

表6-4　　某商场2022年第一季度各月商品流转次数表

月　份	1	2	3	备　注
a.商品销售额（万元）	144.0	148.2	154.7	时期数列
b.平均商品库存额（万元）	57.6	49.4	49.9	时点数列
c.商品流转次数（次）	2.5	3.0	3.1	相对指标动态数列

值得注意的是，表6-4中的时点数列不是由各月月初或月末的时点数构成的，而是由各月的序时平均数构成的。它们虽然还是时点数，但已具有时期指标的某些性质，所以，该时点数列的序时平均数，亦可直接用公式（6.5）计算，故该商场2022年第一季度平均各月的商品流转次数为：

$$\bar{c}=\frac{\bar{a}}{\bar{b}}=\frac{\sum a}{n}\div\frac{\sum b}{n}$$

$$=\frac{144.0+148.2+154.7}{3}\div\frac{57.6+49.4+49.9}{3}$$

=2.848（次）

所以，该商场2022年第一季度的商品流转次数不是8.6次（2.5+3.0+3.1），而是8.544次（$\frac{144.0+148.2+154.7}{\frac{57.6+49.4+49.9}{3}}$ 或2.848×3）。

3.平均指标动态数列序时平均数

平均指标动态数列可分为静态平均数动态数列和序时平均数动态数列。表6-2中的“平均售货员人数”动态数列，是一个序时平均数动态数列，其序时平均数（该商场2022年平均售货员人数）可依序时平均数动态数列资料直接用公式（6.1）计算：

$$年平均售货员人数=\frac{80+78+91+94+90+96+92+95+102+98+100+105}{12}$$

=93.4（人）

所得结果与表6-3动态数列用公式（6.3）计算的结果完全相同。

表6-2中的“每个售货员平均商品销售额”动态数列，是一个静态平均数动态数列，它也是由两个有关的绝对数动态数列对应数值相除后得到的。因此，其序时平均数（该商场2022年平均每月每个售货员的销售额）的计算方法，与计算相对指标动态数列的序时平均数的计算方法一样。该例是先计算“商品销售额”动态数列的序时平均数（前面已计算过，所得结果 $\bar{a}=\frac{\sum a}{n}$=176.16（万元））和“年平均售货员人数”动态数列的序时平均数（$\bar{b}=\frac{\sum b}{n}$=93.4（人）），然后将这两个序时平均数相比即得该商场2022年平均每月每个售货员销售额为：176.16÷93.4=1.886（万元）。

二、增长量和平均增长量

（一）增长量

增长量表明某种现象在一段时期内增长的绝对量，它等于报告期水平减基期水平，即：

增长量=报告期水平-基期水平 (6.8)

增长量有正负之分，若为正值，表明增加，若为负值，说明减少，故又称为“增减量”指标。

按采用的基期不同，增长量可分为逐期增长量和累计增长量。逐期增长量是报告期水平与前一期水平之差，说明报告期较其前期增长的绝对量。累计增长量是报告期水平与某一固定基期水平（通常是最初水平）之差，说明报告期较某一固定基期增长的绝对量，也就是由某固定基期至报告期总的增长量。

虽然这两种增长量计算基期和各自说明的问题不同，但它们之间存在一定的换算关系：同一动态数列各逐期增长量之和，等于相应的累计增长量；两个相邻累计增长量之差，等于相应的报告期的逐期增长量。

设基期水平为 a_0，各报告期水平为 a_i（i=1，2，3，…，n），则：

逐期增长量之和= $(a_1-a_0)+(a_2-a_1)+(a_3-a_2)+\cdots+(a_n-a_{n-1})$

$=\sum(a_i-a_{i-1})$

$=a_n-a_0$

两个相邻累计增长量之差= $(a_i-a_0)-(a_{i-1}-a_0)=a_i-a_{i-1}$

［例6-3］我国2012—2021年一般公共预算收入及其增长量（额）见表6-5。

表6-5 我国2012—2021年一般公共预算收入及其增长量（额）

年份		2012	2013	2014	2015	2016	2017	2018	2019	2020	2021
发展水平	符号	a_0	a_1	a_2	a_3	a_4	a_5	a_6	a_7	a_8	a_9
	数值（亿元）	117 253.52	129 209.64	140 370.03	152 269.23	159 604.97	172 592.77	183 359.84	190 390.08	182 913.88	202 554.64
逐期增长量	符号	—	a_1-a_0	a_2-a_1	a_3-a_2	a_4-a_3	a_5-a_4	a_6-a_5	a_7-a_6	a_8-a_7	a_9-a_8
	数值（亿元）	—	11 956.12	11 160.39	11 899.20	7 335.74	12 987.80	10 767.07	7 030.24	-7 476.20	19 640.76
累计增长量	符号	—	a_1-a_0	a_2-a_0	a_3-a_0	a_4-a_0	a_5-a_0	a_6-a_0	a_7-a_0	a_8-a_0	a_9-a_0
	数值（亿元）	—	11 956.12	23 116.51	35 015.71	42 351.45	55 339.25	66 106.32	73 136.56	65 660.36	85 301.12

资料来源 国家统计局. 中国统计年鉴（2022）［M］. 北京：中国统计出版社，2022.

各逐期增长量之和= $(a_1-a_0)+(a_2-a_1)+(a_3-a_2)+(a_4-a_3)+(a_5-a_4)+(a_6-a_5)+(a_7-a_6)+(a_8-a_7)+(a_9-a_8)$

$=a_9-a_0$

$=202\ 554.64-117\ 253.52$

$=85\ 301.12$（亿元）

两个相邻累计增长量之差=（a_4-a_0）-（a_3-a_0）

$=a_4-a_3$

$=159\ 604.97-152\ 269.23$

$=7\ 335.74$（亿元）

必须指出，增长量是一个时期指标，不论是由时期数列还是由时点数列计算得到的增长量，都是时期指标，因为一段时期内的增长量并非突然增长的。

在统计实务中还使用年距增长量。年距增长量是报告年某月（季）水平与其上年同月（季）水平之差。对受季节影响较大的现象，使用年距增长量指标进行分析，可排除季节变动的影响。

（二）平均增长量

平均增长量是某种现象各逐期增长量的序时平均数，它表明该现象在一定时期内，单位时间平均增长的绝对量。由于增长量是时期指标，所以，平均增长量可以用简单算术平均法计算。同时，由于增长量有逐期增长量和累计增长量两种，所以，依据两种不同增长量，平均增长量有以下两种计算公式。

$$\overline{\Delta a} = \frac{\sum(a_i - a_{i-1})}{n} \tag{6.9}$$

式中：$\overline{\Delta a}$代表平均增长量；$(a_i - a_{i-1})$代表逐期增长量；n代表逐期增长量的个数。

例如，我国2012—2021年一般公共预算收入逐期增长量之和为85 301.12（亿元），平均每年增长量为9 477.90亿元（85 301.12÷9）。

$$\overline{\Delta a} = \frac{(a_i - a_0)}{N - 1} \tag{6.10}$$

式中：$(a_i - a_0)$代表累计增长量；N代表发展水平的个数。

例如，我国2017—2021年一般公共预算收入累计增长量为29 961.87亿元，5年时间的年平均增长量为7 490.47（29 961.87÷4）亿元。

平均增长量也有正负之分，正值为平均增加量，负值为平均减少量。

若现象在一定时期内的逐期增长量大体相同，其平均增长量可作为预测的依据（具体预测方法参见本书第丨章第二节）。

第三节　动态数列的速度指标

一、发展速度和增长速度

（一）发展速度

发展速度是将现象报告期水平除以基期水平求得的表明某种现象发展程度的相对指标，即：

$$发展速度=报告期水平÷基期水平 \tag{6.11}$$

发展速度通常用百分数表示，当比值较大时，也可用倍数和翻番数表示，它说明现象报告期水平为基期水平的百分之多少、若干倍或翻几番。发展速度大于100%（或1），表明现象在增长；发展速度小于100%（或1），则表明现象在下降。

按照采用的基期划分，发展速度可分为环比发展速度和定基发展速度。环比发展速度是报告期水平与前一期水平之比，它表明报告期水平为前一期水平的百分之多少、若干倍或翻几番。就一个环比发展速度动态数列来说，它表明现象逐期的发展程度。定基发展速度是报告期水平与某一固定基期水平（通常是最初水平）之比，它表明报告期水平为某固定基期水平的百分之多少、若干倍或翻几番。定基发展速度数列的各期数值，都分别说明现象在一个较长时期内的总发展速度。

上述两种发展速度使用的基期和各自说明的问题不同，但这两种发展速度之间却存在一定的关系：同一动态数列各期环比发展速度的连乘积，等于其相应时期的定基发展速度；两个相邻定基发展速度之比，等于相应报告期的环比发展速度。

设基期水平为a_0，各报告期水平为a_i（i=1，2，3，…，n），则：

$$\text{各期环比发展速度的连乘积}=\frac{a_1}{a_0}\times\frac{a_2}{a_1}\times\frac{a_3}{a_2}\times\cdots\times\frac{a_n}{a_{n-1}}$$

$$=\prod_{i=1}^{n}\frac{a_i}{a_{i-1}}=\frac{a_n}{a_0}$$

$$\text{两个相邻定基发展速度之比}=\frac{a_i}{a_0}\div\frac{a_{i-1}}{a_0}=\frac{a_i}{a_{i-1}}$$

［例6-4］我国2012—2021年一般公共预算收入及其发展速度见表6-6。

表6-6　　我国2012—2021年一般公共预算收入及其发展速度

年份		2012	2013	2014	2015	2016	2017	2018	2019	2020	2021
发展水平	符号	a_0	a_1	a_2	a_3	a_4	a_5	a_6	a_7	a_8	a_9
	数值（亿元）	117 253.52	129 209.64	140 370.03	152 269.23	159 604.97	172 592.77	183 359.84	190 390.08	182 913.88	202 554.64
环比发展速度	符号	—	a_1/a_0	a_2/a_1	a_3/a_2	a_4/a_3	a_5/a_4	a_6/a_5	a_7/a_6	a_8/a_7	a_9/a_8
	数值（%）	—	110.20	108.64	108.48	104.82	108.14	106.24	103.83	96.07	110.74
定基发展速度	符号	—	a_1/a_0	a_2/a_0	a_3/a_0	a_4/a_0	a_5/a_0	a_6/a_0	a_7/a_0	a_8/a_0	a_9/a_0
	数值（%）	—	110.20	119.72	129.87	136.13	147.21	156.40	162.39	156.01	172.76

资料来源　国家统计局．中国统计年鉴（2022）［M］．北京：中国统计出版社，2022.

$$\text{各期环比发展速度的连乘积}=\frac{a_1}{a_0}\times\frac{a_2}{a_1}\times\frac{a_3}{a_2}\times\frac{a_4}{a_3}\times\frac{a_5}{a_4}\times\frac{a_6}{a_5}\times\frac{a_7}{a_6}\times\frac{a_8}{a_7}\times\frac{a_9}{a_8}$$

$$=1.1020\times1.0864\times1.0848\times1.0482\times1.0814\times1.0624\times1.0383\times0.9607\times1.1074$$

$$=1.7276\text{（或172.76\%）}$$

$$\text{两个相邻定基发展速度之比}=\frac{a_4}{a_0}\div\frac{a_3}{a_0}=1.3613\div1.2987$$

$$=1.0482\text{（或104.82\%）}$$

（二）增长速度

增长速度是某种现象报告期的增长量与基期水平之比，是表明该现象增长程度的相对指标。其计算公式为：

$$增长速度=\frac{报告期增长量}{基期水平}=\frac{报告期水平-基期水平}{基期水平}$$

$$=发展速度-1（或100\%）\tag{6.12}$$

增长速度有正负之分，正值表示增长的程度，负值表示下降的程度。

增长速度由于采用的基期不同，也可分为环比增长速度和定基增长速度。前者表明现象逐期增长的程度，后者反映现象在一个较长时期内总的增长程度，其计算公式如下：

$$环比增长速度=\frac{报告期逐期增长量}{前一期水平}=\frac{报告期水平-前一期水平}{前一期水平}$$

$$=环比发展速度-1（或100\%）\tag{6.13}$$

$$定基增长速度=\frac{报告期累计增长量}{固定基期水平}=\frac{报告期水平-固定基期水平}{固定基期水平}$$

$$=定基发展速度-1（或100\%）\tag{6.14}$$

所以，只要有环比和定基的发展速度，将之减1或减100%，即可得环比和定基的增长速度；相反，若知各期的环比和定基增长速度，分别将它们加1或加100%，即得环比发展速度和定基发展速度。

必须指出，环比增长速度与定基增长速度无直接的换算关系。如果由一个环比增长速度数列求其定基增长速度数列，须先将各期环比增长速度换算成各期环比发展速度，再将它们连乘，得各期的定基发展速度。最后，将各期定基发展速度分别减1或减100%，即得各期的定基增长速度。相反，若已知现象各期的定基增长速度，求各期的环比增长速度，也要经过一定的变换计算求得。

此外，在统计实务中，为消除季节变动的影响，还使用年距发展速度和年距增长速度。年距发展速度是现象报告年某月（季）的水平与其上年同月（季）水平之比。年距增长速度是现象报告年某月（季）的年距增长量与上年同月（季）现象的水平之比，或用年距发展速度减1或减100%求得。

为进一步对比分析现象的增长情况，需运用“增长1%的绝对值”指标。增长1%的绝对值可以分别用以卜两个计算公式计算：

$$增长1\%的绝对值=\frac{报告期的逐期增长量}{报告期的环比增长速度(以百分比表示)}\tag{6.15}$$

$$增长1\%的绝对值=\frac{前一个时期发展水平}{100}\tag{6.16}$$

［例6-5］有甲、乙两厂，报告期甲厂利税额的环比增长速度为10%，乙厂利税额的环比增长速度为5%，单从增长速度看，甲厂的环比增长速度是乙厂的两倍，若联系它们报告期的逐期增长量（甲厂为5万元，乙厂为7.5万元），用增长1%的绝对值看，乙厂每增长1%的绝对值为1.5万元（7.5÷5），甲厂仅为0.5万元（5÷10），这样，对问题就看得比较清楚了。

［例6-6］我国2017—2021年一般公共预算收入及其增长1%的绝对值见表6-7。

表6-7 我国2017—2021年一般公共预算收入及其增长1%绝对值

年 份	2017	2018	2019	2020	2021
发展水平（亿元）	172 592.77	183 359.84	190 390.08	182 913.88	202 554.64
增长1%绝对值（亿元）	—	1725.93	1833.60	1903.90	2025.55

资料来源 国家统计局．中国统计年鉴（2022）[M]．北京：中国统计出版社，2022.

对于同一资料，上述公式（6.15）和公式（6.16）的计算结果是相同的。

增长1%的绝对值，实质就是现象前期水平（a_{i-1}）的1%，只需简单推导即知：

$$\text{增长1\%的绝对值}=\frac{a_i-a_{i-1}}{\frac{a_i}{a_{i-1}}\times100-100}=\frac{a_i-a_{i-1}}{(\frac{a_i}{a_{i-1}}-1)\times100}=\frac{a_i-a_{i-1}}{\frac{a_i-a_{i-1}}{a_{i-1}}\times100}=\frac{(a_i-a_{i-1})a_{i-1}}{(a_i-a_{i-1})\times100}=\frac{a_{i-1}}{100}$$

二、平均发展速度和平均增长速度

（一）平均发展速度和平均增长速度的概念

平均发展速度，是某种现象各期环比发展速度的平均数，它表明该现象在一个较长时期内平均单位时间发展变化的程度。

平均增长速度，是某种现象各期环比增长速度的平均数，它表明该现象在一个较长时期内平均单位时间增长的程度。平均增长速度虽是各期环比增长速度的平均数，但它不能直接由各期环比增长速度计算，而是由平均发展速度减1或减100%求得。平均增长速度有正负之分，正值表示平均增长的程度，负值表示平均下降的程度。

（二）平均发展速度的计算

平均发展速度不能用算术平均法计算。根据被研究现象的特点和统计分析的目的不同，平均发展速度的计算有几何平均法和高次方程法两种。有些现象，如产量、产值、商品销售额和职工人数等，它们的发展规模适合用年发展水平表现。另外一些现象，如固定资产投资额、造林面积、新增生产能力和干部培训人数等的发展规模，则适合用若干年（如3年、5年或10年）的累计数表现。对用年发展水平表现其规模的现象，平均发展速度的计算适合用几何平均法，又叫水平法；对用若干年累计数表现其规模的现象，平均发展速度的计算适合用高次方程法，也叫累计法。现分别说明如下：

1.几何平均法（水平法）

利用几何平均法计算平均发展速度的数理根据是：从现象的最初水平a_0出发，每年都按同样的平均发展速度$\bar{x}$发展，经过n年发展后末年的发展水平a_n正好等于现象最初水平与平均发展水平n次方的乘积，即$a_n=a_0\bar{x}^n$。

计算平均发展速度（以$\bar{X}$表示），首先要计算定基发展速度（定基发展速度等于报告期水平与基期水平之比，如以R表示，定基发展速度$R=2^m$，m表示翻番数），而定基发展速度并不等于各期环比发展速度（分别以X_1，X_2，X_3，…，X_n表示）之和，而是等于它们的连乘积，所以，平均发展速度必须用几何平均法计算。其计算公式主要有：

$$\bar{X}=\sqrt[n]{\frac{a_1}{a_0}\frac{a_2}{a_1}\frac{a_3}{a_2}\cdots\frac{a_n}{a_{n-1}}}=\sqrt[n]{\frac{a_n}{a_0}} \tag{6.17}$$

$$\bar{X}=\sqrt[n]{X_1X_2X_3\cdots X_n}=\sqrt[n]{\prod X} \tag{6.18}$$

$$\bar{X}=\sqrt[n]{R} \tag{6.19}$$

$$\bar{X}=\sqrt[n]{2^m} \tag{6.20}$$

［例6-7］按可比价格计算，某地区人均生产总值2002年为3 790元，2022年为10 392元，试计算2002—2022年间平均发展速度和平均增长速度。

由上述可知：$a_0=3\ 790$，$a_n=10\ 392$，$n=20$，则可运用公式（6.17）计算。

$$R=\frac{a_n}{a_0}=\frac{10\ 392}{3\ 790}=2.7420$$

$$\bar{X}=\sqrt[n]{R}=\sqrt[20]{2.7420}=1.0517\text{（或}105.17\%\text{）}$$

即平均发展速度为105.17%，平均增长速度为5.17%（105.17%-100%）。

［例6-8］某地区2017—2022年甲产品的单位产品成本及环比发展速度见表6-8，试求2017—2022年的平均发展速度和平均增长速度。

表6-8　　某地区2017—2022年甲产品的单位产品成本及环比发展速度

年　份	2017	2018	2019	2020	2021	2022
甲产品单位产品成本（元/台）	200	198	188	175	170	160
环比发展速度（%）	—	99.0	94.9	93.1	97.1	94.1

由表6-8知，$n=5$，各年环比发展速度X_i（具体数值见表6-8）则可运用公式（6.18）计算：

2017—2022年，该产品单位产品成本的平均发展速度为：

$\bar{X}=\sqrt[n]{\prod X}=\sqrt[5]{0.99\times 0.949\times 0.931\times 0.971\times 0.941}=\sqrt[5]{0.8}=0.9564$或95.64%，即平均发展速度为95.64%。

平均增长速度为-4.36%（95.64%-100.00%），即该产品单位产品成本5年来每年平均下降4.36%。

［例6-9］某地区2022年税收总额为12亿元，计划到2042年较2022年水平翻两番，试求每年平均增长速度。

由上述可知：$m=2$，$n=20$，代入公式（6.20）得：

$$\bar{X}=\sqrt[n]{2^m}=\sqrt[20]{2^2}=\sqrt[20]{4}=1.0718\text{（或}107.18\%\text{）}$$

$$\bar{X}-1=1.0718-1=0.0718\text{（或}7.18\%\text{）}$$

即平均发展速度为107.18%，平均增长速度为7.18%。

若某种现象在一定时期内的各期环比发展（或增长）速度大体相同，则可依此作为预测的根据（具体预测方法见本书第十章）。

2.高次方程法（累计法）

按这种方法计算平均发展速度的数理根据是：从现象的最初水平a_0出发，每年若都按平均发展速度$\bar{x}$发展，所得各年计算水平之和，等于现象相应各年实际发展水平之和。

现象各报告年实际发展水平之和为：

$$a_1+a_2+a_3+\cdots+a_{n-1}+a_n=\sum a$$

从a_0出发，每年都按$\bar{x}$发展，所得各年计算水平之和为：

$$a_0\bar{x}+a_0\bar{x}\bar{x}+a_0\bar{x}\bar{x}\bar{x}+\cdots+a_0\bar{x}^{n-1}+a_0\bar{x}^n=\sum a$$

即：$a_0\bar{x}+a_0\bar{x}^2+a_0\bar{x}^3+\cdots+a_0\bar{x}^{n-1}+a_0\bar{x}^n=\sum a$

则：$a_0(\bar{x}+\bar{x}^2+\bar{x}^3+\cdots+\bar{x}^{n-1}+\bar{x}^n)=\sum a$

$\therefore \bar{x}+\bar{x}^2+\bar{x}^3+\cdots+\bar{x}^{n-1}+\bar{x}^n=\frac{\sum a}{a_0}$

移项调整得：

$$\bar{x}^n+\bar{x}^{n-1}+\cdots+\bar{x}^3+\bar{x}^2+\bar{x}-\frac{\sum a}{a_0}=0 \tag{6.21}$$

解此高次方程所得的正根，即为所求的平均发展速度，但解此方程的计算过程比较麻烦，通常是借助事先编制的"累计法平均增长速度查对表"来解决的。这种查对表分为平均增长和平均下降两部分，只要有某现象某一段时期的总发展速度（即各年发展水平总和与基期水平之比，通常以M且用百分数表示，$M=\frac{\sum a}{a_0}\times100\%$）和该段时间的间隔年数n，就可查表直接得到平均增长速度或平均下降速度。但在查表前，须先判断现象是增长还是下降。如果$\frac{M}{n}>100\%$，在增长部分查表；反之，$\frac{M}{n}<100\%$，则在下降部分查表。

［例6-10］设某地区固定资产投资额2018年为4 679万元（a_0），2019—2022年各年分别为5 220万元、5 628万元、5 943万元和6 124万元，共计22 915万元（$\sum a$）。试用累计法求此期间年平均增长速度和年平均发展速度。

由上述可知：$M=\frac{22\,915}{4\,679}\times100\%=489.74\%$，n=4，$\frac{M}{n}=\frac{489.74\%}{4}=122.44\%>100\%$，属增长，应在增长部分查表（见表6-9）。

表6-9　累计法平均增长速度查对表（增长部分）（%）

平均每年增长	总发展速度				
	第1年	第2年	第3年	第4年	第5年
8.2	108.20	225.27	351.94	489.00	637.30
8.3	108.30	225.59	352.61	490.18	639.16

从第4年看，总发展速度489.74%是在489.00%与490.18%之间，按比例计算，$\frac{489.74-489.00}{490.18-489.00}=0.6$，则8.2+（8.3-8.2）×0.6=8.26，即所求平均增长速度为8.26%，平均发展速度则为108.26%。

［例6-11］某地区造林面积2018年为200万公顷（a_0），2019—2023年各年分别为198万公顷、188万公顷、175万公顷、170万公顷和160万公顷，共计891万公顷（$\sum a$）。

试用累计法求这个时期年平均增长速度和年平均发展速度。

由上述可知：

$M=\frac{891}{200}\times100\%=445.5\%$，n=5

$\frac{M}{n}=\frac{445.5\%}{5}=89.1\%<100\%$，属下降，在下降部分查表（见表6-10）。

表6-10 累计法平均增长速度查对表（下降部分）（%）

平均每年增长	总发展速度				
	第1年	第2年	第3年	第4年	第5年
-3.8	96.20	188.74	277.77	363.42	445.81
-3.9	96.10	188.45	277.20	262.49	444.45

从第5年看，总发展速度445.5%在444.45%与445.81%之间，按比例计算，$\frac{445.5-444.45}{445.81-444.45}$=0.8，则-3.9+［-3.8-（-3.9）］×0.8=-3.82，即所求平均下降速度为3.82%，故其平均发展速度为96.18%（100%-3.82%）。

必须指出，水平法和累计法不同。水平法侧重考察末期水平，它要求现象从基期水平a_0出发，每期按平均发展速度$\bar{X}$发展，到末期的计算水平与现象末期的实际水平相等；累计法侧重考察整个计算期的总和水平，它要求现象从基期水平出发，每期均按平均发展速度发展，使各期计算水平之和等于现象相应各期实际发展水平之和。

平均发展速度指标是现象在一个较长时期内，各年环比发展速度的平均数，用以说明现象在该时期内，逐年发展变化的一般程度，它抽象了各年的实际变化程度。因此，计算和应用平均发展速度指标应注意以下两个问题：第一，要结合具体研究目的确定基期。因为基期水平是标准、是起点，它对研究目的具有重要意义，对平均发展速度也是有影响的。例如，若研究现象某五年计划期内的平均发展速度，应以该五年计划的前一年为基期；若研究党的十八大以来某现象的平均发展速度，宜以2011年为基期。第二，应计算分段平均发展速度来补充全期的平均发展速度。因为在一个较长的历史时期，现象的变化各阶段各有特点（有快有慢，有增也可能有减），为更具体地反映情况，需分段计算平均发展速度来补充说明全期的平均发展速度。

第四节 长期趋势和季节变动

统计对客观现象作动态分析，不仅要编制动态数列、计算各种动态分析指标，而且还要进一步揭示现象的长期趋势和季节变动的规律，这对预见未来、克服盲目性、增强前瞻性，做好各项工作，具有重要的意义。

一、长期趋势分析

（一）长期趋势的概念

长期趋势，是指某种现象在相当长的时期内，发展过程表现为不断增长或不断下降的总趋势。任何现象的发展变化，都同时受多种因素的影响，这些影响因素可大体分为两类：一类是基本因素；另一类是偶然因素。凡总是朝着一个方向促使某种现象不断增长或不断下降的那些因素，属基本因素。时而影响增长时而影响下降，或有时产生影响有时不产生影响的那些因素，属偶然因素。例如，在农业方面，耕作技术的改进、优质化肥的推广使用和种子的改良等对农业产量的增长有影响，属基本因素；而气候、雨量和温度等，属偶然因素。这些基本因素和偶然因素综合影响的结果，使现象在不同时间上的发展水平时高时低，因而，有时不易看出现象的变化趋势。但运用科学的统计分析方法，消除那些偶然因素的影响后，被研究现象的发展趋势就比较明显地呈现出来了。在统计上，把原来不易看出现象变化趋势的动态数列，通过加工和分析后，使现象的变化趋势明显化的方法，就是长期趋势分析法，又称动态数列修匀法。

（二）长期趋势分析法

分析长期趋势的方法有很多，下面仅介绍几种常用的方法。

1.时距扩大法

时距扩大法是对原来的动态数列扩大时距，消除偶然因素的影响，使其明显反映现象发展趋势的方法。例如，表6-2中的第一个动态数列，变化趋势不够明显，若将时距由月扩大为季，新编一个动态数列（见表6-11），该动态数列的发展趋势就十分明显了。

表6-11　某商场2022年各季度商品销售额　单位：万元

季度	1	2	3	4
商品销售额	446.9	502.3	555.3	609.4

时距究竟扩大到何种程度为宜，应依现象和原动态数列的特点而定，以能明显反映现象的发展趋势为准。

2.序时平均法

由于时点数列各水平相加无独立存在的意义，因此，时点数列不能直接用时距扩大法，必须利用序时平均法消除偶然因素的影响，以反映现象的变化趋势。例如，表6-3中的时点数列的变化趋势不够明显，宜作改变，见表6-12。

表6-12　某商场2022年各季度平均售货员人数　单位：人

季度	1	2	3	4
季平均售货员人数	83.0	93.3	96.3	101.0

这样，该商场2022年售货员人数各季递增的趋势就很明显了。时期数列亦可用此法。

3.移动平均法

移动平均法也是通过扩大时距计算其移动平均数来削弱偶然因素的影响的。

根据各移动平均数编制的动态数列，能较明显地反映现象的发展趋势（见表6-13）。

表6-13　某地区2012—2022年粮食产量　单位：万吨

年份	2012	2013	2014	2015	2016	2017	2018	2019	2020	2021	2022
粮食产量	320	342	336	361	388	380	406	435	430	456	480
三项移动平均	—	332.7	346.3	361.7	376.3	391.3	407.0	423.7	440.3	455.3	—
五项移动平均	—	—	349.4	361.4	374.2	394.0	407.8	421.4	441.4	—	—

表6-13中的粮食产量动态数列是原动态数列，其中有些年的发展水平受偶然因素影响大，较上年下降了，因而现象的变化趋势欠明朗；另外两个移动平均数动态数列是作了修匀的，从中可见，该地区11年粮食产量的发展趋势是明显上升的。三项移动平均的第

一个数=$\frac{320+342+336}{3}$=332.7，第二个数=$\frac{342+336+361}{3}$=346.3，其余各数类推计算，所得的移动平均数，写在时距最中央的那一年位置上。五项移动平均法与三项移动平均法相同，只是时距更大些。当然，还可作七项、九项等的移动平均。究竟作几项移动平均好，要根据数列及现象的具体情况而定。

一般来说，时距项数越多，移动平均动态数列的修匀程度越大，而所得新的动态数列项数越少（新的动态数列项数=原动态数列项数-时距项数+1，如上例三项移动平均数列的项数=11-3+1=9）。原动态数列为年度资料的，时距确定为三项、五项或七项为宜；原动态数列为月份或季度资料，而且现象又有季节变动的，时距确定为十二项或四项为宜，因为只有这样，才便于将季节变动的影响削弱而呈现出现象的长期趋势。但时距项数为偶数时，所得各移动平均数尚需再作一次二项移动平均，以移正其位置。

4.直线配合法

动态数列的修匀除上述方法外，还有直线配合法。当然，根据动态数列在散点图上的表现形式接近某种曲线，也可以给它配合以适当的曲线，但直线是基本的、常用的。在此，仅讲直线配合。所谓直线配合，就是根据动态数列在散点图上表现的形式接近一条直线，可利用数学方法给它拟合一条直线，以反映现象的发展趋势。通常有下列两种方法配合直线趋势方程中的参数值。

（1）半数平均法。

直线趋势方程的一般式为：

$$y_c=a+bt \tag{6.22}$$

式中：y_c为趋势值；t为时间变量；a、b为两个待定参数。

设y为原动态数列的实际值，n为数据项数。根据半数平均法的要求，实际观察值y（即现象各期的实际发展水平）与趋势值y_c离差之和为零，用公式表示为：

$$\sum(y-y_c)=0 \tag{6.23}$$

将公式（6.22）代入公式（6.23）得：

$$\sum[y-(a+bt)]=0$$

即 $\sum y-\sum a-\sum bt=0$

用n除上式后得：

$$\bar{y}-a-b\bar{t}=0 \tag{6.24}$$

［例6-12］以表6-13中粮食产量动态数列为例，说明求直线趋势方程式中a、b两个参数值的步骤。

第一步，将原动态数列均分为两半，如果原动态数列为奇数项，删除最初一期的数据。

第二步，用时间顺序数t，即1、2、3、…、10分别代表各年份（见表6-14）。

第三步，分别计算这两半数列时间变量t的平均值和现象实际水平y的平均值（表6-14中已经列出）。

$\bar{t}_1=3$，$\bar{t}_2=8$，$\bar{y}_1=361.4$，$\bar{y}_2=441.4$

第四步，将$\bar{y}_1$、$\bar{t}_1$和$\bar{y}_2$、$\bar{t}_2$的值分别代入公式（6.24）得：

$$\begin{cases}361.4-a-3b=0\\441.4-a-8b=0\end{cases}$$

表 6-14　**半数平均法计算表**

年份	t	粮食产量y（万吨）	y_c	年份	t	粮食产量y（万吨）	y_c
2013	1	342	329.4	2018	6	406	409.4
2014	2	336	345.4	2019	7	435	425.4
2015	3	361	361.4	2020	8	430	441.4
2016	4	388	377.4	2021	9	456	457.4
2017	5	380	393.4	2022	10	480	473.4
合计	15	1 807	1 807	合计	40	2 207	2 207
平均值	3	361.4	—	平均值	8	441.4	—

第五步，解此联立方程得：b=16，a=313.4，将a、b值代入公式（6.22），即为所求的直线趋势方程 y_c=313.4+16t。

该直线趋势方程表明：当t=0时，趋势值为313.4，即该直线趋势方程的起点值为313.4万吨，每增加一年，产量平均增长16万吨。用1、2、3、…、10分别代替t，就分别得到粮食产量各年的趋势值（见表6-14中的 y_c 栏），将这些趋势值在直角坐标图中描点，并将它们连接起来所形成的直线，就是该现象的趋势直线。它对原动态数列的折线作了修匀，清楚地表明该地区粮食产量的发展趋势（如图6-1所示）。

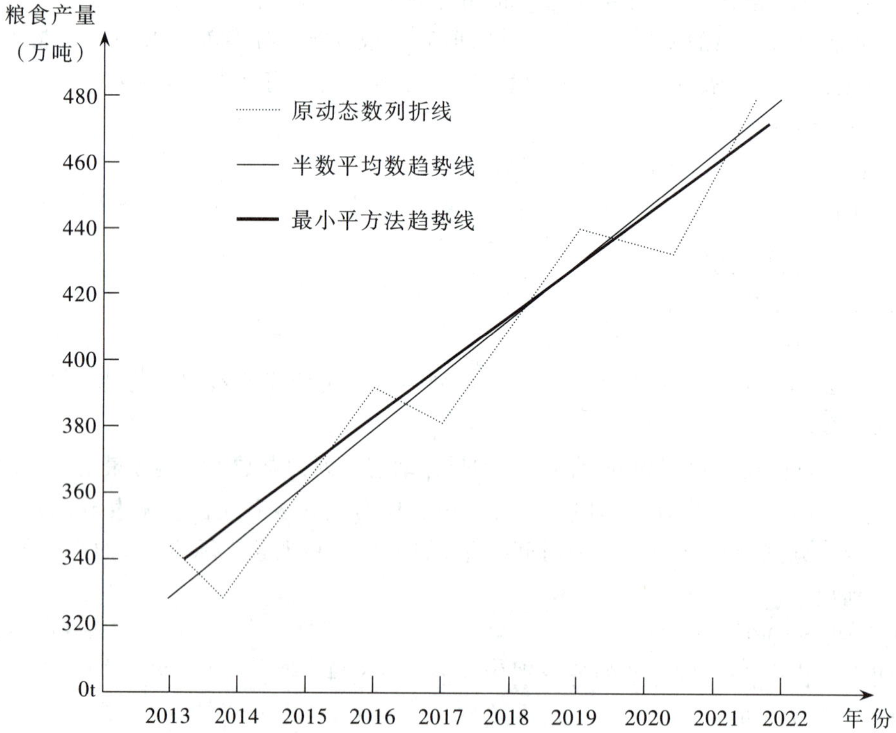

图 6-1　某地区粮食产量发展趋势

（2）最小平方法。

根据现象的有关数列，在建立数学模型的过程中，配以参数值时，广泛使用最小平方法。依最小平方法的要求——实际观察值 y 与趋势值 y_c 离差的平方和等于最小值 Q，用公式表示为：

$$Q=\sum(y-y_c)^2=\text{最小值}$$

即 $Q=\sum[y-(a+bt)]^2=\text{最小值}$

根据数学运算，上式可导出下列两个标准方程式：

$$\begin{cases}\sum y=na+b\sum t\\ \sum ty=a\sum t+b\sum t^2\end{cases}$$

推导，得：

$$\begin{cases}b=\dfrac{n\sum ty-\sum t\sum y}{n\sum t^2-(\sum t)^2}\\ a=\dfrac{\sum y}{n}-b\dfrac{\sum t}{n}=\bar{y}-b\bar{t}\end{cases} \tag{6.25}$$

将计算动态数列中的有关数据代入上述两个标准方程式，即可求解得到 a、b 的值，再将 a、b 值代入公式（6.22），即为所求的直线趋势方程。为了与半数平均法的结果作比较，现仍以 2013—2022 年某地区粮食产量的资料（见表 6-14）为例来计算。

［例 6-13］依表 6-14 资料计算该地区粮食产量历年的趋势值 y_c（见表 6-15）。

表 6-15 最小平方法计算表

年份	t	粮食产量 y（万吨）	ty	t^2	y_c
2013	1	342	342	1	330.62
2014	2	336	672	4	346.34
2015	3	361	1 083	9	362.06
2016	4	388	1 552	16	377.78
2017	5	380	1 900	25	393.50
2018	6	406	2 436	36	409.22
2019	7	435	3 045	49	424.94
2020	8	430	3 440	64	440.66
2021	9	456	4 104	81	456.38
2022	10	480	4 800	100	472.10
合计	55	4 014	23 374	385	4 013.60

将表 6-15 中合计栏的数据，代入上列标准方程式或公式（6.25），得：

$$\begin{cases}4\,014 = 10a + 55b \\ 23\,374 = 55a + 385b\end{cases}$$

$$\begin{cases}b = \dfrac{n\sum ty - \sum t\sum y}{n\sum t^2 - (\sum t)^2} = \dfrac{10\times 23\,374 - 55\times 4\,014}{10\times 385 - 55^2} = 15.72 \\ a = \dfrac{\sum y}{n} - b\dfrac{\sum t}{n} = \dfrac{4\,014}{10} - 15.72\times\dfrac{55}{10} = 314.94\end{cases}$$

将a、b的值代入公式（6.22），即得所求的直线趋势方程：

$y_c=314.94+15.72t$

用1、2、3、…、10分别代替该直线趋势方程中的t，即分别得到该地区粮食产量历年的趋势值（见表6-15中y_c栏数列）。

计算结果表明，同一动态数列，用半数平均法和用最小平方法计算所得结果是很接近的（如图6-1所示）。

根据现象发展趋势所建立的趋势方程，由于如实地反映了现象的发展趋势，因而，也可依此进行预测。若用上列半数平均法和最小平方法趋势方程分别预测该地区2025年（t=13）和2030年（t=18）的粮食产量，则：

2025年（t=13）的粮食产量：

半数平均法：

$y_c=313.4+16\times13=521.4$（万吨）

最小平方法：

$y_c=314.94+15.72\times13=519.3$（万吨）

2030年（t=18）的粮食产量：

半数平均法：

$y_c=313.4+16\times18=601.4$（万吨）

最小平方法：

$y_c=314.94+15.72\times18=597.9$（万吨）

不论是2025年，还是2030年，两种方法的计算结果都基本相同。

二、指数曲线趋势模型

当动态数列各期发展水平的环比发展速度大致相同时，即时间数列呈固定速度增长趋势时，就可以使用指数曲线趋势模型。指数曲线趋势模型的一般形式是：

$$\hat{y}_t=ab^t \tag{6.26}$$

式中：$\hat{y}_t$为指数曲线趋势值；其他符号含义同前。

求解a、b参数的方法也很多，这里仅介绍最小平方法。用最小平方法求解指数曲线的参数，往往需要将指数曲线趋势模型$\hat{y}_t=ab^t$化为对数形式：$\lg\hat{y}_t=\lg a+t\lg b$，然后采用求直线趋势方程的方法即可得到所求的指数曲线趋势方程。

按最小平方法求直线模型参数公式为：

$$\begin{cases}\lg b = \dfrac{n\sum t\lg y - \sum t\sum \lg y}{n\sum t^2 - (\sum t)^2} \\ \lg a = \dfrac{\sum \lg y}{n} - \lg b\dfrac{\sum t}{n}\end{cases} \tag{6.27}$$

［例 6-14］某地区 2017—2022 年人口数资料见表 6-16，用指数曲线趋势模型预测 2027 年和 2032 年的人口数。

表 6-16　　某地区 2017—2022 年人口指数曲线计算表

年份	t	人口数 y（万人）	lgy	t^2	tlgy
2017	1	85.50	1.93197	1	1.93197
2018	2	86.48	1.93692	4	3.87384
2019	3	87.46	1.94181	9	5.82543
2020	4	88.47	1.94680	16	7.78720
2021	5	89.46	1.95163	25	9.75815
2022	6	90.44	1.95636	36	11.73816
合计	21	—	11.66549	91	40.91475

列计算表，计算过程见表 6-16。

将表中数字代入求参数公式，得：

$$\lg b=\frac{n\sum t\lg y-\sum t\sum \lg y}{n\sum t^2-(\sum t)^2}=\frac{6\times 40.91475-21\times 11.66549}{6\times 91-21^2}$$

$$=0.004888$$

$$\lg a=\frac{\sum \lg y}{n}-\lg b\frac{\sum t}{n}=\frac{11.66549}{6}-0.004888\times\frac{21}{6}$$

$$=1.92714$$

则指数曲线趋势方程为：

$$\lg\hat{y}_t=1.92714+0.004888t$$

或

$$\hat{y}_t=84.555\times 1.011^t$$

以此预测 2027 年（t=11）该地区人口数：

$$\hat{y}_{2024}=84.555\times 1.011^{11}=95.37\text{（万人）}$$

2032 年（t=16）该地区人口数：

$$\hat{y}_{2029}=84.555\times 1.011^{16}=100.73\text{（万人）}$$

三、季节变动分析

（一）季节变动的概念

季节变动，是指某些现象由于受自然因素和社会条件的影响，在一年之内随着季节的变化呈现出比较有规律的变动。例如，农作物生产的季节性很强，在我国北方地区，大体来说是春种、夏锄、秋收、冬藏；家禽产蛋的高峰季节在第二季度，所以各种农产品的购销业务和市场价格也就有相应的规律变动，以农产品为原料的某些工业生产（如榨糖等）亦有相应的季节变动。又如，每年寒暑假期间，总是客运量的高峰期。除春节外，每年端午节前后，糯米的销量最大；中秋节前后，月饼的销量最大。此外，在其他行业（如建筑业、货运业等）也都存在不同程度的季节变动。

季节变动有时会给社会生产和人们的生活造成某些不良影响。例如，在农忙季节所需的农业生产资料，若不能及时供应，就会影响生产的顺利进行；农作物已经成熟，如果没有装运工具和适当的存放场地，就会造成损失浪费。为了增强计划性，克服盲目性，更好地组织生产和安排人们生活，需要研究和掌握有关现象的季节变动规律。

（二）季节变动的测定

统计用以反映季节变动的指标是季节比率，又称为季节指数，它是将现象各月（季）的发展水平与全期的平均发展水平对比得到的一种相对数。但季节比率指标不能根据某一年的资料来计算，因为个别年份的资料受偶然因素影响大，必须用三年以上各月或各季度的完整资料来计算。

季节比率的计算方法大体分为两种：一种叫直接平均法，它不考虑长期趋势的影响；另一种叫趋势剔除法，即先剔除长期趋势的影响，然后再计算季节比率。在此，只介绍前一种方法。

[例6-15] 根据某地区某种商品销售情况列出计算表（见表6-17）。

表6-17 **某地区某种商品销售季节比率计算表** 金额单位：万元

序号	年份	一季度	二季度	三季度	四季度	合计	季度平均数
		(1)	(2)	(3)	(4)	(5)	(6)
1	2018	46	63	88	51	248	62
2	2019	50	70	91	57	268	67
3	2020	60	78	99	63	300	75
4	2021	57	89	110	60	316	79
5	2022	66	98	126	70	360	90
6	合计	279	398	514	301	1 492	373
7	同季平均	55.8	79.6	102.8	60.2	298.4	74.6
8	季节比率（%）	74.8	106.7	137.8	80.7	400	100

直接平均法的具体计算步骤如下：

第一步，将三年以上各月或各季度的完整资料排列整齐，见表6-17。

第二步，计算同季（月）的合计数及平均数，即表6-17中的第6、第7行，计算年度的合计数及季度平均数，即表6-17中的第（5）、第（6）栏。

第三步，计算出全期季（月）的平均数，[例6-15] 为5年20个季度的季平均数74.6万吨。

第四步，将各同季（月）的平均数分别与全期季（月）的平均数对比，即为季节比率，如一季度的季节比率为：55.8÷74.6×100%=74.8%；二季度的季节比率为：79.6÷74.6×100%=106.7%，余者依此类推，见表6-17第8行。

4个季度季节比率之和应等于400，如果不等，应当进行调整。其办法是，将400除以4个季度季节比率之和，得到一个调整系数，然后将此系数分别乘各季度原来的季节比率所得的数，即调整后的季节比率，它们之和等于400。[例6-15] 中4个季度的季节比率之和正好为400，不需要调整。

表6-17中这些季节比率说明：该地区这种商品的销售，从第二季度开始上升，旺季在第三季度，随后，销售额下降处于淡季。掌握了这些规律，商业部门的管理人员就能够心中有“数”，做到按时进货、适时供应，既节约资金，又可扩大销售；既可满足消费者的需要，企业又可增加盈利。

根据季节变动规律，结合其他预测方法，也可预测某年各季（月）的数值。

一般步骤是：

（1）根据资料运用适当方法，预测某年的预测值；

（2）将年预测值除以4（或12），求得季（月）的预测平均值；

（3）将季（月）的预测平均值乘以各季（月）季节比率，即为现象预测年各季（月）的预测值。

[例6-16] 根据表6-17中的资料对该地区这种商品年及各季的销售量进行预测。用最小平方法配合直线趋势方程预测2023年的销售量为380.6万吨，平均每季销售量=380.6÷4=95.15（万吨），则2023年各季的预测值为：

第一季度为：95.15×0.748=71.17（万吨）

第二季度为：95.15×1.067=101.53（万吨）

第三季度为：95.15×1.378=131.12（万吨）

第四季度为：95.15×0.807=76.79（万吨）

必须指出，某些现象的季节变动并不是永恒的规律，随着科技的进步和人们生活习惯的改变，某些社会现象的季节变动会被削弱甚至完全消失。例如，鸡在冬天通常不下蛋，但在现代化的养鸡场，用电灯代替阳光延长白昼，室内设有空调，饲料又有专门的配方，讲究营养，所以，鸡在冬天照样下蛋。

在实际中，季节变动的分析已被推广，凡在短期内现象有周期性的规律变动，都可称为季节变动，也可用这类方法去测定。如一周内哪天公园的游客最多，商店的顾客哪天最多；一天内哪些时间段（小时）交通最拥挤等。

复习思考练习题

1.简述动态数列的些作用。

2.时期数列与时点数列有哪些区别？

3.由静态平均数动态数列和动态平均数动态数列计算其序时平均数的方法有何不同？为什么？

4.平均发展速度的水平法和累计法有何不同？各适用于哪些现象？

5.若现象的动态数列是月份资料，季节比率之和应为多少？如果计算结果非此值，应当如何调整各月季节比率？

6.某粮油专卖店2022年4月1日有库存大米320袋，4月6日卖出70袋，4月18日进货120袋，4月26日卖出80袋，直至月末再未发生变动。该粮油专卖店2022年4月份平均每日库存大米多少袋？

下章内容导引

国家统计局编制的居民消费价格指数（CPI）、工业品出厂价格指数（PPI）等许多指数会定期在各种媒体上公布。国家统计局2022年12月9日在其官网上发布了2022年11月份全国CPI和PPI数据。数据显示：

1.CPI同比涨幅回落，环比由涨转降

2022年11月份，全国居民消费价格同比上涨1.6%。其中，城市上涨1.5%，农村上涨1.7%；食品价格上涨3.7%，非食品价格上涨1.1%；消费品价格上涨2.3%，服务价格上涨0.5%。1—11月，全国居民消费平均价格比上年同期上涨2.0%。

11月份，全国居民消费价格环比下降0.2%。其中，城市下降0.2%，农村下降0.2%；食品价格下降0.8%，非食品价格持平；消费品价格下降0.1%，服务价格下降0.2%。

2.PPI同比继续下降，环比涨幅回落

2022年11月份，全国工业生产者出厂价格同比下降1.3%，从环比看，PPI上涨0.1%，涨幅比上月回落0.1个百分点。

许多经济学家和有关机构依据这些数据并结合其他资料进行分析，提出对我国经济运行态势的各种预测，为国家有关部门提供相应的决策建议。一般来说，CPI、PPI等数据直接影响着国家宏观经济调控措施的出台与力度，如央行是否调息、是否调整存款准备金率等。同时，也会间接影响资本市场（如股票市场）的变化。如此受关注的CPI、PPI数据，国家统计局是怎么计算出来的？这些数据的内涵是什么？揭示了什么？为什么经济学家和有关机构如此关心这些数据？怎样正确利用这些数据？还有哪些指数？对统计指数（第七章）一章的学习，会使我们深入了解其中的奥秘。

第七章 统计指数

内容提要

统计指数是统计分析中广为采用的重要方法之一。本章阐述了统计指数的概念、作用和种类；个体指数和总指数；简单指数和加权指数；定基指数和环比指数；综合指数的编制原则与方法；平均指数的编制方法；指数体系和因素分析；总量指标的两因素分析和多因素分析；平均指标的因素分析。

第一节 统计指数概述

一、统计指数的概念与作用

（一）统计指数的概念

统计指数产生于18世纪后半期，源自度量物价变动或评价货币购买力的需要。在社会实践中，商品价格是人们普遍关注的问题之一。一定时期内，有的商品价格上升，有的商品价格下降，要综合反映该时期多种商品价格的总变动趋势，就需要寻求某种方法来解决这一问题，统计指数也就应运而生。

人们最先研究商品价格的总变动是从研究单种商品价格变动开始的，通常是在计算单种商品的价格变动指标（即个体指数）后，再对其进行简单的算术平均、几何平均或调和平均。后来发展至加权平均，以反映全部商品的价格总变动，这便是统计总指数的雏形。统计学理论中，统计指数主要指总指数。

迄今为止，统计界认为，统计指数（简称指数）的概念有广义和狭义两种。

广义指数泛指社会经济现象数量变动的比较指标，即用来表明同类现象在不同空间、不同时间，实际与计划对比变动情况的相对数。

狭义指数仅指反映不能直接相加的复杂社会经济现象在价格或数量上综合变动情况的相对数。例如，要说明一个国家或一个地区多种商品价格的综合变动情况，由于各种商品的经济用途、规格、型号、计量单位等不同，不能直接将各种商品的价格简单对比，而要解决这种复杂经济总体各要素相加的问题，就要借助商品销售额，编制统计指数综合反映它们的变动情况。一般来说，统计指数具有综合性、相对性和平均性的特征，即统计指数主要是用来反映和研究多种因素构成的事物的总体变动；统计指数所表示的变动是多种事物的平均变动。

在实际生活中，有时指数所反映的变动程度会与人们的感受不一致，这是综合指数的局限性，我们必须充分认识这点，在分析研究总指数时还要关注类指数，揭示其内部各类的变动状况。

本章主要基于统计指数狭义的概念探讨指数的作用、编制方法及在统计分析中的运用。

（二）统计指数的作用

统计指数主要有如下三方面的作用：

1.综合反映社会经济现象总变动方向及变动幅度

在统计实践中，经常要研究多种商品的价格综合变动、多种商品的销售量或产品产量的总变动、多种产品的成本总变动、多种股票价格的综合变动等情况。在这类问题中，由于各种商品的使用价值不同、各种股票价格涨跌幅度和成交量不同，所研究总体中的各个个体不能直接相加。指数法的首要作用，就是把不能直接加总对比的现象过渡到可以加总对比，从而反映复杂经济现象的总变动方向及变动幅度。

2.分析现象总变动中各因素变动的影响方向及影响程度

利用指数体系可以测定复杂社会经济现象总变动中各构成因素的变动对现象总变动的影响情况，并对经济现象变化作综合评价。

任何一个复杂现象都是由多个因素构成的，如：

销售额=销售价格×销售量

又如，影响利润总额变化的因素有产品产量、产品销售量、产品成本、产品销售价格等。运用指数法编制商品零售价格指数和零售量指数，可分析它们的变动对商品零售总额变动的影响。编制产品产量指数、产品销售量指数、产品成本指数和产品销售价格指数等，并分别对它们进行测定，根据各因素变动的影响，可综合评价利润总额变动的情况。

3.反映同类现象变动趋势

编制一系列反映同类现象变动情况的指数，形成指数数列，可以反映被研究现象的变动趋势。例如，根据2012—2022年共11年的零售商品价格资料，可以编制10个环比价格指数，从而构成价格指数数列。这样，就可以揭示价格的变动趋势，研究物价变动对经济建设和人民生活水平的影响程度。

此外，利用统计指数还可以进行地区经济综合评价、对比，研究计划执行情况等。

二、统计指数的分类

统计指数从不同角度可以进行如下分类：

（一）个体指数和总指数

按研究范围不同，统计指数可分为个体指数和总指数。

1.个体指数

个体指数是表明个别事物变动情况的相对数。例如，某种商品销售量指数、个别商品的价格指数、单个产品的成本指数等都是个体指数。

2.总指数

总指数是表明复杂经济现象中多种不同度量的事物综合变动情况的相对数。例如，国内生产总值指数、工业生产指数、商品零售价格指数、居民消费价格指数等都是总指数。

（二）简单指数和加权指数

按编制指数是否加权，统计指数可分为简单指数和加权指数。

1.简单指数

简单指数是指直接将个别事物的报告期（计算期、观察期）数值与基期数值进行对比所形成的相对数。

2.加权指数

加权指数是由个体指数加权平均或汇总求得的总指数。加权指数是计算总指数时被广为采用的方法，综合指数是一种加权指数。

（三）数量指标指数和质量指标指数

按指数性质不同，统计指数可分为数量指标指数和质量指标指数。

1.数量指标指数

数量指标指数是用来反映社会经济现象的数量或规模变动方向和程度的指数，如职工人数指数、产品产量指数、商品销售量指数等。

2. 质量指标指数

质量指标指数是用以反映社会经济现象质量、内涵变动情况的指数，如成本指数、价格指数、劳动生产率指数等。

（四）动态指数和静态指数

按反映的时态状况不同，统计指数可分为动态指数和静态指数。

1. 动态指数

动态指数是表明某种事物在不同时间上发展变化的指数，如股票价格指数、商品零售价格指数、农副产品产量指数等。

2. 静态指数

静态指数是反映某种事物在同时期不同空间对比情况的指数，如某一时期不同企业生产的同类产品成本指数、某企业利润计划完成情况指数、不同地区之间经济综合评价指数等。

第二节 综合指数

总指数主要有综合指数和平均指数。综合指数是用两个总量指标对比计算的总指数。凡是一个总量指标可以分解为两个或两个以上因素指标，为观察某个因素指标的变动情况，将其他因素指标固定下来计算出的单纯反映所观察因素变动情况的指数，均称为综合指数。综合指数有数量指标综合指数和质量指标综合指数之分，其编制方法有所不同，下面分别介绍。

一、数量指标综合指数的编制

编制工业产品产量、商品销售量、农副产品收购量等数量指标总指数时，首先需要解决的是如何使不能直接加总的实物量变为能综合对比的问题。下面以产品产量指数为例说明其编制方法。

［例7-1］某集团公司4个企业生产的4种产品的产量和出厂价格情况见表7-1。

表7-1 某集团公司产品产量和出厂价格情况表

产品名称	计量单位	产量		出厂价格（万元）	
		基期 q_0	报告期 q_1	基期 p_0	报告期 p_1
甲	万台	20	21	7	7
乙	万吨	80	88	42	41
丙	万件	32	30	10	12
丁	万套	58	60	8	9

要求：计算产品产量总指数，反映4种产品产量综合变动情况及产量变动对产值的影响。

由于各种产品使用价值、计量单位不同，不能将它们的产量直接相加后进行综合对比。为了解决这一问题，在编制总指数时，需要引入同度量因素，使总体内不能同度量的指标同度量化。所谓同度量因素，就是在编制综合指数时，将不能直接相加的因素转化为能够直接相加的量的媒介因素。同度量因素在综合指数的编制中主要起着同度量化和权重的作用。就产品产量综合指数而言，必须以产品的价格作为同度量因素，因为：

产品产量×产品价格=产品产值

把不同产品产量通过分别乘以各自的单价转化为产值，这些产值就可以进行加总了。然而产值变动除受产品产量变动的影响外，还受产品价格变动的影响。要单纯反映产品产量的变动，就要将产品价格固定在某一时期，以排除产品价格变动的影响，即假定两个时期的产品产值都是用当期的产品产量乘以同一时期产品价格计算的。

用公式表示为：

$$I_q=\frac{\sum q_1p}{\sum q_0p} \tag{7.1}$$

式中：I_q为产品产量总指数；q_0、q_1分别为基期、报告期产品产量；p为同一时期的产品价格。

从公式（7.1）可以看出，计算总指数时必须采用一种假定，即假定两个时期的价格相同来测定产品产量的变动情况。将同度量因素固定在同一时期可以有不同的选择。选择不同时期（基期或报告期）的价格得到不同的结果，且代表不同的经济内容。

将同度量因素固定在报告期的数量指标指数通常称为帕氏物量指数。计算公式如下：

$$P_q=\frac{\sum q_1p_1}{\sum q_0p_1} \tag{7.2}$$

式中：P_q为帕氏物量指数；q和p分别为数量指标和质量指标；1和0分别代表报告期和基期。

将同度量因素固定在基期的数量指标指数通常称为拉氏物量指数。计算公式如下：

$$L_q=\frac{\sum q_1p_0}{\sum q_0p_0} \tag{7.3}$$

式中：L_q为拉氏物量指数；其他符号含义同前。

现在分别用帕氏物量指数公式（7.2）和拉氏物量指数公式（7.3）计算表7-1中产品产量的综合指数如下：

$$P_q=\frac{\sum q_1p_1}{\sum q_0p_1}=\frac{21\times7+88\times41+30\times12+60\times9}{20\times7+80\times41+32\times12+58\times9}=\frac{4\ 655}{4\ 326}=1.0761\text{或}107.61\%$$

$$\sum q_1p_1-\sum q_0p_1=4\ 655-4\ 326=329\text{（万元）}$$

计算结果表明，如果将指数的同度量因素（价格）固定在报告期，该厂报告期全部工业产品产量是基期的107.61%，比基期综合增长了7.61%。由于产量综合增长了7.61%，使产值综合增加了329万元。

$$L_q=\frac{\sum q_1p_0}{\sum q_0p_0}=\frac{21\times7+88\times42+30\times10+60\times8}{20\times7+80\times42+32\times10+58\times8}=\frac{4\ 623}{4\ 284}=1.0791\text{或}107.91\%$$

$$\sum q_1p_0-\sum q_0p_0=4\ 623-4\ 284=339\text{（万元）}$$

计算结果表明，如果将指数的同度量因素（价格）固定在基期，该工厂报告期全部工业产品产量是基期的107.91%，比基期综合增长了7.91%。由于产量综合增长了7.91%。使产值综合增加了339万元。

这两个指数相比较，无论是产品产量综合增长的幅度，还是产值综合增加的绝对额都不相同，其原因是计算产品产量总指数时使用了不同时期的价格作为同度量因素。

上述用帕氏物量指数公式计算的物量指数，是假定价格变化为报告期价格时产品产量的综合变动情况。用拉氏物量指数公式计算的物量指数是假定价格保持基期水平不变时产品产量的综合变动情况。两种指数公式计算结果的差额是由两个不同时期的价格差引起的，即：

$\sum(q_1-q_0)(p_1-p_0)=1\times0+8\times(-1)+(-2)\times2+2\times1=-10$（万元）

其正好等于两个指数增长部分所导致增加的绝对额的差额-10万元（329-339）。

在实际工作中，计算工业产品产量总指数时，一般采用基期价格作为同度量因素。因为编制产量指数的目的是排除价格因素变动的影响，单纯反映产品产量的总变动。把同度量因素（价格）固定在报告期，则包含了价格的变化在内。要假定价格不变，就应该用基期价格，才符合经济现象变动的客观实际。这里工业产品产量指数属于数量指标总指数，价格是同度量因素，属于质量指标，它具有普遍意义。因此，学术界多数人主张用综合指数编制数量指标总指数时，一般应以相关的基期质量指标作为同度量因素，即采用拉氏物量指数公式编制数量指标综合指数。

二、质量指标综合指数的编制

商品销售价格指数、工业产品成本指数、农副产品收购价格指数等都是质量指标综合指数。下面以商品销售价格指数为例，说明质量指标综合指数的编制方法。

［例7-2］某零售商店5种商品销售量及销售价格情况见表7-2。

表7-2　某零售商店5种商品销售量及销售价格情况表

商品名称	计量单位	销售量		销售价格（元）	
		基期 q_0	报告期 q_1	基期 p_0	报告期 p_1
甲	米	800	880	42	41
乙	件	3 200	3 600	75	75
丙	千克	2 000	2 100	60	65
丁	双	900	1 000	18	20
戊	台	500	450	100	120

要求：计算销售价格总指数，反映5种商品价格综合变动情况及价格变动对销售额的影响。

由于各种商品使用价值、计量单位不同，不能把它们的价格直接相加后进行综合对比。为了解决这个问题，在编制价格综合指数时，需要引入销售量作为同度量因素，使不能直接相加的量同度量化。

因为：

商品价格×商品销售量=商品销售额

把不同商品的价格转化为销售额，就可以加总了。但商品销售额的变动除了受价格变动的影响之外，还受商品销售量变动的影响。要单纯反映物价的变动，须将销售量固定，以排除销售量变动的影响，即假定两个时期的商品销售额是按同一时期的销售量计算的。

用公式表示为：

$$I_p=\frac{\sum p_1q}{\sum p_0q} \tag{7.4}$$

式中：I_p为价格总指数；p_0、p_1分别为基期、报告期商品价格；q为同一时期的销售量。

应将销售量（这里为同度量因素）固定在哪个时期呢？使用不同时期的销售量作为同度量因素，计算出来的价格指数会有不同的结果，也具有不同的经济意义。

将同度量因素固定在报告期的价格指数通常称为帕氏价格指数。计算公式如下：

$$P_p=\frac{\sum p_1q_1}{\sum p_0q_1} \tag{7.5}$$

式中：P_p为帕氏价格指数；q和p分别为数量指标和价格指标；1和0分别代表报告期和基期。

将同度量因素固定在基期的价格指数通常称为拉氏价格指数。计算公式如下：

$$L_p=\frac{\sum p_1q_0}{\sum p_0q_0} \tag{7.6}$$

式中：L_p为拉氏价格指数；其他符号含义同前。

现在分别用帕氏价格指数公式（7.5）和拉氏价格指数公式（7.6）计算表7-2中商品销售价格的综合指数如下：

$$P_p=\frac{\sum p_1q_1}{\sum p_0q_1}=\frac{41\times 880+75\times 3\,600+65\times 2\,100+20\times 1\,000+120\times 450}{42\times 880+75\times 3\,600+60\times 2\,100+18\times 1\,000+100\times 450}$$

$$=\frac{516\,580}{495\,960}=1.0416\text{或}104.16\%$$

$$\sum p_1q_1-\sum p_0q_1=516\,580-495\,960=20\,620\text{（元）}$$

计算结果表明，将同度量因素（销售量）固定在报告期，即采用帕氏价格指数公式计算结果是，该零售商店5种商品报告期销售价格是基期的104.16%，比基期综合上涨了4.16%。由于五种商品销售价格综合上涨了4.16%，使销售额综合增加了20 620元。

$$L_p=\frac{\sum p_1q_0}{\sum p_0q_0}=\frac{41\times 800+75\times 3\,200+65\times 2\,000+20\times 900+120\times 500}{42\times 800+75\times 3\,200+60\times 2\,000+18\times 900+100\times 500}$$

$$=\frac{480\,800}{459\,800}=1.0457\text{或}104.57\%$$

$$\sum p_1q_0-\sum p_0q_0=480\,800-459\,800=21\,000\text{（元）}$$

计算结果表明，将同度量因素（销售量）固定在基期，即采用拉氏价格指数公式计算的结果是，该零售商店5种商品报告期的销售价格是基期的104.57%，比基期综合上涨了4.57%。由于五种商品销售价格综合上涨4.57%，使销售额综合增加了21 000元。

就此例而言，两个价格指数相比较，帕氏价格指数无论涨价幅度，还是销售额增加的绝对额都比拉氏价格指数小。产生这种差别的原因在于，计算总指数时采用不同时期的销售量作为同度量因素，也就是说两个销售额的差额是由两个销售量的差额引起的，即：

$$\sum(q_1-q_0)(p_1-p_0)=80\times(-1)+400\times 0+100\times 5+100\times 2+(-50)\times 20=-380\text{（元）}$$

亦即：20 620−21 000=−380（元）

帕氏价格指数以报告期的商品销售量作为同度量因素（权重），反映价格变动带来的影响情况。拉氏价格指数是假定商品的销售量仍维持在基期时，价格变动带来的影响情况。究竟用哪一种价格指数更有意义呢？这个问题要视实际情况和分析研究的目的而定。一般来说，编制价格指数的目的不仅是反映市场价格水平变动的方向和程度，还是反映这种变动给社会经济生活带来的实际影响，即物价变化对国家、企业、居民货币收支和生活水平的实际影响。由于物价变化发生在报告期，国家、企业、居民因物价变动而得到的实惠或受到的损失，也同报告期购买量有关，而不可能同物价变动以前任何一个时期的购买量有关。所以，从理论上讲，用综合指数编制物价总指数时应当以报告期的实际销售量作为同度量因素，才具有现实的经济意义。价格指数是质量指标指数，销售量这个同度量因素是数量指标，它具有普遍意义。因此，学术界多数人主张：用综合指数编制质量指标总指数时，一般应以相关的报告期数量指标作为同度量因素。

三、综合指数的特点

从以上关于用综合指数编制总指数的方法和原理可知，综合指数具有如下三个特点。

（一）借助同度量因素进行综合对比

在分析复杂社会经济现象的综合变动时，不同度量单位的事物不能直接相加，但有时又需要把它们作为一个总体来研究，必须把它们加总起来，这是运用综合指数首先要解决的问题。众所周知，人们从事社会生产活动，创造了各种各样的产品，这些不同的产品具有不同的使用价值、不同的外形和不同的计量单位，是不能同度量的事物。马克思在分析商品二重性时指出：“作为使用价值，商品首先有质的差别，作为交换价值，商品只能有量的差别，因而不包括任何一种使用价值的原子。”[①]这就是说，使用价值不同的商品是不能同度量的，但所有的商品都是人们从事社会劳动的成果，都是人类劳动的结晶，都具有一定的价值，而价值对任何商品来说都是相同的，是能同度量的。价格是价值的货币表现，因此在编制指数时，就可用不同的商品的量乘以它们相应的价格，借助价格这一媒介因素，使不能同度量的使用价值量转化为能同度量的价值量。这样就可以把两个时期的价值量进行综合对比了。

（二）同度量因素的时期要固定

运用综合指数编制总指数时，人们只关心一个因素的变动程度，如工业产品产量总指数只反映各种工业产品产量的总变动；零售价格总指数只反映多种商品零售价格的总变动。这就要求在编制指数时，把同度量因素加以固定，来测定人们所关心的因素的变动。

（三）用综合指数编制总指数，使用的是全面材料，没有代表性误差

例如，用综合指数编制产品产量指数，要求使用报告期和基期的全部产品产量资料，即利用全面统计资料。全面统计资料只存在登记误差，而不存在代表性误差。

第三节 平均指数

运用综合指数计算总指数，要求掌握全面的统计资料，而全面的统计资料在某些情况

① 中共中央马克思恩格斯列宁斯大林著作编译局．马克思恩格斯全集（第23卷）［M］．北京：人民出版社，1972：50.

下却难以取得。就编制价格指数而言，计算它不仅要掌握全部商品报告期和基期的价格资料，还要掌握报告期的销售量资料，而且还要有不同时期的系统记录。在统计工作中，要搜集到全部商品不同时期的价格和销售量资料，显然存在着一定困难。因此，除在较小范围内，且商品品种较少的情况下，可以直接采用综合指数编制总指数外，一般情况下多采用平均指数来计算总指数。平均指数是以个体指数为基础来计算总指数。根据选用的权数不同，平均指数可进一步分为加权算术平均指数、加权调和平均指数、固定权数加权平均指数。

一、加权算术平均指数

加权算术平均指数，是以个体指数为变量值，以一定时期的总值资料为权数，对个体指数进行加权算术平均所得到的总指数。

［例7-3］某经销商有关商品销售情况见表7-3。

要求：根据表7-3资料计算销售量总指数。

表7-3 某经销商销售量指数计算表

商品名称	单位	销售量		基期销售额 p_0q_0（万元）	个体销量指数 $k_q=\frac{q_1}{q_0}$	$k_qp_0q_0$（万元）
		基期 q_0	报告期 q_1			
(a)	(b)	(1)	(2)	(3)	(4) = (2) ÷ (1)	(5) = (4) × (3)
甲	床	1 000	1 200	5.00	1.200	6.00
乙	个	400	405	2.00	1.013	2.03
丙	辆	600	560	3.00	0.933	2.80
丁	台	450	605	1.50	1.344	2.02
合　计	—	—	—	11.50	—	12.85

由于掌握的资料有限，无法直接运用综合指数的公式计算总指数，需将综合指数公式变形使用。

设：k_q为各种商品的个体销量指数。由于$k_q=\frac{q_1}{q_0}$，所以$q_1=k_qq_0$。

则有：$$I_q=\frac{\sum p_0q_1}{\sum p_0q_0}=\frac{\sum k_qp_0q_0}{\sum p_0q_0} \tag{7.7}$$

公式$I_q=\frac{\sum k_qp_0q_0}{\sum p_0q_0}$与第五章所述的加权算术平均数的一般形式相似，个体指数k_q是变量值，p_0q_0是权数，所以，用该公式计算的总指数称为加权算术平均指数。

根据表7-3中的资料，销售量总指数为：

$$I_q=\frac{\sum k_qp_0q_0}{\sum q_0q_0}=\frac{12.85}{11.50}=1.1174\text{或}111.74\%$$

$$\sum k_qp_0q_0-\sum p_0q_0=12.85-11.50=1.35\text{（万元）}$$

计算结果表明，该经销商出售的4种商品销售量报告期是基期的111.74%，比基期平均增长了11.74%。由于销售量平均增长了11.74%，从而使销售额增加了1.35万元。

从［例7-3］中可知，当已知商品个体销量指数及特定权数为p_0q_0时，可用综合指数的变形形式，即加权算术平均指数计算总指数，其结果和实际意义与综合指数相同。但是，在实际应用中，平均指数法既可以使用全面资料，也可以使用非全面资料。若依据非全面资料计算总指数，其结果和实际意义与综合指数会有一定差别。

二、加权调和平均指数

在统计实践中，视掌握资料的情况，有时可采用加权调和平均形式计算总指数。

［例7-4］假设有如表7-4所示的资料，根据表中资料，计算农产品收购价格总指数。

表7-4　　某农产品经销商收购价格指数计算表

产品名称	计量单位	收购价格（元）		报告期收购额 p_1q_1（万元）	个体价格指数 $k_p=\frac{p_1}{p_0}$	$\frac{1}{k_p}p_1q_1$（万元）
		基　期 p_0	报告期 p_1			
（a）	（b）	（1）	（2）	（3）	（4）＝（2）÷（1）	（5）＝（3）÷（4）
甲	千克	1.55	1.65	2.88	1.0645	2.71
乙	千克	2.80	3.00	11.42	1.0714	10.66
丙	千克	3.80	4.00	5.05	1.0526	4.80
合　计	—	—	—	19.35	—	18.17

同［例7-3］，根据掌握的资料，不能直接运用综合指数的公式计算价格总指数，而应将它变形使用。

设：k_p为个体价格指数，由于$k_p=\frac{p_1}{p_0}$，所以$p_0=\frac{p_1}{k_p}$。

则有：$$I_p=\frac{\sum p_1q_1}{\sum p_0q_1}=\frac{\sum p_1q_1}{\sum \frac{1}{k_p}p_1q_1} \tag{7.8}$$

公式中$\frac{\sum p_1q_1}{\sum \frac{1}{k_p}p_1q_1}$与加权调和平均数的形式相似，个体价格指数$k_p$是变量值，$p_1q_1$是权数，所以称这种指数为加权调和平均指数。

因此，价格总指数为：

$$I_p=\frac{\sum p_1q_1}{\sum \frac{1}{k_p}p_1q_1}=\frac{19.35}{18.17}=1.0649\text{或}106.49\%$$

$$\sum p_1q_1-\sum \frac{1}{k_p}p_1q_1=19.35-18.17=1.18\text{（万元）}$$

计算结果表明该农产品经销商报告期收购的三种农产品的价格总指数为106.49%，报告期比基期平均上涨6.49%。由于三种农产品的收购价格平均上涨了6.49%，从而使收购额增加了1.18万元。

三、固定权数加权平均指数

前面所讨论的综合指数及作为综合指数变形的加权平均指数，要求掌握全面的统计资料，但在实际工作中往往很难满足。因此，在统计实践中，很多情况下根据非全面资料，运用固定权数加权算术平均法计算总指数，如我国的商品零售价格指数、居民消费价格指数等都是采用这种方法编制的。

现以我国商品零售价格指数为例，简单说明固定权数加权平均指数的编制方法。

我国商品零售价格指数是在商品分类的基础上编制的。其一般做法是：首先，将全部零售商品分成若干个大类，在每个大类下分若干中类，中类下分若干小类，再在各小类下选出若干代表性规格品。其次，根据居民住户调查（又称家计调查、居民家庭抽样调查）或统计报表或互联网资料结合社会商品零售额统计资料，计算各类商品零售额在社会商品零售总额中所占的比重 w （$\frac{p_0q_0}{\sum p_0q_0}$），将 w 作为权数并将其固定下来，并且若干年不变。再次，根据调查取得代表性规格品价格的资料，计算不同层次的价格个体（类）指数。最后，用固定权数加权算术平均法计算全部商品零售物价总指数。其计算公式为：

$$I_p=\frac{\sum k_p w}{\sum w} \tag{7.9}$$

式中：k_p为价格个体（类）指数；w 为各类商品零售额所占比重（权重）。

［例 7-5］某地区某年各类零售商品的价格个体指数及固定权数资料见表 7-5（表中各类零售商品为简单分类，最后一栏为计算栏），编制该地区商品零售物价总指数。

表 7-5　　零售商品价格个体指数及固定权数表

商品类型	个体指数 k_p（%）	固定权数 w	$k_p w$（%）
一、食品	103.21	43	4 438.03
二、饮料烟酒	103.82	11	1 142.02
三、服装鞋帽	102.13	9	919.17
四、纺织品	102.85	8	822.80
五、中西药品	99.24	4	396.96
六、化妆品	100.65	3	301.95
七、书报杂志	104.22	2	208.44
八、文化体育用品	102.26	3	306.78
九、日用品	99.46	5	497.30
十、家用电器	99.86	2	199.72
十一、首饰	100.57	2	201.14
十二、燃料	101.22	3	303.66
十三、建筑装潢材料	100.14	3	300.42
十四、机电产品	103.25	2	206.50
合　计	—	100	10 244.89

该地区商品零售物价总指数为：

$$I_p=\frac{\sum k_p w}{\sum w}=\frac{10\,244.89\%}{100}=1.0245 \text{ 或 } 102.45\%$$

第四节 指数体系和因素分析

一、指数体系

（一）指数体系的概念

社会经济现象之间的相互联系、相互影响的关系是客观存在的。有些社会经济现象之间的联系可以用经济方程式表现出来，如：

商品销售额=商品销售量×商品销售价格

生产总成本=产品产量×单位产品成本

上述的这种关系，按指数形式表现时，同样也存在这种对等关系，即：

商品销售额指数=商品销售量指数×商品销售价格指数

生产总成本指数=产品产量指数×单位产品成本指数

在统计分析中，将一系列相互联系、彼此间在数量上存在推算关系的统计指数所构成的整体称为指数体系。

上述指数体系，按编制综合指数的一般原理，以符号用公式可写成：

$$\frac{\sum q_1 p_1}{\sum q_0 p_0}=\frac{\sum q_1 p_0}{\sum q_0 p_0}\times\frac{\sum q_1 p_1}{\sum q_1 p_0} \tag{7.10}$$

从上面所举的例子中可发现，统计指数体系一般具有三个特征：（1）具备三个或三个以上的指数。（2）体系中的单个指数在数量上能相互推算，如已知销售额指数、销售量指数，则可推算出销售价格指数；已知销售价格指数、销售量指数，则可推算出销售额指数。（3）现象总变动差额等于各个因素变动差额的和。

（二）指数体系的作用

指数体系主要有以下三方面的作用：

1.指数体系是进行因素分析的依据

利用指数体系可以分析复杂经济现象总变动中各因素变动的影响方向和程度。

2.利用各指数之间的联系可以进行指数间的相互推算

例如，我国商品销售量总指数往往就是根据商品销售额总指数和商品销售价格总指数进行推算的，即：

商品销售量总指数=商品销售额总指数÷商品销售价格总指数

3.用综合指数编制总指数时，指数体系也是确定同度量因素时期的依据之一

因为指数体系是进行因素分析的根据，要求各个指数之间在数量上要保持一定的联系。因此，如果编制产品产量指数时用基期价格作为同度量因素，那么编制产品价格指数时就必须用报告期的产品产量作为同度量因素；如果编制产品产量指数时用报告期价格作

为同度量因素，那么编制产品价格指数时就必须用基期的产品产量作为同度量因素。

二、指数体系因素分析

（一）指数体系因素分析的含义和特点

指数体系中的因素分析（简称因素分析）就是在假定其他因素不变的情况下，单纯分析一个因素的变动对总体变动的影响情况。指数体系是进行因素分析的重要工具。构建指数体系的目的，就是要分析多种因素的变动对某种社会经济现象总体变动情况的影响。

指数体系因素分析具有以下三个特点：

1.因素分析的对象是复杂现象

这里所说的复杂现象，是指受多因素影响的现象，它的量表现为若干因素的乘积，其中任意一个因素的变动都会使总量发生变化，如生产总成本表现为单位产品成本和产量的乘积，单位成本和产量任意一个发生变化，都会使总成本产生变动。因素分析的目的就是测定这些因素的变动对总成本变动的影响方向和影响程度。

2.因素分析中的指数体系以等式的形式表现

编制指数体系的基本思想是，测定一个因素的变动时假定其他因素不变，并以等式来表现体系。例如，将生产总费用的变动分解为单位产品的材料消耗（单耗）、原材料单价（价格）、产量三个因素的影响。

总费用指数=产量指数×单耗指数×价格指数

在因素分析中，所有的指数体系都以等式表现。

3.因素分析的结果有相对数也有绝对数

指数体系的表现形式表明，若干因素指数的乘积等于总变动指数；若干因素的影响差额之和等于总体变动实际发生的总差额。

（二）指数体系因素分析的分类

因素分析按被研究指标的性质不同可分为两类：总量指标的因素分析和平均指标的因素分析。前者分析绝对指标的总变动中各因素变动的影响，如销售额的变动中价格水平、销售量的影响情况；后者分析加权平均指标的变动中变量值水平和总体结构的影响，如平均工资的变动中工资水平和工人结构的影响情况等。

把上面的两种分类结合起来，利用指数体系进行因素分析可以归纳为四种：（1）总量指标的两因素分析；（2）总量指标的多因素分析；（3）平均指标的两因素分析；（4）平均指标的多因素分析。限于篇幅，本章主要介绍前三种。

三、总量指标的因素分析

（一）总量指标的两因素分析

总量指标的两因素分析，在指数体系上表现为总变动指数等于两个因素指数的乘积。要保证两个因素指数之积等于被研究现象变动的指数，最关键的是确定同度量因素的时期。确定同度量因素的时期一般应遵循的原则是：一个因素指数的同度量因素固定在报告期，则另一个因素指数的同度量因素固定在基期，即两个指数的同度量因素不能同时固定在报告期或同时固定在基期。下面以实例说明总量指标两因素分析的要领。

商品销售量（q）×商品销售价格（p）=商品销售额（qp）

在因素分析中，它的指数体系与绝对量的关系为：

$$\frac{\sum q_1p_1}{\sum q_0p_0}=\frac{\sum q_1p_0}{\sum q_0p_0}\times\frac{\sum q_1p_1}{\sum q_1p_0}$$

$$\sum q_1p_1-\sum q_0p_0=(\sum q_1p_0-\sum q_0p_0)+(\sum q_1p_1-\sum q_1p_0)$$

即：销售额变动指数=各因素指数连乘积

销售额实际变动额=各因素变动影响额之和

这里，销售量指数$\frac{\sum q_1p_0}{\sum q_0p_0}$的同度量因素p固定在基期，价格指数$\frac{\sum q_1p_1}{\sum q_1p_0}$的同度量因素q固定在报告期。各指数的含义为：

（1）销售额指数$\frac{\sum q_1p_1}{\sum q_0p_0}$，表明商品销售额的变动方向和程度；分子与分母的差额$\sum q_1p_1-\sum q_0p_0$，说明销售额实际增加或减少的数额。这里，商品销售额是被研究的总量指标。

（2）销售量指数$\frac{\sum q_1p_0}{\sum q_0p_0}$，表明销售量的变动程度及其对销售额变动的影响；分子与分母的差额$\sum q_1p_0-\sum q_0p_0$，说明销售量的上升或下降引起的销售额增加或减少的数额。

（3）价格指数$\frac{\sum q_1p_1}{\sum q_1p_0}$，表明价格的变动程度及其对销售额变动的影响；分子与分母的差额$\sum q_1p_1-\sum q_1p_0$，说明价格的上升或下降引起的销售额增加或减少的数额。

［例7-6］某省3种出口商品的统计资料见表7-6。

要求：据此分析出口价、出口量的变动对出口额的影响。

表7-6 **出口商品因素分析计算表**

商品名称	出口量（吨）		出口价（美元/吨）		出口额（美元）		
	q_0	q_1	p_0	p_1	q_1p_1	q_1p_0	q_0p_0
大米	30 000	40 000	400	410	16 400 000	16 000 000	12 000 000
桐油	3 000	2 500	1 800	2 000	5 000 000	4 500 000	5 400 000
茶叶	1 300	1 700	2 300	2 400	4 080 000	3 910 000	2 990 000
合计	—	—	—	—	25 480 000	24 410 000	20 390 000

这是总量指标的两因素分析，具体分析方法步骤如下：

第一步：计算出口量指数和出口量变动对出口额变动的影响额。

出口量指数为：

$$\frac{\sum q_1p_0}{\sum q_0p_0}=\frac{24\,410\,000}{20\,390\,000}=1.1972\text{或}119.72\%$$

由于出口量变动引起的出口总额报告期与基期的变动差额为：

$$\sum q_1p_0-\sum q_0p_0=24\,410\,000-20\,390\,000=4\,020\,000\text{（美元）}$$

第二步，计算出口价格指数和出口价格变动对出口额变动的影响额。

出口价格指数为：

$$\frac{\sum p_1q_1}{\sum p_0q_1}=\frac{25\ 480\ 000}{24\ 410\ 000}=1.0438\text{或}104.38\%$$

由于出口价格变动引起的出口总额报告期与基期的变动差额为：

$$\sum pq_1-\sum p_0q_1=25\ 480\ 000-24\ 410\ 000=1\ 070\ 000\text{（美元）}$$

第三步，计算出口额指数和出口额指数变动对出口额变动的影响额。

出口额指数为：

$$\frac{\sum q_1p_1}{\sum q_0p_0}=\frac{25\ 480\ 000}{20\ 390\ 000}=1.2496\text{或}124.96\%$$

出口额报告期与基期的变动差额为：

$$\sum q_1p_1-\sum q_0p_0=25\ 480\ 000-20\ 390\ 000=5\ 090\ 000\text{（美元）}$$

第四步，构造指数体系，从相对数和绝对数两方面分析出口量、出口价格及出口额的变动情况。

$$\frac{\sum q_1p_1}{\sum q_0p_0}=\frac{\sum q_1p_0}{\sum q_0p_0}\times\frac{\sum q_1p_1}{\sum q_1p_0}$$

$$124.96\% = 119.72\% \times 104.38\%$$

$$\left(\sum q_1p_1-\sum q_0p_0\right)=\left(\sum q_1p_0-\sum q_0p_0\right)+\left(\sum p_1q_1-\sum p_0q_1\right)$$

$$5\ 090\ 000 = 4\ 020\ 000 + 1\ 070\ 000\text{（美元）}$$

统计分析：计算结果表明，该省三种出口商品报告期的出口量是基期的119.72%，比基期综合增加了19.72%；由于出口量综合增加了19.72%，使三种出口商品报告期的出口额比基期增加了4 020 000美元。三种出口商品报告期的出口价格是基期的104.38%，比基期综合上涨了4.38%；由于出口价格综合上涨了4.38%，使三种出口商品报告期的出口额比基期增加了1 070 000美元。

综合以上出口量和出口价格两个因素对出口额的影响，最终使该省三种出口商品报告期的销售额指数为124.96%，三种出口商品报告期的销售额比基期综合增加了24.96%。这一结果分别是由出口量综合增加19.72%和出口价格上涨4.38%两个因素共同作用引起的。

从绝对数量看，由于出口量综合增加了19.72%使报告期出口额比基期增加了4 020 000美元，以及由于出口价格综合上升了4.38%，使报告期出口额比基期增加了1 070 000美元，受出口量变动和出口价格变动两种因素共同影响，三种出口商品的出口额上涨了24.96%，增加了5 090 000美元。其中，出口量增加所引起的出口额增加部分占全部出口增加额的78.98%，出口价格变动所引起的出口额增加部分占全部出口增加额的21.04%。由此可见，该省三种出口商品报告期出口额的增加主要是由出口量的增加引起的。

（二）总量指标的多因素分析

总量指标的多因素分析，在指数体系中表现为被研究现象的总变动指数等于三个或三个以上因素指数的乘积。同样，要保证三个或三个以上因素指数之积等于被研究现象变动的指数，最关键的是确定同度量因素的时期。在实际分析时必须注意以下三个重要问题：

1.多因素分析必须遵循连环替代法的原则

在分析受多因素影响的事物的发展变化时，要逐项分析，逐项确定同度量因素。当分析完第一个因素变动的影响后，接着分析第二个因素变动的影响，然后再分析第三个因素变动的影响，依此类推。

2.在分析某一因素的影响时要使其余因素固定不变

在多因素分析中，为了分析某一因素的影响，要保证其余因素固定不变。具体方法是：当分析第一个因素变动的影响时，使其他所有因素固定不变，把其他所有因素作为同度量因素固定在基期。当分析第二个因素变动的影响时，则把已经分析过的因素固定在报告期，没有分析过的因素仍固定在基期。当分析第三个因素变动的影响时，把分析过的两个因素固定在报告期，没有分析过的因素仍然固定在基期，依此类推。

3.对多因素的排序，要符合客观事物的联系或逻辑

对多因素的排列顺序，要具体分析现象总体的经济内容，使之符合客观事物的联系或逻辑。各因素顺序的排列一般应遵循数量指标因素在前、质量指标因素在后的原则。具体可采用逐项层层分解法来确定。例如：

原材料费用总额（qmp）=产品产量（q）×单位产品原材料消耗量（单耗）（m）×原材料单价（p）

指数体系可写为：

原材料费用总额指数=产品产量指数×原材料单耗指数×原材料价格指数

$$\frac{\sum q_1m_1p_1}{\sum q_0m_0p_0}=\frac{\sum q_1m_0p_0}{\sum q_0m_0p_0}\times\frac{\sum q_1m_1p_0}{\sum q_1m_0p_0}\times\frac{\sum q_1m_1p_1}{\sum q_1m_1p_0} \tag{7.11}$$

［例7-7］假设某厂生产产品的有关资料见表7-7，要求运用指数体系，分析产品产量、单位产品原材料消耗量及单位原材料价格对原材料费用总额的影响。

表7-7　某厂产品产量及原材料单耗情况表

产品				原材料					
名称	单位	产量		名称	单位	单耗		单位购进价（元）	
		基期	报告期			基期	报告期	基期	报告期
（甲）	（乙）	q_0	q_1	（丙）	（丁）	m_0	m_1	p_0	p_1
A	套	5	6	（a）	千克	100	90	15	14
B	套	6	4	（b）	千克	50	45	40	38

依指数体系列计算栏，见表7-8。

表7-8　原材料费用总额因素分析计算表

名称	$\sum q_0m_0p_0$（元）	$\sum q_1m_1p_1$（元）	$\sum q_1m_0p_0$（元）	$\sum q_1m_1p_0$（元）
A	7 500	7 560	9 000	8 100
B	12 000	6 840	8 000	7 200
合计	19 500	14 400	17 000	15 300

故有：

产品产量指数为：

$$\frac{\sum q_1 m_0 p_0}{\sum q_0 m_0 p_0}=\frac{17\,000}{19\,500}=0.8718 \text{ 或 } 87.18\%$$

由于产品产量变动引起原材料费用总额报告期与基期的变动差额为：

$\sum q_1 m_0 p_0-\sum q_0 m_0 p_0=17\,000-19\,500=-2\,500$（元）

原材料单耗指数为：

$$\frac{\sum q_1 m_1 p_0}{\sum q_1 m_0 p_0}=\frac{15\,300}{17\,000}=0.9000 \text{ 或 } 90.00\%$$

由于原材料单耗变动引起原材料费用总额报告期与基期的变动差额为：

$\sum q_1 m_1 p_0-\sum q_1 m_0 p_0=15\,300-17\,000=-1\,700$（元）

原材料价格指数为：

$$\frac{\sum q_1 m_1 p_1}{\sum q_1 m_1 p_0}=\frac{14\,400}{15\,300}=0.9412 \text{ 或 } 94.12\%$$

由于原材料价格变动引起原材料费用总额报告期与基期的变动差额为：

$\sum q_1 m_1 p_1-\sum q_1 m_1 p_0=14\,400-15\,300=-900$（元）

原材料费用总额指数为：

$$\frac{\sum q_1 m_1 p_1}{\sum q_0 m_0 p_0}=\frac{14\,400}{19\,500}=0.7385 \text{ 或 } 73.85\%$$

原材料费用总额报告期与基期的变动差额为：

$\sum q_1 m_1 p_1-\sum q_0 m_0 p_0=14\,400-19\,500=-5\,100$（元）

综合影响：

各因素指数连乘积=原材料费用总指数

0.8718×0.9000×0.9412=0.7385 或 73.85%

各因素影响绝对额之和=原材料费用减少额

（-2 500）+（-1 700）+（-900）=-5 100（元）

统计分析：以上计算结果表明，该厂由于三种产品产量综合减少了12.82%，使费用总额减少了2 500元；又由于三种产品原材料单耗综合降低了10.00%，使费用总额下降了1 700元；由于三种产品所使用的原材料价格综合下降了5.88%，使费用总额下降了900元；受上述三种因素共同影响，原材料费用总额最终下降了26.15%，减少的费用总额为5 100元。

此外，还可分析四因素、五因素等更多因素的变动对现象总体变动的影响。

四、平均指标变动的两因素分析

加权算术平均数 $\bar{x}=\sum x\frac{f}{\sum f}$ 受两个因素的影响：一是变量值X；二是权重（结构）$\frac{f}{\sum f}$。报告期的平均数比基期发生的动态变化（$\frac{\bar{X}_1}{\bar{X}_0}$），显然是受X和 $\frac{f}{\sum f}$ 两个因素共同变动影响的结果。因此，可以利用指数体系从变量值变动和结构的变动对总平均数变动的影响情况进行分析。与编制综合指数的原理相似，要分析变量值X和结构 $\frac{f}{\sum f}$ 的变动对总平均数的影响，就需要引入同度量因素并将之固定，编制关于X的指数和关于结构$\frac{f}{\sum f}$的指数，从而形成平均指标指数体系。

编制平均指标指数体系，可以遵循这样的原则：编制关于X的指数，把同度量因素$\frac{f}{\sum f}$的时期固定在报告期；编制关于$\frac{f}{\sum f}$的指数，则把同度量因素X的时期固定在基期。

按照这一原则，平均指标变动两因素分析的指数体系为：

$$\frac{\frac{\sum X_1 f_1}{\sum f_1}}{\frac{\sum X_0 f_0}{\sum f_0}}=\frac{\frac{\sum X_1 f_1}{\sum f_1}}{\frac{\sum X_0 f_1}{\sum f_1}}\times\frac{\frac{\sum X_0 f_1}{\sum f_1}}{\frac{\sum X_0 f_0}{\sum f_0}} \tag{7.12}$$

（一）可变构（组）成指数

公式（7.12）中的指数$\frac{\sum X_1 f_1}{\sum f_1}/\frac{\sum X_0 f_0}{\sum f_0}$称为可变构（组）成指数。它反映平均指标的实际变动方向和程度；分子与分母的差额$\frac{\sum X_1 f_1}{\sum f_1}-\frac{\sum X_0 f_0}{\sum f_0}$反映的是由平均指标变动引起的增减绝对量。

（二）固定构（组）成指数

公式（7.12）中的指数$\frac{\sum X_1 f_1}{\sum f_1}/\frac{\sum X_0 f_1}{\sum f_1}$称为固定构（组）成指数。该指数因为其结构被固定而得名。它反映了变量X的变动方向和程度；分子与分母的差额$\frac{\sum X_1 f_1}{\sum f_1}-\frac{\sum X_0 f_1}{\sum f_1}$反映的是由X变动而引起的增减绝对量。

（三）结构影响指数

公式（7.12）中的指数$\frac{\sum X_0 f_1}{\sum f_1}/\frac{\sum X_0 f_0}{\sum f_0}$称为结构影响指数。它反映结构$\frac{f}{\sum f}$变动对平均指标的影响方向和程度；分子与分母的差额$\frac{\sum X_0 f_1}{\sum f_1}-\frac{\sum X_0 f_0}{\sum f_0}$反映的是结构变动对平均指标影响的绝对量。

三个指数在相对数上构成下列等式：

可变构（组）成指数=固定构（组）成指数×结构影响指数

平均数绝对量上的变动存在如下等式：

$$\frac{\sum X_1 f_1}{\sum f_1}-\frac{\sum X_0 f_0}{\sum f_0}=\left(\frac{\sum X_1 f_1}{\sum f_1}-\frac{\sum X_0 f_1}{\sum f_1}\right)+\left(\frac{\sum X_0 f_1}{\sum f_1}-\frac{\sum X_0 f_0}{\sum f_0}\right) \tag{7.13}$$

［例7-8］某企业职工的工资资料见表7-9。

要求：根据表7-9中的资料，分析该企业职工工资水平和工人结构的变动对平均工资变动相对水平和绝对水平，以及工资总额变动的影响。

表 7-9　　**平均工资因素分析**

工人类别	月工资（元）		工人数（人）		工资总额（元）		
	X_0	X_1	f_0	f_1	$X_1 f_1$	$X_0 f_1$	$X_0 f_0$
技术工人	3 480	3 720	490	500	1 860 000	1 740 000	1 705 200
辅助工人	2 400	2 520	240	1 600	4 032 000	3 840 000	576 000
合计	—	—	730	2 100	5 892 000	5 580 000	2 281 200

1.可变构（组）成指数为：

$$\frac{\frac{\sum X_1 f_1}{\sum f_1}}{\frac{\sum X_0 f_0}{\sum f_0}}=\frac{\frac{5\,892\,000}{2\,100}}{\frac{2\,281\,200}{730}}=\frac{2\,805.71}{3\,124.93}=0.8978 \text{或} 89.78\%$$

总平均工资的增减绝对量为：

$$\frac{\sum X_1 f_1}{\sum f_1}-\frac{\sum X_0 f_0}{\sum f_0}=2\,805.71-3\,124.93=-319.22\text{（元）}$$

工资总额的增减量为：

$$\left(\frac{\sum X_1 f_1}{\sum f_1}-\frac{\sum X_0 f_0}{\sum f_0}\right)\sum f_1=-319.22\times 2\,100=-670\,362\text{（元）}$$

2.固定构（组）成指数为：

$$\frac{\frac{\sum X_1 f_1}{\sum f_1}}{\frac{\sum X_0 f_1}{\sum f_1}}=\frac{\frac{5\,892\,000}{2\,100}}{\frac{5\,580\,000}{2\,100}}=\frac{2\,805.71}{2\,657.14}=1.0559 \text{或} 105.59\%$$

工资水平变动对总平均工资影响的绝对量为：

$$\frac{\sum X_1 f_1}{\sum f_1}-\frac{\sum X_0 f_1}{\sum f_1}=2\,805.71-2\,657.14=148.57\text{（元）}$$

工资总额的增减量为：

$$\left(\frac{\sum X_1 f_1}{\sum f_1}-\frac{\sum X_0 f_1}{\sum f_1}\right)\sum f_1=148.57\times 2\,100=311\,997\text{（元）}$$

3.结构影响指数为：

$$\frac{\frac{\sum X_0 f_1}{\sum f_1}}{\frac{\sum X_0 f_0}{\sum f_0}}=\frac{\frac{5\,580\,000}{2\,100}}{\frac{2\,281\,200}{730}}=\frac{2\,657.14}{3\,124.93}=0.8503 \text{或} 85.03\%$$

工人结构变动对总平均工资影响的绝对量为：

$$\frac{\sum X_0 f_1}{\sum f_1}-\frac{\sum X_0 f_0}{\sum f_0}=2\,657.14-3\,124.93=-467.79\text{（元）}$$

工资总额的增减量为：

$$\left(\frac{\sum X_0f_1}{\sum f_1}-\frac{\sum X_0f_0}{\sum f_0}\right)\sum f_1=-467.79\times 2\,100=-982\,359\text{（元）}$$

4.综合影响为：

$$\frac{\dfrac{\sum X_1f_1}{\sum f_1}}{\dfrac{\sum X_0f_0}{\sum f_0}}=\frac{\dfrac{\sum X_1f_1}{\sum f_1}}{\dfrac{\sum X_0f_1}{\sum f_1}}\times\frac{\dfrac{\sum X_0f_1}{\sum f_1}}{\dfrac{\sum X_0f_0}{\sum f_0}}$$

0.8978=1.0559×0.8503　或　89.78%=105.59%×85.03%

$$\frac{\sum X_1f_1}{\sum f_1}-\frac{\sum X_0f_0}{\sum f_0}=\left(\frac{\sum X_1f_1}{\sum f_1}-\frac{\sum X_0f_1}{\sum f_1}\right)+\left(\frac{\sum X_0f_1}{\sum f_1}-\frac{\sum X_0f_0}{\sum f_0}\right)$$

−319.22=148.57+（−467.79）（元）

$$\left(\frac{\sum X_1f_1}{\sum f_1}-\frac{\sum X_0f_0}{\sum f_0}\right)\sum f_1=\left(\frac{\sum X_1f_1}{\sum f_1}-\frac{\sum X_0f_1}{\sum f_1}\right)\sum f_1+\left(\frac{\sum X_0f_1}{\sum f_1}-\frac{\sum X_0f_0}{\sum f_0}\right)\sum f_1$$

− 670 362 = 311 997 + (− 982 359)（元）

5.工资总额指数体系与绝对数额变动额为：

$$\frac{\sum x_1f_1}{\sum x_0f_0}=\frac{\sum x_0f_1}{\sum x_0f_0}\times\frac{\sum x_1f_1}{\sum x_0f_1}$$

$$\frac{5\,892\,000}{2\,281\,200}=\frac{5\,580\,000}{2\,281\,200}\times\frac{5\,892\,000}{5\,580\,000}$$

2.5829 = 2.4461 × 1.0559 或 258.29% = 244.61% × 105.59%

$$\sum x_1f_1-\sum x_0f_0=\left(\sum x_0f_1-\sum x_0f_0\right)+\left(\sum x_1f_1-\sum x_0f_1\right)$$

5 892 000 − 2 281 200 = (5 580 000 − 2 281 000) + (5 892 000 − 5 580 000)

3 610 800 = 3 298 800 + 312 000（元）

统计分析：计算结果表明，该厂报告期与基期相比，各组职工工资水平对平均工资影响的指数是105.59%，比基期综合提高了5.59%；由于工资水平综合提高了5.59%，使全厂职工总平均工资增加了148.57元，工资总额增加311 997元。该厂职工人结构变动指数为85.03%；由于工人结构变动对全厂职工平均工资的影响，使总平均工资降低了14.97%，总平均工资减少了467.79元，工资总额减少982 359元。受两者共同影响，该厂报告期总平均工资水平是基期的89.78%，下降了10.22%；由于总平均工资水平降低了10.22%，使每个职工平均工资减少了319.22元，工资总额减少670 362元。其中，由工人结构影响节省的工资总额占全部工资节省总额的146.54%；由职工平均工资水平提高增加的工资总额占全部工资节省总额的−46.54%。

从工资总额变动方面分析，该厂报告期的工资总额是基期的258.29%，比基期增加了1.5298倍；由于工资总额增加了1.5829倍，使工资总额的绝对数量增加了3 610 800元。其中，由于工人结构变动使工资总额增加了1.4461倍，绝对数量为3 298 800元，占全部工资总额增加额的91.36%；由于职工工资水平的提高使工资总额增加了5.59%，绝对数量为312 000元，占全部工资总额增加额的8.64%。由此可见，该厂报告期工资总额的增加绝大部分是由于工人结构变化引起的。

复习思考练习题

1.什么是统计指数？统计指数的作用有哪些？

2.简述统计指数的分类。

3.什么是指数体系？指数体系有哪些作用？

4.什么是同度量因素？同度量因素在统计指数中有什么作用？

5.某商店四种主要商品的销售价格、销售量资料见表7-10。

要求：（1）计算价格总指数；（2）计算销售量总指数。

表7-10 某商店4种主要商品的销售价格、销售量资料

商品种类	计量单位	销售量		价格（元）	
		基期	报告期	基期	报告期
甲	件	200	240	10	12
乙	千克	100	88	54	68
丙	米	410	400	26	32
丁	个	600	640	8	8

下章内容导引

在某食品公司的生产厂，每8小时一班可以包装5 000盒糕点，作为这家工厂的运营经理，小王负责监控盒内所装糕点的重量。按照包装盒上标明的净重，每盒应该装138克糕点。但是由于流水线的快速运转，每盒糕点的重量在138克上下浮动。如果在包装运作过程中出现问题，那么盒装糕点的重量就会严重偏离138克，而不符合生产要求。我们可以逐一检查每盒糕点的重量，但是这样做需要花费大量的时间，效率低，成本高。现在，小王通过抽样的方法来判断生产过程是否处于正常工作状态。抽取若干盒糕点组成样本，对样本中的每一盒糕点逐一称重，而后计算得到样本均值$\bar{x}$。通过样本均值等资料以一定的概率把握程度进一步计算估计所有盒装糕点的净重的均值范围，检查是否符合生产要求（注意：在这个过程中，根据样本计算出来的样本均值本身并无多大意义）。然后，小王就可以决定是应当继续生产，还是应当调整或停止生产。或者，小王也可以这样判断，如果总体的真实均值$\bar{X}$为138克，那么，随机抽样得到$\bar{X}$的概率有多大，然后根据这个概率来决定是继续生产，还是调整或停止生产。

科学运用抽样估计的有关知识，会给我们的工作带来极大的帮助，通过对第八章的学习就知道如何来进行抽样推断了。

第八章 抽样调查与推断

内容提要

本章主要阐述：抽样调查的概念、特点、作用和几个基本概念；影响抽样误差的主要因素；抽样调查几种主要组织方式及其抽样平均误差的计算；抽样估计推断；点估计和区间估计；必要抽样数目的确定。

第一节 抽样调查的一般问题

一、抽样调查的概念、特点与作用

（一）抽样调查的概念与特点

抽样调查是指为了进行抽样推断，按随机原则从总体中抽取一部分单位组成样本，并对样本中的单位进行观测的一种调查方法。

抽样调查的主要特点是：

（1）按随机原则抽取调查单位。随机原则是指在抽取调查单位时，总体中的每个单位都有同等被抽中的机会。调查单位的确定既不受调查者主观愿望的影响，也不取决于被调查者是否愿意合作，完全排除个人主观意识的影响，被抽选与否纯粹是偶然事件。

（2）抽样调查的目的是为由部分推断全体获得资料。

（3）抽样误差可以事先计算并加以控制。利用概率论理论可以事先计算出抽样误差，通过各种组织措施（如增加样本单位数、改善抽样组织等）来控制抽样误差范围。

（二）抽样调查的作用

抽样调查的特点决定了它在实际工作中具有广泛的适用性。抽样调查的调查范围非常广泛，涉及的内容多种多样，信息反馈十分快捷，在科学研究、社会经济管理、工商经营、质量控制等方面已经得到普遍使用。

从产品质量、报纸杂志内容差错率、电视收视率到公众对某项政策、某个领导人、某重大事件的态度和看法等，都可以通过抽样调查迅速得到了解和掌握。同时，伴随着抽样理论和实用技术的不断发展，抽样法在各国调查统计工作中的地位越来越高，越来越受到重视。

一般来说，抽样调查的重要作用主要包括：

1.用于不可能进行全面调查的无限总体

对于无限总体，统计上无法进行全面调查，只有借助抽样推断的方法来认识总体的数量特征，如在连续大量生产的某种小件产品（如牙签、螺母等）中，总产量是无限的，只能采用抽样调查推断其质量。

再如，对于某商场不断变动的顾客人数（统计上通常将总体单位数量总是处于不断变动状态的总体视为无限总体）所进行的调查，只能采用抽样的方式。

2.用于不可能进行全面调查而又需要了解全面情况的现象

许多产品的例行质量检验是带有破坏性的或消耗性的，如灯泡寿命试验要一直长期点亮直到其被烧毁，这是破坏性试验；烟、酒的质量品尝均属消耗性质量检验。这些总体都无法进行全面调查，只能进行抽样调查。

3.用于不必要进行全面调查的现象

对于某些现象，虽然可以进行全面调查，但需要花费大量的人力、物力、财力和时间，若采用抽样调查，可以达到事半功倍的效果，如要了解水库中的鱼苗数、森林的木材积蓄量、居民对主要耐用消费品的需求量等，适宜采用抽样调查进行推断。

4.用于对全面调查的资料进行评价与修正

如我国的人口普查，在普查工作完毕后，还要按照规定的抽样方法抽取若干地区的人口进行复查，用抽样调查的资料计算人口全面调查的差错率，再根据这个比率去修正普查资料，从而保证人口调查资料的质量，使调查资料更为准确、更接近实际的数值。

5.用于工业生产过程的质量控制

对于成批或大量连续生产的产品生产过程，通过抽样方法可以及时提供有关产品质量的信息，分析各种可能的原因，以便采取措施，排除故障，使生产过程保持正常，从而对生产过程实施有效的质量控制。

二、抽样调查中的几个基本概念

在学习抽样推断方法的过程中，常会遇到一些名词、术语，为了掌握抽样调查推断的方法，首先要明确抽样调查推断过程中常用的几个基本概念。

（一）全及总体和抽样总体

1.全及总体

全及总体简称总体或母体，是指所要调查研究对象的全体。全及总体的单位数用字母N表示，如研究某学校5 000名学生的学习情况，则该校的5 000名学生即构成全及总体。全及总体是样本所赖以抽取的母体。对于某一具体问题来说，全及总体是唯一确定的。

2.抽样总体

抽样总体也称样本或子样，是指在全及总体中按随机原则抽取的那部分单位所构成的集合体。例如，从全校5 000名学生中抽取100人进行健康状况调查，这被抽中的100名学生就构成一个抽样总体（样本）。

抽样总体中所包含的单位数称为样本容量，通常用字母n表示。一般来说，样本容量n远小于总体单位数N。

在抽样中，$n \geq 30$的样本称为大样本，$n<30$的样本属于小样本。抽样总体不是唯一确定的，因为从总体N中抽取容量为n的样本（当$n \leq N$时）有多种组合。

（二）总体指标和样本指标

1.总体指标

总体指标也称为全及指标或参数，它是根据全及总体各单位的标志值或标志特征计算的，反映总体某种属性的综合指标。

由于全及总体是唯一确定的，根据全及总体计算的全及指标也是唯一确定的，如上例中5 000名学生的平均成绩和及格率都是总体指标。常用的总体指标有全及总体的平均数、成数、方差和标准差，分别用符号$\bar{X}$（或μ）、P、σ^2和σ表示。

2.样本指标

样本指标也称抽样指标或样本统计量，它是根据抽样总体各单位的标志值或标志特征计算的综合指标。

由于可以从一个全及总体中抽取许多个不同的样本，不同的样本的分布结构也会有差异，抽样指标的数值也就不同，所以抽样指标的数值不是唯一确定的。实际上，抽样指标是样本变量的函数，它本身也是随机变量。例如，根据从全校5 000名学生中抽取出来的

100名学生的调查资料计算得到的健康指标，就是一个样本指标。常用的样本指标有样本的平均数、成数、方差和标准差，分别用符号$\bar{x}$、p、s^2和s表示。

三、抽样调查的组织方式

抽样调查推断分析是以有效取得样本各项实际资料为基础的，要保证抽样估计的准确性和可靠性，事先必须结合一定的抽样调查组织方式搞好抽样设计工作。根据随机抽样的原则，结合具体研究对象的性质以及调查工作的目的和条件，在统计工作实践中主要采用四种抽样调查组织方式，即简单随机抽样、分层（类型）抽样、等距抽样和整群抽样。

（一）简单随机抽样

简单随机抽样也叫纯随机抽样，就是对总体单位不作任何分类排序（队），直接从总体中随机抽取一部分单位来组成样本的抽样组织方式。

抽样的原理是以纯随机抽样为基础阐述的，它是最简单、最基本的抽样组织方式，是设计其他复杂抽样组织方式的基础。简单随机抽样适用于总体各部分都具有相同的分布且单位数较少的情况。

简单随机抽样在抽取调查单位时，有以下两种不同的方法：

1.重复（置）抽样

重复（置）抽样也称有放回抽样。它是从全及总体中每次抽取一个总体单位进行调查，经登记后再把它放回原来的总体中参加下一次的抽取，直到抽取n个总体单位为止的一种抽样方法。

这种方法每一次抽样时总体都保持相同的单位数目（N），每一个总体单位被抽中的概率都相等（均为1/N），每一个总体单位也有可能再次被抽中，这样组成的样本的总体单位会出现重复。

2.不重复（置）抽样

不重复（置）抽样也称无放回抽样。它是从全及总体中每次抽取一个总体单位进行调查，经登记后不再把它放回原来的总体中参加下一次的抽取，依次抽选直到抽取n个总体单位为止的一种抽样方法。

这种方法每一次抽样时总体的单位数目都会比上一次少一个，样本的总体单位也不会出现重复，每一个总体单位的中选概率均不相同。

例如，从甲、乙、丙、丁4个人中随机抽取2个人，则N=4，n=2。

如果按重复抽样的方法抽选样本单位，可能的组（配）合样本有：

甲甲	乙甲	丙甲	丁甲
甲乙	乙乙	丙乙	丁乙
甲丙	乙丙	丙丙	丁丙
甲丁	乙丁	丙丁	丁丁

即考虑顺序的重复抽样有16（$N^n=4^2=16$）种配合情况的可能样本；不考虑顺序的重复抽样可能组成的样本个数不应包括划框的样本配合，共有C_{N+n-1}^{n}种可能样本，本例为

$C_{4+2-1}^{2}=C_{5}^{2}=\frac{5\times4}{2\times1}=10$（种）。

如果按不重复抽样的方法抽选样本，可能的组（配）合样本有：

甲乙	乙甲	丙甲	丁甲
甲丙	乙丙	丙乙	丁乙
甲丁	乙丁	丙丁	丁丙

即考虑顺序的不重复抽样有12种组（配）合样本，不考虑顺序的不重复抽样有6种组（配）合样本。

前者的可能样本个数为 $\frac{N!}{(N-n)!}=\frac{4!}{(4-2)!}=12$，后者的可能样本个数为 $C_{N}^{n}=\frac{N!}{n!(N-n)!}=\frac{4!}{2!(4-2)!}=6$。

可见，重复抽样与不重复抽样除了每一个总体单位的中选概率有差别之外，可能组成的样本数目也是不同的。

在实际中，一般采用考虑顺序的重复抽样法和不考虑顺序的不重复抽样法抽取样本。

采用简单随机抽样方式抽取样本，先要对总体各个单位进行编码，然后按随机原则抽取若干数码，所有中选数码所对应的单位即构成样本。

（1）抽签法。

具体做法是：当给总体各单位编号后，把号码写在质地均匀、大小相等的纸片上，然后，将这些纸片揉成均匀的纸团放入圆形容器中混合均匀后即可以从中抽取。

采用这种方法简便易行，然而对较大的总体来说，编号做签工作量很大，且混匀有困难，因此，这种方法的应用有一定的局限性。

（2）随机数字法。

随机数字可以借助计算机获得，也可应用随机数表，其中随机数表方法应用较为普遍。

表中数字是按照完全随机的方法产生的，从0～9中任何一个（组）数字出现的概率与其他（组）数字出现的概率完全相同。

随机数表的使用要遵循随机原则。

随机数字法的基本操作步骤是：首先，给总体编号，据编号的最大位数确定将要使用随机数表的列数，然后从表中任意一列、任意一行开始，由纵向或横向划线取数，遇到属于总体单位编号范围内的数组就确定为样本单位，然后继续往下找。如果要求不重复抽样时，遇到重复出现的数字（组）就弃之，直到取足要求的单位数为止。

表8-1是多种随机数表中的一种。

例如，有一个由80个单位构成的总体，现在要从中抽取8个单位。首先将总体各单位从01至80编号，故最高位是两位数，然后随机确定行、列开始取数，假定从表8-1第2行第4列的数字67开始取样，沿列抽取，于是由67、27、35、53、78、34、32、64这8个数字所对应的单位即构成所需的样本。

表 8-1　　随机数字表（部分）

03	47	43	73	86	36	96	47	36	61
97	74	24	67	62	42	81	14	57	20
16	76	62	27	66	56	50	26	71	07
12	56	85	99	26	96	96	68	27	31
55	59	56	35	64	38	54	82	46	22
16	22	77	94	39	49	54	43	54	82
84	42	17	53	31	57	24	55	06	88
63	01	63	78	59	16	95	55	67	19
33	21	12	34	29	78	64	56	07	82
57	60	86	32	44	09	47	27	96	54
18	18	07	92	45	44	17	16	58	59
26	62	38	97	75	84	16	07	44	99
23	42	40	64	74	82	97	77	77	81
52	36	28	19	95	50	92	26	11	97
37	85	94	35	12	83	39	50	08	30

（二）分层（类型）抽样

分层（类型）抽样又称分类抽样，它是一种先将总体按某个主要标志进行分组（或分类），再按随机原则从各组（类）中抽取样本单位，然后将各组被抽中的样本单位组合在一起形成一个样本的抽样方式。

分层（类型）抽样通过分组，把总体中标志值比较接近的单位归为一组，使各单位的分布比较均匀，并且保证每组有同等被抽中的机会，从而使样本的结构趋近于总体的结构，提高所选样本的代表性，可以取得良好的抽样效果。

分层（类型）抽样的样本单位数在各类型之间的分配有以下三种方法：

1. 等数分配分层（类型）抽样法

等数分配分层（类型）抽样法是在各类型组中分配同等的样本单位数的方法。这种方法只在各类型的总体单位数相等或差异不大时才使用，运用这种分配方法可使综合计算比较简单。

2. 等比例分层（类型）抽样法

等比例分层（类型）抽样法是按照总体各类型组的大小以相等的比例分配样本单位数的方法。由于是按有关的主要标志分组，各组的单位数一般不同。分层（类型）抽样通常是按各组总体单位数占全及总体单位数的比例来抽取样本，单位数较多的组应该多取样，单位数较少的组则少取样，保持各组样本单位数与样本总容量之比等于各组总体单位数与全及总体单位数之比，即：

$$\frac{n_1}{N_1}=\frac{n_2}{N_2}=\cdots=\frac{n_k}{N_k}=\frac{n}{N}$$

所以各组的样本单位数应为：

$$n_i=\frac{nN_i}{N}\quad(i=1,2,\cdots,k) \tag{8.1}$$

采用等比例分层（类型）抽样是为了使样本的结构接近总体的结构，避免样本平均数由于各组比重差异而引起的误差。由于等比例分层（类型）抽样法对样本单位的分配比较合理，因此在实际工作中应用较多。

3.不等比例分层（类型）抽样法

不等比例分层（类型）抽样法是在各类型组中按不同的比例分配样本单位数的方法，也叫最优分配法。各类型的样本单位数，可以采用等数或等比例的方法分配。但是如果各类型组的单位数相差悬殊或标志变异程度相差较大，上述两种样本分配方法的抽样效果就差些。此时宜采用不等比例分层（类型）抽样法抽取样本，即标志变异程度大或单位数多的组抽样比例高一些，多抽一些单位；标志变异程度小或单位数少的组抽样比例低一些，少抽一些单位。各组的抽样比例按公式（8.2）计算：

$$\frac{n_i}{n}=\frac{w_i\sigma_i}{\sum w_i\sigma_i} \tag{8.2}$$

式中：σ_i为第i层（组）内的标准差；w_i为第i层（组）单位数占总体单位数的比重。

（三）等距抽样

等距抽样也称机械抽样或系统抽样，它是将总体各单位按某一标志顺序排列，然后按固定顺序和相等距离或间隔抽取样本单位的抽样组织方式。作为总体各单位顺序排列的标志，可以是无关标志，也可以是有关标志。

所谓无关标志，是指排列的标志与单位标志值的大小无关或不起主要影响作用，如时间、地理位置、门牌号码、姓氏笔画标志等。在对总体各单位的变异情况有所了解的情况下，也可以采用有关标志进行总体单位排队。所谓有关标志，是指作为排队顺序的标志与单位标志值的大小有密切关系。

例如，职工生活水平调查按职工平均工资排序（队），抽取调查企业或调查用户。按有关标志排队，实质上是运用分层（类型）抽样的一些特点，以提高样本的代表性。等距抽样的第一个样本单位的抽取，如果是按无关标志排序（队），可以从第一个间隔内的任意一个单位开始抽取；如果是按有关标志排序（队），考虑到样本单位的代表性，一般是从第一间隔内居中的单位开始抽取。

为增强样本的代表性，可用对称等距抽样的办法：先在第一间隔段随机抽第一个单位，然后，在第二间隔段与第一个单位对称抽第二个单位，依此类推。例如，在间隔为10的抽样调查中，假设在第一段抽第二个，则在第二段抽第九个，即单数段抽第二个，双数段抽第九个，依此类推。

设全及总体有N个单位，现需抽取容量为n的样本，其具体做法是：将全及总体N个单位按一定的标志排序（队），然后将其分成n个相等的部分，即每个部分均包含k个单位。在第一部分的k个单位中随机抽取第i个单位，作为这一部分的样本单位，在第二部分中抽取第k+i个单位，然后依次往下抽，每个单位与上一单位的间隔均为k。各部分均抽完以后即得到n个样本单位。抽取方法可用图8-1表示。

抽样距离的计算公式为：

$$k=\frac{N}{n} \tag{8.3}$$

式中：k为抽样距离，又称抽样间隔。

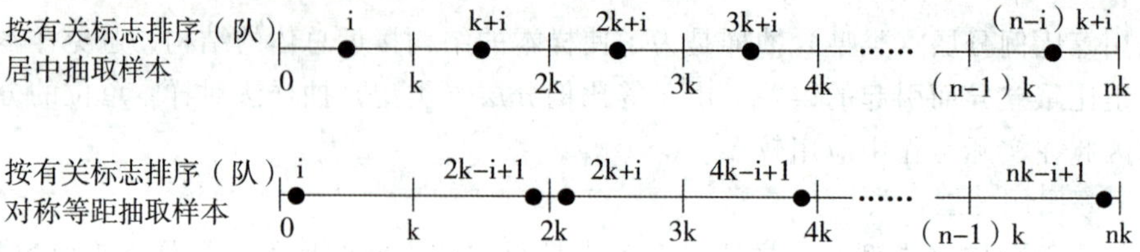

图8-1 等距抽样示意图

等距抽样法的最大特点是组织简便、易于实施，只要确定了抽样间隔和起点，整个样本的所有单位就都确定了；另外，当按有关标志排序（队）时，能保证样本单位在总体中均匀地分布，所抽样本对总体代表性好，有利于降低抽样误差。

（四）整群抽样

整群抽样也称集团抽样、区域抽样或分群随机抽样，它是将总体各单位按时间或空间形式划分成许多群，然后按纯随机抽样或机械抽样方式从中抽取部分群，对被选中群的所有单位进行全面调查的抽样组织方式。例如，从生产的1 000箱玻璃中抽1%来检查其质量，一箱即为一群，抽1%即抽10箱。又如，按产品产出时间顺序，每隔一个固定的时间长度，抽一段时间的全部产量，即为一群等。整群抽样时群的划分要满足两个条件：一是群与群之间没有单位重叠；二是总体中每一个单位都必须属于某一个群，即要使总体单位无遗漏。一般来说，群的划分多是自然形成的，也有人为划分的。

整群抽样的优点是易于组织且较节省调查费用，缺点是调查的总体单位过于集中在少数被抽中的群中。因此，在条件相同的情况下，整群抽样的样本代表性较低，通常要通过增加被抽中群的数量来弥补这个缺点。

第二节 抽样误差

一、抽样误差的概念

调查误差是指调查所获得的统计数据与调查总体未知真实数据之间的差别，它包括登记性误差和代表性误差两种。

登记性误差是在调查过程中由于主客观原因而引起的登记性差错所造成的误差。例如，由于测量、记录、计算不准确所造成的差错，由于被调查者所报材料不实或调查者有意虚报、瞒报资料所造成的差错等。对于这类误差可以通过搞好调查的宣传组织工作，不断提高调查人员的素质，广泛采用计算机技术等措施加以解决。

代表性误差是用样本指标数值去推断总体指标数值时，由于样本各单位的结构情况不足以代表总体特征所产生的误差。这类误差又可分为两种：一种是由于没有遵循随机原则而造成的误差，通常称为系统性误差。例如，调查者有意挑选较好或较差的单位作样本。另一种是即使遵循了随机原则，也会由于被抽取的样本单位各种各样，导致样本内部各单位的分布比例结构与总体实际分布状况有偶然性的差异，从而使不同的随机样本得出不同的估计量，造成样本指标数值与总体指标数值之间产生差距，如抽样平均数与总体平均数的离差（$\bar{x}-\bar{X}$），抽样成数与总体成数的离差（p-P）等，这类误差通常称为抽样误差或随机误差。可见，只要遵循随机原则，系统性误差是可以消除的。但是，用样本估算总体，两者之间总是要出现差距的，所以抽样误差是抽样法本身所固有的误差，它不可避免，也无法消除，但是可以控制。

二、影响抽样误差的主要因素

抽样误差的大小受以下几个因素的影响：

（一）样本单位数（样本容量n）的多少

在其他条件不变的情况下，样本单位数越多，样本对代表总体的代表性就越好，误差就越小。当样本单位数接近总体单位数时，此时的抽样调查已接近于全面调查，抽样误差接近于零。反之，样本单位数越少，误差越大。

（二）总体被研究标志变异程度（总体方差σ^2）的大小

在其他条件不变的情况下，所研究总体的标志变异程度越小，说明总体各单位标志值之间的差异越小，这样抽样指标与总体指标之间的误差也越小。相反，若总体被研究标志变异程度越大，则抽样指标与总体指标之间的误差也越大。

（三）抽样组织方式

采取不同的抽样组织方式，所抽出的样本对于总体的代表性也不相同，因此抽样组织方式影响抽样误差的大小。通常情况下，简单随机抽样和整群抽样的抽样误差会大一些；分层抽样和等距抽样的抽样误差要小一些。

（四）抽样方法

抽样方法有重复抽样和不重复抽样两种。在其他条件相同时，不重复抽样的抽样误差一般小于重复抽样的误差，这是因为不重复抽样避免了总体单位的重复选中，因而更能反映总体结构，故抽样误差较小。

三、抽样平均误差

（一）抽样平均误差的概念

在一定抽样调查组织方式下进行抽样调查，根据统计研究的目的和任务，可以取一个样本，也可以取多个样本。在抽取多个样本时，就其中每个样本来说，都有其相应的样本指标。由于样本是按随机原则抽取的，故在同一总体中，按相同的抽样数目，可以抽出许多相同和不同的样本，而每次抽出的样本都可以计算出相应的样本平均数、样本成数和抽样误差，即从理论上说可以计算出很多个抽样误差，它们带有偶然性，有的可能是正误差，有的可能是负误差；有的可能大一些，有的可能小一些。

为了用样本指标去推算总体指标，就需要计算这些抽样误差的平均数，这就是抽样平均误差，用以反映抽样误差的一般水平。抽样平均误差也称抽样估计标准误差，是指以全部可能样本指标为变量，以总体指标为平均数计算得到的标准差，以符号$\mu_{\hat{\theta}}$表示，通常以$\mu_{\bar{x}}$代表样本均值的抽样平均误差，以μ_p代表样本成数的抽样平均误差，以K代表可能组成的样本总数。

（二）计算抽样平均误差的理论公式

根据抽样平均误差的概念可得其一般计算公式：

$$\mu_{\hat{\theta}}=\sqrt{\frac{\sum(\text{样本指标}-\text{总体指标})^2}{\text{可能组成的样本总数}}} \tag{8.4}$$

由抽样平均误差的一般计算公式可以推断出样本均值的抽样平均误差和样本成数的抽样平均误差计算公式分别为：

$$\mu_{\bar{x}}=\sqrt{\frac{\sum(\bar{x}-\bar{X})^2}{K}} \tag{8.5}$$

$$\mu_{p}=\sqrt{\frac{\sum(p-P)^2}{K}} \tag{8.6}$$

[例8-1] 假设由10、20、30和40这4个数字组成一个总体，从中随机抽取两个数字作为样本，求样本均值的抽样平均误差。

总体平均数为：

$$\bar{X}=\frac{\sum X}{N}=\frac{100}{4}=25$$

采取重复抽样法，可能组（配）合的样本数及相应指标的计算见表8-2。

表8-2 重复抽样的样本数及相应指标计算表

序号	样本变量 x	样本平均数 $\bar{x}$	离差 $\bar{x}-\bar{X}$（$\bar{X}$=25）	离差平方 $(\bar{x}-\bar{X})^2$
1	10，10	10	-15	225
2	10，20	15	-10	100
3	10，30	20	-5	25
4	10，40	25	0	0
5	20，10	15	-10	100
6	20，20	20	-5	25
7	20，30	25	0	0
8	20，40	30	5	25
9	30，10	20	-5	25
10	30，20	25	0	0
11	30，30	30	5	25
12	30，40	35	10	100
13	40，10	25	0	0
14	40，20	30	5	25
15	40，30	35	10	100
16	40，40	40	15	225
合计	—	—	—	1 000

全部可能样本平均数的平均数（$\bar{\bar{x}}$）等于总体平均数（$\bar{X}$），即：

$$\bar{\bar{x}}=\frac{\sum \bar{x}_i}{K}=\frac{400}{16}=25=\frac{\sum X}{N}=\frac{100}{4}=25=\bar{X}$$

全部可能组成样本的抽样估计标准误差为：

$$\mu_{\bar{x}}=\sqrt{\frac{\sum(\bar{x}-\bar{X})^2}{N^n}}=\sqrt{\frac{1\ 000}{16}}=7.91$$

采用不重复抽样法，可能组（配）合的样本数及相应指标的计算见表8-3。

表8-3　不重复抽样的样本数及相应指标计算表

序号	样本变量 x	样本平均数 $\bar{x}$	离差 $\bar{x}-\bar{X}$（$\bar{X}=25$）	离差平方 $(\bar{x}-\bar{X})^2$
1	10，20	15	-10	100
2	10，30	20	-5	25
3	10，40	25	0	0
4	20，30	25	0	0
5	20，40	30	5	25
6	30，40	35	10	100
合计	—	—	—	250

$$\mu_{\bar{x}}=\sqrt{\frac{\sum(\bar{x}-\bar{X})^2}{C_N^n}}=\sqrt{\frac{250}{6}}=6.45$$

6.45是6个可能组（配）合的样本平均数的标准差，即抽样平均误差。

需要指出的是，在实际中是无法采用公式（8.5）和公式（8.6）计算样本均值和样本成数的抽样平均误差的。其原因是实际中通常只抽取一个样本，并且$\bar{X}$和P也都未知。上述理论计算公式的给出是为了使读者更深入地理解抽样平均误差的计算原理，进一步理解抽样误差的概念及性质。

（三）抽样平均误差的计算方法

数理统计证明，在纯随机抽样方式下，抽样平均误差可以采用下面的公式计算：

1.平均数的抽样平均误差

（1）在重复抽样条件下：$\mu_{\bar{x}}=\sqrt{\frac{\sigma^2}{n}}=\frac{\sigma\sqrt{n}}{n}=\frac{\sigma}{\sqrt{n}}$　（8.7）

（2）在不重复抽样条件下：$\mu_{\bar{x}}=\sqrt{\frac{\sigma^2}{n}\cdot\frac{N-n}{N-1}}$　（8.8）

当N很大时：$\mu_{\bar{x}}=\sqrt{\frac{\sigma^2}{n}\left(1-\frac{n}{N}\right)}$　（8.9）

2.成数的抽样平均误差

（1）在重复抽样条件下：$\mu_p=\sqrt{\frac{P(1-P)}{n}}$　（8.10）

（2）在不重复抽样条件下：$\mu_p=\sqrt{\frac{P(1-P)}{n}\cdot\frac{N-n}{N-1}}$　（8.11）

当N很大时：$\mu_p=\sqrt{\frac{P(1-P)}{n}\left(1-\frac{n}{N}\right)}$ (8.12)

应用公式（8.7）、公式（8.8）、公式（8.9）、公式（8.10）、公式（8.11）和公式（8.12）计算抽样平均误差时要注意两点：

第一，以上公式中的标准差σ和成数P是全及总体的标准差和成数，而全及总体的指标通常是未知的，一般用样本的标准差s和成数p来代替，得到近似值。

第二，不重复抽样公式中，如果抽样单位数相对较少，而全及总体单位数相对很多，则（$1-\frac{n}{N}$）这个系数接近1，乘上这个系数后，对平均误差的影响不大。为简化起见，在实际工作中，对不重复抽样的情况也往往采用重复抽样公式计算抽样平均误差。

［例8-2］某仪表厂生产某种型号的精密仪表，按正常生产经验，产品合格率为85%。现以简单随机抽样方式从800只仪表中抽取10%进行检验，求合格品比率的抽样平均误差。

由上述可知：

$P=0.85$，$\sigma^2=P(1-P)=0.85\times(1-0.85)=0.1275$，$n=800\times10\%=80$

在重复抽样条件下：

$\mu_p=\sqrt{\frac{P(1-P)}{n}}=\sqrt{\frac{0.1275}{80}}=0.0399$ 或 3.99%

在不重复抽样条件下：

$\mu_p=\sqrt{\frac{P(1-P)}{n}\left(1-\frac{n}{N}\right)}=\sqrt{\frac{0.1275}{80}\times\left(1-\frac{80}{800}\right)}=0.0379$ 或 3.79%

［例8-3］某大学有4 500名学生，采用不重复简单随机抽样方式从中抽取10%的学生，调查其每月生活费用支出情况。抽样结果显示，学生平均每人每月生活费支出800元，标准差200元，生活费用支出在1 000元以上的学生占全部学生的20%。试求抽样平均误差。

由上述可知：

$N=4\,500$，$n=4\,500\times10\%=450$，$\bar{x}=800$，$s=200$，$p=20\%$

$\mu_{\bar{x}}=\sqrt{\frac{s^2}{n}\left(1-\frac{n}{N}\right)}=\sqrt{\frac{200^2}{450}\times\left(1-\frac{450}{4\,500}\right)}=8.94$（元）

$\mu_p=\sqrt{\frac{p(1-p)}{n}\left(1-\frac{n}{N}\right)}=\sqrt{\frac{0.20\times(1-0.20)}{450}\times\left(1-\frac{450}{4\,500}\right)}=0.0179$ 或 1.79%

（四）其他抽样组织方式抽样平均误差的计算方法

1.分层（类型）比例抽样平均误差的计算

在分层（类型）比例抽样中，首先要对总体进行分组，再从每一组中随机抽取样本。因此对于组来说就等于全面调查了，故抽样平均误差不受组间方差的影响，只与抽样数目和各类型组方差有关。

（1）平均数的抽样平均误差。

在重复抽样条件下：$\mu_{\bar{x}}=\sqrt{\frac{\overline{\sigma^2}}{n}}$ (8.13)

在不重复抽样条件下：$\mu_{\bar{x}}=\sqrt{\frac{\overline{\sigma^2}}{n}\left(1-\frac{n}{N}\right)}$ (8.14)

（2）成数的抽样平均误差

在重复抽样条件下：$\mu_p=\sqrt{\dfrac{\overline{P(1-P)}}{n}}$　　(8.15)

在不重复抽样条件下：$\mu_p=\sqrt{\dfrac{\overline{P(1-P)}}{n}\left(1-\dfrac{n}{N}\right)}$　　(8.16)

式中：

$$\overline{\sigma^2}=\frac{\sum\sigma_i^2N_i}{N} \tag{8.17}$$

$$\overline{P(1-P)}=\frac{\sum P_i(1-P_i)N_i}{N} \tag{8.18}$$

必须指出：第一，σ_i^2代表第i组的总体方差，P_i代表第i组的总体成数，$\overline{\sigma^2}$代表全及总体方差，N_i代表第i组的总体单位数，N代表全及总体单位数；第二，如果σ_i^2和P_i未知，可用样本方差s_i^2和成数p_i替代，公式（8.18）中的N_i和N相应地被n_i和n替换。

［例8-4］某县对某种农作物的产量进行一次分层（类型）比例抽样调查。调查资料整理的结果见表8-4，试求样本均值的抽样平均误差。

表8-4　　分层（类型）抽样平均误差计算表

按自然条件分　组	抽样面积n_i（公顷）	单位面积产量$\bar{x}_i$（千克/公顷）	标准差s_i（千克）
平　原	24	6 000	60
山　区	16	2 400	120
丘　陵	8	3 600	95
合　计	48	—	—

$$\bar{\bar{x}}=\frac{\sum\bar{x}_in_i}{n}=\frac{6\,000\times24+2\,400\times16+3\,600\times8}{48}=4\,400\text{（千克/公顷）}$$

$$\overline{s^2}=\frac{\sum s_i^2n_i}{n}=\frac{60^2\times24+120^2\times16+95^2\times8}{48}=8\,104.17\text{（千克）}$$

$$\mu_{\bar{x}}=\sqrt{\frac{\overline{s^2}}{n}}=\sqrt{\frac{8\,104.17}{48}}=12.99\text{（千克）}$$

2.等距抽样平均误差的计算

直接计算等距抽样的平均误差，在实践中是一个不容易解决的问题。一般认为如果总体单位是按无关标志排序（队）的，它的抽样误差就十分接近简单随机抽样的误差，为了简便起见，可以采用简单随机抽样平均误差公式来近似地计算。

如果总体单位是按有关标志排序（队），其抽样平均误差可采用分层（类型）抽样平均误差的公式计算其近似值。

3.整群抽样平均误差的计算

整群抽样对被抽中群内的所有单位都作调查，因此抽样平均误差不再受被抽中的群内方差的影响，而受群间方差和抽样数目的影响。

整群抽样采用不重复抽样方法抽取样本。

（1）平均数的抽样平均误差

$$\mu_{\bar{x}}=\sqrt{\frac{\sigma_{x}^{2}}{r}\left(1-\frac{r}{R}\right)} \tag{8.19}$$

（2）成数的抽样平均误差

$$\mu_{p}=\sqrt{\frac{\sigma_{p}^{2}}{r}\left(1-\frac{r}{R}\right)} \tag{8.20}$$

式中：σ_{x}^{2}为平均数的群间方差；σ_{p}^{2}为成数的群间方差；R为总体群数；r为样本群数。其中：

$$\sigma_{x}^{2}=\frac{\sum(\bar{x}_{i}-\bar{x})^{2}}{R} \tag{8.21}$$

$$\sigma_{p}^{2}=\frac{\sum(p_{i}-p)^{2}}{R} \tag{8.22}$$

公式（8.19）、公式（8.20）、公式（8.21）和公式（8.22）中的总体指标常常未知，一般用相应的样本指标来代替。

［例8-5］某商店购进300箱（50个/箱）苹果，入库前随机抽取1%检查其质量。检验结果的整理资料见表8-5，试求抽样平均误差。

表8-5　整群抽样平均误差计算表

样本	平均重量$\bar{x}_i$（克）	一级品率p_i（%）	$(\bar{x}_i-\bar{x})^2$（$\bar{x}$=249）	$(p_i-p)^2$（p=83%）
第一箱	248	85	1	0.0004
第二箱	246	80	9	0.0009
第三箱	253	84	16	0.0001
合　计	—	—	26	0.0014

首先，分别计算样本平均数（每个苹果的平均重量）和样本成数。

$$\bar{x}=\frac{\sum\bar{x}_{i}}{r}=\frac{248+246+253}{3}=249\text{（克）}$$

$$p=\frac{\sum p_{i}}{r}=\frac{85\%+80\%+84\%}{3}\times100\%=83\%$$

然后，分别求出样本平均数的群间方差和成数的群间方差。

$$\sigma_{\bar{x}}^{2}=\frac{\sum(\bar{x}_{i}-\bar{x})^{2}}{r}=\frac{26}{3}=8.67$$

$$\sigma_{p}^{2}=\frac{\sum(p_{i}-p)^{2}}{r}=\frac{0.0014}{3}=0.000467$$

最后，根据公式（8.19）和公式（8.20）分别求出$\mu_{\bar{x}}$和μ_{p}。

$$\mu_{\bar{x}}=\sqrt{\frac{\sigma_{\bar{x}}^{2}}{r}\left(1-\frac{r}{R}\right)}=\sqrt{\frac{8.67}{3}\times\left(1-\frac{3}{300}\right)}=1.69\text{（克）}$$

$$\mu_{p}=\sqrt{\frac{\sigma_{p}^{2}}{r}\left(1-\frac{r}{R}\right)}=\sqrt{\frac{0.000467}{3}\times\left(1-\frac{3}{300}\right)}\times100\%=1.24\%$$

第三节　总体指标的推断

总体指标的推断也称抽样推断，是指用根据抽样调查得到的资料所计算的样本指标，去对相应总体指标所做的推断。抽样推断通常包括用样本平均数（$\bar{x}$）对总体平均数（$\bar{X}$）的推断；用样本成数（p）对总体成数（P）的推断，以及用样本方差（s^2）对总体方差（σ^2）的推断。本节仅介绍前两个总体指标的推断内容。用样本指标推断（估计）总体指标有点估计和区间估计两种方法。

一、点估计

点估计也称定值估计，是以抽样得到的样本指标作为总体指标的估计值，并以样本指标的实际值（$\bar{x}$，p）直接作为总体未知参数（$\bar{X}$，P）的估计值的一种推断方法。

例如，某电子元件厂某天总共生产了电子元件20 000件。该厂质检部门为了了解这批电子元件的平均耐用时间和合格率，从中随机抽取了5%的电子元件进行检测。经过对所抽取电子元件检测结果的计算，它们的平均耐用时间$\bar{x}$=4 120小时，合格率p=98.56%。据此，该厂质检部门可以认为这天生产的全部电子元件的平均耐用时间$\bar{X}$=4 120小时，合格率P=98.56%。

在实际中，一项研究可以抽取若干个样本，根据不同样本数据或用不同的方法来估计同一个总体参数，可能会得到不同的估计值，而且点估计中的每个样本只对样本本身具有代表性。但究竟用哪一个估计值更好一些呢？通常需要采用以下三个标准做出评价。

（一）一致性

设$\hat{\theta}$为未知参数θ的估计量，当n→∞时，要求$\hat{\theta}$按概率收敛于θ，即：

$$\lim_{n\to\infty} P\left(|\hat{\theta}-\theta|<\varepsilon\right)=1\ (\varepsilon\text{为任意小正数}) \tag{8.23}$$

则称$\hat{\theta}$为θ的满足一致性标准要求的估计量。

样本平均数$\bar{x}$和样本成数p作为总体平均数$\bar{X}$和总体成数P的估计量就满足一致性的要求，即随着n越来越大，$\bar{x}$和p接近$\bar{X}$和P的概率就越来越大。

（二）无偏性

若要求估计量$\hat{\theta}$的数学期望等于未知参数的真值θ，即：

$$E(\hat{\theta})=\theta \tag{8.24}$$

则称$\dot{\theta}$是θ的无偏估计量。

可以证明，样本平均数$\bar{x}$和修正方差S_{n-1}^2是总体平均数$\bar{X}$和方差σ^2的无偏估计量。

（三）有效性

无偏性只考虑估计量的平均结果是否等于待估计参数的真值，有效性则要求每个估计值与待估参数真值之间的偏差尽可能地小。

设$\hat{\theta}_1$和$\hat{\theta}_2$为θ的两个无偏估计量，若$\hat{\theta}_1$的方差小于$\hat{\theta}_2$的方差，即：

$$D(\dot{\theta}_1)<D(\hat{\theta}_2) \tag{8.25}$$

则称 $\hat{\theta}_1$ 是较 $\hat{\theta}_2$ 有效的估计量。

需要指出的是，虽然 $\bar{x}$、p、S^2_{n-1} 等样本指标是 $\bar{X}$、P、σ^2 等总体指标的无偏、有效、一致性估计量，但由于在实际抽样调查中一次只是随机抽取一个样本，导致估计值会因样本的不同而不同，甚至产生很大的差异。所以说，点估计是一种粗略的估计或推断，但它是有科学依据的。这种方法的不足是既没有解决参数估计的精确度问题，也没有考虑估计的可靠性程度，只有区间估计才能解决这两个问题。不过，由于点估计直观、简单，对于那些要求不太高的判断和分析，此种方法还是适用的。

二、区间估计

区间估计就是以一定的概率保证估计包含总体参数的一个值域，即根据样本指标和抽样平均误差推断总体指标的可能范围。它包括两部分内容：一是这一可能范围的大小；二是总体指标落在这个可能范围内的概率。区间估计既表明估计结果的准确程度，同时又表明这个估计结果的可靠程度，所以区间估计是比较科学的，它是本节阐述的重点。

用样本指标来估计总体指标，要达到100%的准确而没有任何误差几乎是不可能的，所以在估计总体指标时就必须同时考虑估计误差的大小。从人们的主观愿望上看，总是希望花较少的钱取得较好的效果，也就是说希望调查费用和调查误差尽可能小。但是，在其他条件不变的情况下，缩小抽样误差就意味着增加调查费用，它们是相互矛盾的。因此，在进行抽样调查时，应该根据研究目的、任务、对象的标志变异程度，以及调查经费和时间科学地确定允许的误差范围。

［例8-6］样本平均数的概率分布见表8-6。

表8-6　样本平均数的概率分布

样本平均数 $\bar{x}$	10	15	20	25	30	35	40
频数 f	1	2	3	4	3	2	1
频率（概率）$\frac{f}{\sum f}$	$\frac{1}{16}$	$\frac{2}{16}$	$\frac{3}{16}$	$\frac{4}{16}$	$\frac{3}{16}$	$\frac{2}{16}$	$\frac{1}{16}$

则：$P(20\leqslant\bar{x}\leqslant30)=\frac{3}{16}+\frac{4}{16}+\frac{3}{16}=\frac{10}{16}$

$P(15\leqslant\bar{x}\leqslant35)=\frac{2}{16}+\frac{3}{16}+\frac{4}{16}+\frac{3}{16}+\frac{2}{16}=\frac{14}{16}$

$P(10\leqslant\bar{x}\leqslant40)=\frac{1}{16}+\frac{2}{16}+\frac{3}{16}+\frac{4}{16}+\frac{3}{16}+\frac{2}{16}+\frac{1}{16}=1$

即：$P(|\bar{x}-\bar{X}|\leqslant5)=\frac{10}{16}$

$P(|\bar{x}-\bar{X}|\leqslant10)=\frac{14}{16}$

$P(|\bar{x}-\bar{X}|\leqslant15)=1$

概率论和数理统计可以证明，所估计的总体指标在样本指标加减1个抽样平均误差的区间范围内的可能性为68.27%，即有31.73%的概率不在此区间内。例如，从10 000个灯泡中随机抽取100个组成样本，则全部不重复的可能样本共有 $C^{100}_{10\,000}$ 个，如果包括重复的样本就更多，可达到10 000[100]个。把全部可能的样本平均数编制成变量数列，然后再将它们绘成图形，即可得到一个钟形的平滑曲线（如图8-2所示）。

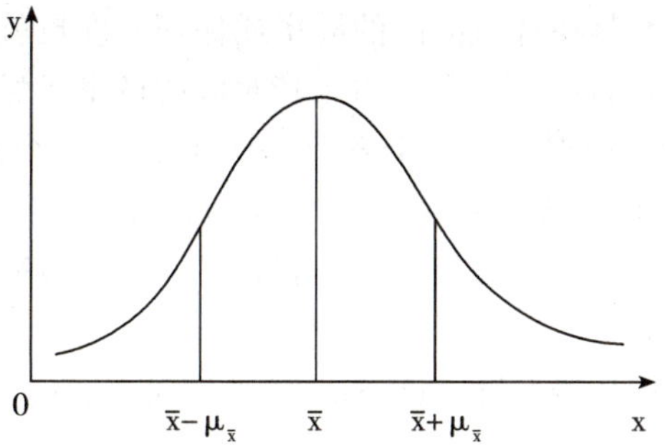

图8-2 正态分布曲线图

这条曲线叫正态分布曲线，它表明全部可能样本指标的分布状况。概率论和数理统计可以证明，总体单位的标志值如果呈正态分布，其全部可能样本也一定呈正态分布；如果总体单位的标志值不是呈正态分布的，只要是大样本（即$n \geq 30$），全部可能样本指标也会接近正态分布。从正态分布图中，可以总结出两个特点：一是样本指标高于或低于总体指标的概率分布完全是对称的；二是样本指标接近总体指标的概率越大（小），出现的可能性也越大（小）。

概率论和数理统计可以证明，在$\bar{x}-\mu_{\bar{x}}$到$\bar{x}+\mu_{\bar{x}}$（简写为$\bar{x}\pm\mu_{\bar{x}}$）的区间内，这一部分曲线下的面积，占曲线下全部面积的68.27%；在$\bar{x}-2\mu_{\bar{x}}$到$\bar{x}+2\mu_{\bar{x}}$（简写为$\bar{x}\pm2\mu_{\bar{x}}$）的区间内，这一部分曲线下的面积，占曲线下全部面积的95.45%；在$\bar{x}-3\mu_{\bar{x}}$到$\bar{x}+3\mu_{\bar{x}}$（简写为$\bar{x}\pm3\mu_{\bar{x}}$）的区间内，这一部分曲线下的面积，占曲线下全部面积的99.73%（如图8-3所示）。换句话说，若全部可能的样本是10 000个，在$\bar{x}\pm\mu_{\bar{x}}$区间内有6 827个样本，在$\bar{x}\pm2\mu_{\bar{x}}$区间内有9 545个样本，在$\bar{x}\pm3\mu_{\bar{x}}$区间内有9 973个样本。这里的68.27%、95.45%和99.73%是样本在$\bar{x}\pm\mu_{\bar{x}}$、$\bar{x}\pm2\mu_{\bar{x}}$和$\bar{x}\pm3\mu_{\bar{x}}$区间内出现的概率，也称样本指标在该区间内的可靠程度、保证程度或置信度。抽样估计的置信度就是表明样本指标和总体指标的误差不超过一定范围的概率有多大。

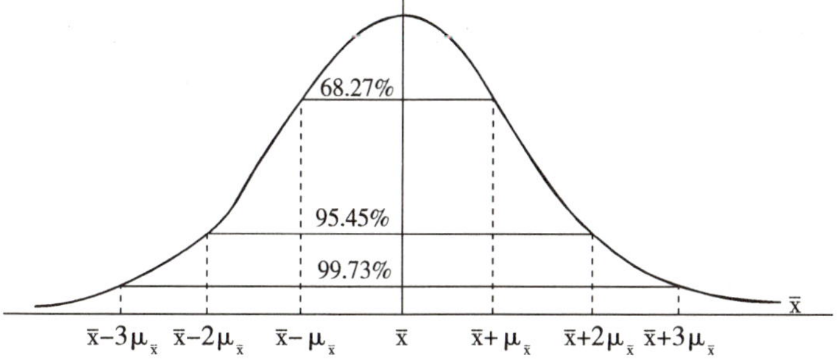

图8-3 样本指标置信度图

可见，在$\bar{x}\pm\mu_{\bar{x}}$中，总体指标$\bar{X}$是一个具体数值，当它加减t个$\mu_{\bar{x}}$时就形成一个区间，这个区间称为置信区间。其中$t\mu_{\bar{x}}$叫允许误差范围，也称抽样极限误差，或边际误差，用$\Delta_{\bar{x}}$表示。习惯上，在计算抽样平均误差时，$\mu_{\bar{x}}$表示平均数的抽样平均误差，当它用于区间估计时，它是作为误差范围的尺度，在它的前面要乘上一个系数（t），这个系数可以是1，也可以大于1或小于1。所以，误差范围等于一个系数乘抽样平均误差。这个系数越大，误差范围就越大，样本落在置信区间的概率或保证程度也就越大；反之则小。根据数学计算，这个系数取不同值的误差范围，均有其对应的概率或保证程度。可见，保证程度或概率大小，完全与抽样平均误差的这个系数（t）有关，这个系数（t）就叫概率度。抽样估计的概率保证程度与概率度是函数关系，可以表示为F（t）。在实际工作中，编有“正态分布概率表”（见附录）可以备查。依此表，可以根据概率度查得相应的概率，亦可根据概率查得相应的概率度。

所以，误差范围（$\Delta_{\hat{\theta}}$）与概率度（t）和抽样平均误差（$\mu_{\hat{\theta}}$）三者之间的关系为：

$$\Delta_{\hat{\theta}}=t\mu_{\hat{\theta}} \tag{8.26}$$

由此得到平均数和成数的允许误差范围公式为：

$$\Delta_{\bar{x}}=t\mu_{\bar{x}} \tag{8.27}$$

$$\Delta_{p}=t\mu_{p} \tag{8.28}$$

进而得到总体平均数和总体成数的区间估计公式为：

$$\bar{x}-\Delta_{\bar{x}}\leqslant\bar{X}\leqslant\bar{x}+\Delta_{\bar{x}} \tag{8.29}$$

$$p-\Delta_{p}\leqslant P\leqslant p+\Delta_{p} \tag{8.30}$$

其中，$\bar{x}-\Delta_{\bar{x}}$称为被估计总体平均数的下限，$\bar{x}+\Delta_{\bar{x}}$称为被估计总体平均数的上限，［$\bar{x}-\Delta_{\bar{x}}$，$\bar{x}+\Delta_{\bar{x}}$］称为被估计总体平均数的置信区间；同理，$p-\Delta_{p}$称为被估计总体成数的下限，$p+\Delta_{p}$称为被估计总体成数的上限，［$p-\Delta_{p}$，$p+\Delta_{p}$］称为被估计总体成数的置信区间。

可见，总体指标的区间估计必须具备估计值、允许抽样误差范围和置信度三个基本要素。其中允许抽样误差范围的大小决定了抽样推断的准确性，置信度的大小决定了抽样推断的可靠性。换句话说，允许抽样误差的范围越小，抽样推断的准确性越高；抽样的置信度越大，抽样推断的可靠性也越大。对于同一次抽样估计来讲，抽样推断的准确性与可靠性是相互矛盾的。也就是说，提高估计准确性的要求，估计的置信度就会随之降低。因此，在设计抽样调查方案时应谨慎取舍，先对估计的准确性提出要求，再推断估计的可靠性；或者先对估计的可靠性提出要求，再去推断可能的误差范围。如果推算的结果不能满足实际工作的要求，就需要采取其他措施（如增加抽样数目、改善抽样的组织方式等）满足研究目的。

［例8-7］某自行车轮胎厂从生产的一批10 000条自行车轮胎中随机抽取1%进行质量检验。调查结果显示，轮胎的平均寿命为5 000千米。试以95%的把握对该批自行车轮胎的平均寿命做出估计（注：根据长期生产这种类型的轮胎的数据可知，总体标准差为400千米）。

如果以这个样本平均数的观察值作为这批轮胎的质量规格，这就是点估计。不过，厂家若是根据这个结果与客户签订合同显然是不可靠的。厂家应用区间估计来推断总体参数。

由上述可知：n=10 000×1%=100，$\bar{x}$=5 000，σ=400，F（t）=95%，查表得t=1.96。

则：$\mu_{\bar{x}}=\sqrt{\frac{\sigma^2}{n}\left(1-\frac{n}{N}\right)}=\sqrt{\frac{400^2}{100}\times\left(1-\frac{100}{10\ 000}\right)}=39.80$（千米）

$\bar{x}\pm t\mu_{\bar{x}}=5\ 000\pm1.96\times39.80=5\ 000\pm78.01$（千米）

即：$4\ 921.99\leqslant\bar{X}\leqslant5\ 078.01$（千米）

有了区间估计的结果，就可以对这批轮胎的使用寿命得出结论。因为区间估计最低千米数为4 921.99千米，可将4 900千米规定为最低可行驶千米数。这样做虽不能保证100%

的可靠，但可以有95%的把握，还是可信的。

［例8-8］利用［例8-3］的资料，在95.45%的置信度下估计全体学生月平均生活费用的可能范围，以及月生活费用在1 000元以上学生所占比重的可能范围。

根据前面的计算知：$\bar{x}=800$元，$p=20\%$，$\mu_{\bar{x}}=8.94$元，$\mu_p=1.79\%$

且F（t）=95.45%，查表得t=2。

则：$\Delta_{\bar{x}}=t\mu_{\bar{x}}=2\times8.94=17.88$（元）

$\Delta_p=t\mu_p=2\times1.79\%=3.58\%$

用公式（8.29）计算出全体学生月平均生活费用的可能范围：

$800-17.88\leqslant\bar{X}\leqslant800+17.88$

即：$782.12\leqslant\bar{X}\leqslant817.88$

用公式（8.30）计算全体学生中月生活费用在1 000元以上的学生所占比重的可能范围：

$20\%-3.58\%\leqslant P\leqslant20\%+3.58\%$

即：$16.42\%\leqslant P\leqslant23.58\%$

［例8-9］从某县农民家庭中随机抽取100户调查其年收入情况。农民家庭按年人均纯收入额分组的资料见表8-7。

表8-7 某县百户农民家庭按年人均纯收入分组资料

按年人均纯收入分组（元）	农户数（户）
9 000以下	3
9 000～10 000	7
10 000～11 000	28
11 000～12 000	32
12 000～13 000	20
13 000以上	10
合　计	100

要求以95%的置信度对全县农民家庭的年人均纯收入和年人均纯收入在10 000元以上户数所占比重做出区间估计。

根据表8-7的资料计算得到表8-8。

表8-8 某县百户农民家庭按年人均纯收入分组抽样指标计算表

按年人均纯收入分组（元）	农户数f（户）	组中值x（元）	xf（元）	$(x-\bar{x})^2$	$(x-\bar{x})^2f$
9 000以下	3	8 500	25 500	8 352 100	25 056 300
9 000～10 000	7	9 500	66 500	3 572 100	25 004 700
10 000～11 000	28	10 500	294 000	792 100	22 178 800
11 000～12 000	32	11 500	368 000	12 100	387 200
12 000～13 000	20	12 500	250 000	1 232 100	24 642 000
13 000以上	10	13 500	135 000	4 452 100	44 521 000
合　计	100	—	1 139 000	—	141 790 000

100户农民家庭的年人均纯收入为：

$$\bar{x}=\frac{\sum xf}{\sum f}=\frac{1\ 139\ 000}{100}=11\ 390\text{（元）}$$

100户农民家庭年人均纯收入的方差为：

$$s^2=\frac{\sum (x-\bar{x})^2 f}{\sum f}=\frac{141\ 790\ 000}{100}=1\ 417\ 900\text{（元）}$$

100户农民家庭中年人均纯收入在10 000元以上的户数所占比重为：

$$p=\frac{28+32+20+10}{100}\times 100\%=90\%$$

分别利用公式（8.27）和公式（8.28），求出抽样的误差范围：

$$\Delta_{\bar{x}}=t\mu_{\bar{x}}=t\sqrt{\frac{s^2}{n}}=1.96\times\sqrt{\frac{1\ 417\ 900}{100}}=233.40\text{（元）}$$

$$\Delta_p=t\mu_p=t\sqrt{\frac{p(1-p)}{n}}=1.96\times\sqrt{\frac{0.9\times(1-0.9)}{100}}\times 100\%=5.88\%$$

用公式（8.29）计算得出全县农民家庭年人均纯收入的可能范围为：

$$11\ 390-233.40\leqslant\bar{X}\leqslant 11\ 390+233.40$$

即：$11\ 156.60\leqslant\bar{X}\leqslant 11\ 623.40$

用公式（8.30）计算得全县农民家庭中年人均纯收入在10 000元以上的户数所占比重的可能范围为：

$$90\%-5.88\%\leqslant P\leqslant 90\%+5.88\%$$

即：$84.12\%\leqslant P\leqslant 95.88\%$

需要指出的是，在进行抽样推断时，当总体分布呈正态且σ^2已知时，公式（10.29）中的$\Delta_{\bar{x}}$可采用公式（8.7）、公式（8.8）或公式（8.9）计算；而当总体呈正态分布且σ^2未知时，公式（8.7）、公式（8.8）或公式（8.9）中的σ^2可用s^2代替。小样本情况下，概率度t值由t分布确定；大样本情况下，概率度t值仍可采用正态分布取近似值。如果是非正态总体且为小样本，只能采用非参数统计的方法进行推断。推断总体成数时，一般要求大样本。

第四节 必要样本容量的确定

为了保证抽样工作的顺利进行，在具体实施抽样调查之前需要设计出抽样方案。抽样方案的内容一般包括调查的目的和要求、调查费用、抽样的组织方式、抽样的方法、样本容量等，其中重要的内容是样本容量的确定。

一、影响样本容量的主要因素

样本容量是决定抽样误差大小的直接因素，因此，在组织抽样调查时，必须事先确定必要的样本容量。所谓必要的样本容量是指在一次抽样中，抽取的样本单位数量既不过多也不过少，而是保持在一个适度的数量范围内。确定必要抽样单位数目的原则是在保证预期的抽样推断可靠程度的要求下，尽量减少样本单位数目。这是因为，虽然抽取的单位数越多，样本的代表性越大，抽样误差越小，抽样推断越可靠，但是抽取的单位数目过多，会增加不必要的人力、物力和费用开支，造成浪费，而且还会影响资料提供的及时性。所以，应当在抽样调查之前，根据调查对象的特点和研究目的要求，做出科学的设计，确定必要的样本容量，使其既不浪费人力、物力、财力，又能取得较好的抽样推断效果。

样本容量主要受以下五个因素的影响：

（一）总体被研究标志的变异程度

总体被研究标志变异程度越大，需要的样本容量越大；反之，则越少。具体可依据总体各单位被研究标志方差σ^2或P（1-P）的大小确定。方差大，抽取的样本单位数目可以确定得多一些；相反则可以确定得少一些。

（二）对推断精确度的要求

对推断的精确度要求越高，允许误差Δ越小，这时就需要将样本容量确定得大一些；如果对推断的精确度要求较低，允许误差Δ大一点，则可以将样本容量确定得小一些。

（三）对推断可靠性的要求

抽样推断的可靠程度与概率度t值有关。如果要求可靠程度高，概率度t值就大，就需要更大的样本容量；反之，如果要求的可靠程度低，概率度t值也小，则可以将样本容量确定得小一些。

（四）抽样调查的组织方式和方法

对于同一对象要求有同样的精确度和保证程度的抽样推断，用等距抽样和分层（类型）抽样，样本容量就可以确定得小一些。若用纯随机和整群抽样方式，样本容量就要定得大一些。至于用重复抽样或不重复抽样方法，后者的样本容量可确定得小一些。

（五）人力、物力和财力的条件

从以上因素考虑的样本容量，还应结合调查的人力、物力和财力的具体情况作适当调整，然后再最后确定。

二、确定样本容量的方法

在抽样调查前，调查者通常要根据调查对象的特点和研究目的，提出两条主要要求：（1）抽样调查的误差范围或允许误差不得大于多少，这就规定了误差范围Δ的值；（2）抽样推断的结果要有多大的保证程度，这就规定了概率度t值。可见，必要样本容量的计算公式，是从$\Delta=t\mu$这个公式中推导出来的。

（一）简单随机抽样时必要样本容量的计算

在简单随机抽样中，必要样本容量的计算公式有：

1.在重复抽样条件下

（1）推断总体平均数所需要的样本容量

$$n_{\bar{x}}=\frac{t^2\sigma^2}{\Delta_{\bar{x}}^2} \tag{8.31}$$

（2）推断总体成数所需要的样本容量

$$n_p=\frac{t^2P(1-P)}{\Delta_p^2} \tag{8.32}$$

2.在不重复抽样条件下

（1）推断总体平均数所需要的样本容量

$$n_{\bar{x}}=\frac{t^2\sigma^2N}{N\Delta_{\bar{x}}^{\ 2}+t^2\sigma^2} \tag{8.33}$$

（2）推断总体成数所需要的样本容量

$$n_p=\frac{t^2P(1-P)N}{N\Delta_p^2+t^2P(1-P)} \tag{8.34}$$

（二）确定必要样本容量应注意的问题

在确定必要样本容量时应注意以下三个问题

1.关于重复抽样和不重复抽样样本容量的处理

在实际工作中，当抽样比例很小（即n/N很小）时，即使采用的是不重复抽样，但仍可以按重复抽样的公式来计算必要的样本容量。

2.关于总体标准差σ^2和总体成数P的处理

在计算样本容量的公式中，总体标准差σ^2和总体成数P通常都是未知的，也没有样本数据可代替。在这种情况下，如果有历史上同类抽样调查的数据，可以利用过去同类调查数据作为总体标准差σ^2和总体成数P；如果没有历史数据可以通过试测取得所需数据；也可以取P=0.5作为总体成数。

3.关于不同样本容量取舍的处理

根据平均数的公式和成数的公式所计算出的必要样本容量往往不相等，有时甚至相差很大，为了保证抽样判断的准确程度，则应选用其中较大的样本容量；如果计算结果有小数应向上取整。

［例8-10］假定某乡有农户18 000户，在某次对农户收入的抽样调查中，调查方案确定的是采用不重复的纯随机抽样方式，并且要求人均收入的极限误差控制在150元以内，把握程度为95.45%。问该抽多少农户？如果极限抽样误差要求控制在75元以内，又应抽多少户？（注：根据以往资料，全乡人均收入标准差为1 500元）

根据前述关于重复抽样和不重复抽样样本容量的处理方法，本题可以直接采用重复抽样的计算公式确定样本容量。但作为研究和比较两种不同抽样方法所需要样本容量的差异，本题也同时给出不重复抽样所需要的样本容量。

（1）采用重复抽样公式计算。

当极限误差$\Delta_{\bar{x}}\leq150$元时，根据公式（8.31）有：

$$n_{\bar{x}}=\frac{t^2\sigma^2}{\Delta_{\bar{x}}^{\ 2}}=\frac{2^2\times1\,500^2}{150^2}=400\text{（户）}$$

当极限抽样误差$\Delta_{\bar{x}}\leq75$元时，根据公式（8.31）有：

$$n_{\bar{x}}=\frac{t^2\sigma^2}{\Delta_{\bar{x}}^{\ 2}}=\frac{2^2\times1\,500^2}{75^2}=1\,600\text{（户）}$$

可见，在重复抽样中，极限误差缩小一半（即为原来的1/2）时，必须把样本容量增加到原来的4倍。

（2）采用不重复抽样公式计算。

当极限抽样误差$\Delta_{\bar{x}}\leq150$元时，根据公式（8.33）有：

$$n_{\bar{x}}=\frac{18\,000\times 2^2\times 1\,500^2}{18\,000\times 150^2+2^2\times 1\,500^2}=391.3\approx 392（户）$$

当极限抽样误差缩小一半（即为原来的1/2）时，根据公式（8.33）有：

$$n_{\bar{x}}=\frac{18\,000\times 2^2\times 1\,500^2}{18\,000\times 75^2+2^2\times 1\,500^2}=1\,469.4\approx 1\,470（户）$$

如果采用其他抽样组织方式，则公式略有不同。例如，采用重复的分层抽样，则所需的抽样数目计算公式为：

$$n_{\bar{x}}=\frac{t^2\overline{\sigma^2}}{\Delta_{\bar{x}}^{\ 2}} \tag{8.35}$$

$$n_p=\frac{t^2\overline{p(1-p)}}{\Delta_p^2} \tag{8.36}$$

复习思考练习题

1.简述抽样调查中随机原则的含义和抽样调查的作用。

2.抽样推断时为什么必须遵循随机原则抽取样本？

3.重复抽样与不重复抽样有什么不同？点估计与区间估计有什么区别？

4.在实际中，抽样调查多采用不重复抽样方法抽取样本，但在计算抽样平均误差时也可以采用重复抽样条件下的公式，原因何在？

5.一批商品（10 000件）运抵仓库，随机抽取100件检验其质量，发现有10件不合格。试按重复抽样与不重复抽样分别计算合格率抽样平均误差。

下章内容导引

我们知道夏季气温的高低是影响冰淇淋销售量的一个重要的因素。一般来讲，气温越高，冰淇淋的销售情况会越好。一家大型冰淇淋连锁店的经营者想要扩大规模，开设新的连锁店，为了避免盲目开店造成不必要的损失，需要预测一下准备开店的地区当年夏季冰淇淋的销售情况，为此可以用该地区以往年份夏季连续若干天进行观察记录得到的每天最高气温与冰淇淋的销售额资料，进行定性、定量分析。对夏季气温与冰淇淋的销量的关系进行分析，在确认两者之间是相关关系的前提下，构建相应的数学模型，进行回归分析，进而预测当年夏季冰淇淋的销售额，再结合气象等其他因素判断是否应当增开连锁店，扩大经营规模。如何进行相关分析和回归分析呢？第九章内容将会给出答案。

第九章 相关与回归分析

内容提要

相关分析与回归分析是两种既有区别又有联系的统计分析方法。本章阐述了相关关系的概念与特点；相关关系与函数关系的区别与联系；相关关系的种类；相关关系的测定方法（直线相关系数的含义、计算方法与运用）；回归分析的概念与特点；回归直线方程的求解及其精确度的评价；估计标准误差的计算。

第一节 相关分析的一般问题

一、相关关系的概念与特点

（一）相关关系的概念

在自然界与人类社会中，许多现象之间是相互联系、相互制约的，表现在数量上也存在着一定的联系。这种数量上的联系和关系究其实质，可以概括为两种不同类型，即函数关系与相关关系。

函数关系是指现象之间客观存在的，在数量变化上按一定法则严格确定的相互依存关系。在此种关系中，对于某一变量的每一个数值，都有另一个变量的确定值与之对应，并且可以用一个数学表达式表达出来。例如，正方形面积（s）与边长（a）的函数关系是 $s=a^2$；电流（I）与电压（U）和电阻（R）的关系是 $I=\frac{U}{R}$；商品销售额（y）是商品销售价格（P）与商品销售量（Q）的乘积，当商品销售价格（P）不变时，销售额（y）由销售量（Q）唯一确定，Q与y具有一一对应的确定关系，可以用 $y=PQ$ 这种函数来表达。以上这些都是函数关系，这类现象的变化关系是确定的，已知某现象数值，可求解出另一现象的数值。

相关关系是指现象之间客观存在的、在数量变化上受随机因素影响的、非确定性的相互依存关系。例如，商品销售额与流通费用率之间的关系就是一种相关关系。

（二）相关关系的特点

相关关系具有以下两个明显的特点：

1.相关关系表现为现象之间数量上的相互依存关系

相关关系表现为现象之间数量上的相互依存关系，即一个现象在数量上发生变化，另一个现象也会相应地发生数量上的变化。例如，一定限度内，施肥量增加，粮食产量会随之增多；劳动生产率提高，产品的产量也会随之增加；银行利率提高，存款额会随之增多。这样，施肥量与粮食产量、劳动生产率与产品产量、银行利率与存款额之间存在着相关关系。因为，在这几对现象中，一个现象发生了数量上的变化，另一个现象也随之发生变化。

2.相关关系在数量上表现为非确定性的相互依存关系

存在相关关系的两个变量，对应于一个变量的取值，另一个变量可能有多个数值与之对应。例如，对于同一个施肥量值，可能会有多个单位面积产量数值；同一个劳动生产率值也可能有多个产品产量值与之对应。这是因为，任意一种现象的产生，其诱发的原因都是多方面的，若只研究其中一个或几个原因，对其他因素未予控制，变量间的因果关系就表现为这种非确定性的依存关系。在相互依存的两个变量中，引起另一现象数量发生变化的变量叫自变量，也称解释变量；由自变量变化导致发生对应变化的变量叫因变量，也称被解释变量。自变量常用x表示，因变量常用y表示。

二、相关关系的种类

现象间的相关关系，从不同的角度，按不同的标准划分，可以有不同的分类。不同种类的相关关系，需要用不同的方法进行研究。

现象间的相关关系主要有以下几种分类：

（一）单相关和复相关

相关关系按变量的多少，可分为单相关和复相关。

单相关是指两个变量间的相关关系，如自变量x和因变量y的关系。在实际中，如身高与体重、降雨量与粮食单位亩产、机床使用年限与维修费用、总产量与单位成本等都是单相关。

复相关是指多个自变量与一个因变量间的相关关系，如气温、降雨量、施肥量、播种面积与粮食总产量的相关关系，资金周转速度、流通费用、销售量、销售价格与销售利润间的相关关系等都是复相关。在社会经济现象中，许多现象都是相互依存、彼此关联的，它们的相关关系都是复相关。

（二）直线相关和曲线相关

相关关系从表现形态上划分，可分为直线相关和曲线相关。

直线相关是指两个变量的对应取值在坐标图中大致呈一条直线的相关关系。

曲线相关是指两个变量的对应取值在坐标图中大致呈一条曲线的相关关系，如抛物线、指数曲线、双曲线等。

相关关系究竟表现为直线还是某种曲线，这是客观现象本身所固有的，不是由人的主观意识所决定的。现象表现为不同形式的相关关系，就要用不同的统计方法去研究，因此，进行相关分析时，首先要确定相关关系的表现形态。

（三）正相关和负相关

从变动方向上划分，相关关系可分为正相关和负相关。

正相关是指在直线相关中，两个变量的变动方向相同，即自变量x增加，因变量y也相应增加；自变量x减少，因变量y也相应减少。例如，在一般情况下，身高增加，体重也增加；在一定范围内，施肥量增多，单产也增多；在正常情况下，居民货币收入增多，商品零售额也增多等，这些都是正相关。

负相关是指在直线相关中，两个变量的变动方向相反，即自变量x增加，因变量y反而减少；自变量x减少，因变量y反而增加。例如，商品价格降低，商品的销售量增多；总产量增加，产品的单位成本降低；商品的流通费用增加，销售利润额减少等。

（四）完全相关、不完全相关和不相关

按相关关系的密切程度分，相关关系可分为完全相关、不完全相关和不相关。

完全相关是两个变量之间在数量方面有确定性依存关系的相关关系，即函数关系。函数关系是数学科学所研究的对象。

若两个变量之间有一定的数量依存关系，当一个变量变化时，另一个变量也会因此发生变化，但不存在严格的数量依存关系，则称为不完全相关关系。不完全相关关系是统计科学所研究的对象。

若两个变量之间各自独立，当一个变量数量发生变化时，另一个变量数量上不发生任何变化，或呈不规则变化，称为不相关。

三、相关分析的内容

相关分析是对客观社会经济现象间存在的相关关系进行分析研究的一种统计方法。其目的在于对现象间所存在的依存关系及其所表现出的规律进行数量上的推断和认识，以便为回归分析提供依据。相关分析的内容和程序是：

（一）判别现象间有无相关关系

现象间有无相关关系，这是相关分析的出发点。只有现象间确实存在相关关系，才可能进行相关分析。所以，在进行相关分析时，首先要通过定性分析，借助相关表和相关图来判别现象间是否确实存在相关关系，否则就会产生认识上的偏差，得出错误的分析结论。

（二）判定相关关系的表现形态和密切程度

相关关系是一种数量上非确定性的相互依存关系。只有当变量间相关关系的密切程度表明对其进行分析具有一定意义时，才可以进行相关分析。因此，当判定现象间存在相关关系后，还需要进一步确定相关关系的表现形态和密切程度。统计上，一般是通过编制相关表、绘制相关图和计算相关系数来做出判断。根据相关图表可对相关关系的表现形态和密切程度做出一般性的判断，依据相关系数则能作出数量上的具体分析。

第二节 相关关系的判断与分析

一、相关关系的一般判断

进行相关关系分析，首先要判断现象间是否存在相关关系。判断现象间是否存在相关关系，一般是先对现象进行定性分析，再通过编制相关表和绘制相关图进一步判断。

（一）定性分析

对现象进行定性分析，就是根据现象之间的本质联系和质的规定性，运用理论知识、专业知识、实际经验来进行判断和分析。例如，根据经济理论来判断居民的货币收入与社会商品购买力是否存在相关关系；根据会计学理论来判断生产成本与利润有无相关关系；根据生物遗传理论来判断父辈的身高与子辈的身高是否存在相关关系等。定性分析是进行相关分析的基础，在此基础上，根据需要通过编制相关表和绘制相关图来进行分析。

（二）相关表

相关表就是把被研究现象的观察值对应排列所形成的统计表格，如某地区工业固定资产投资与工业增加值的历史资料对应排列所形成的表9-1。

表 9-1　　某地区工业固定资产投资与工业增加值相关表

工业固定资产投资（万元）	工业增加值（亿元）
1 373	156
1 501	174
1 400	179
1 375	212
1 401	257
2 416	401
2 881	527
2 979	565
2 224	345
1 705	303

相关表中的两列数据称为相关数列。相关表中的数值是变量的观测值，是实际资料，是样本数据，它是判别相关关系的基础。在相关表中，如果观测值的分布呈现一定的规律，则表明现象间存在相关关系，如随着一个变量数值的增加或减少，另一个变量的值也大致以某一固定的速率和数量增加或减少，就可以初步判别现象间存在相关关系。如果两个变量的观测值不表现出任何规律，则可以判定现象间不存在相关关系。

相关表可分为简单相关表和分组相关表。表 9-1 为简单相关表。分组相关表，是把简单相关表的资料适当并组后编制而成的相关表。按分组的情况不同，分组相关表又可分为两种：单变量分组相关表和双变量分组相关表。

单变量分组相关表是在具有相关关系的两个变量中，只对自变量进行分组的相关表（见表 9-2）。

表 9-2　　商品销售额与流通费用率单变量分组相关表

商店按商品销售额分组（万元）	商店个数（个）	流通费用率（%）
40 以下	14	9.81
40 ~ 80	22	7.90
80 ~ 120	38	7.32
120 ~ 160	44	7.00
160 ~ 200	66	6.80
200 ~ 240	50	6.71
240 ~ 280	34	6.66
280 ~ 320	26	6.60
320 ~ 360	10	6.56

双变量分组相关表就是对自变量和因变量都进行分组的相关表。如果两个相关变量变动均较为复杂，根据分析的需要，同时对两个变量进行分组，即对总体作复合分组，一个分组设在主体栏，另一个分组设在叙述栏，形成棋盘式的表格，叫双变量分组相关表（见表 9-3）。

表 9-3　　　　化肥施用量与稻谷单产量双变量分组相关表

按单产量分组（千克/公顷）	按化肥施用量分组（千克/公顷）							施肥田块合计（块）
	300	450	600	750	900	1 050	1 200	
8 250 ~ 9 000							2	2
7 500 ~ 8 250					1	3	1	5
6 750 ~ 7 500					2	2		4
6 000 ~ 6 750				3				3
5 250 ~ 6 000			1	2	2			5
4 500 ~ 5 250		1	2	1				4
3 750 ~ 4 500		2	1					3
3 000 ~ 3 750	1	1	1					3
2 250 ~ 3 000	1							1
产量田块合计（块）	2	4	5	6	5	5	3	30

这张双变量分组相关表按照相关图的形式作了特别的设计，形成图表结合的模式，因此，能更加清楚地反映这两个现象之间的相关关系。除上例外，在其他方面也可以编制类似的双变量分组相关表，如工业企业按产量和成本水平同时分组、对同行业的商业企业按企业规模和流通费用率水平同时分组等。这种双变量分组相关表，可作为探寻最佳方案、提高经济效益的一种工具。但是，根据双变量分组表的资料来计算相关分析指标比较复杂，所以，在相关分析中较少使用。

（三）相关图

相关图也叫相关散点图，它是根据相关表中的观测数据在坐标图中绘制的点状图形。用 x 和 y 分别代表两个变量，把相关表中的对应观测值一一描绘在坐标图中，则形成了反映相关点分布状况的图形，据此可以观测现象间相关关系的情况（如根据表 9-1 的数据所绘制的图 9-1 和根据表 9-2 的数据所绘制的图 9-2）。

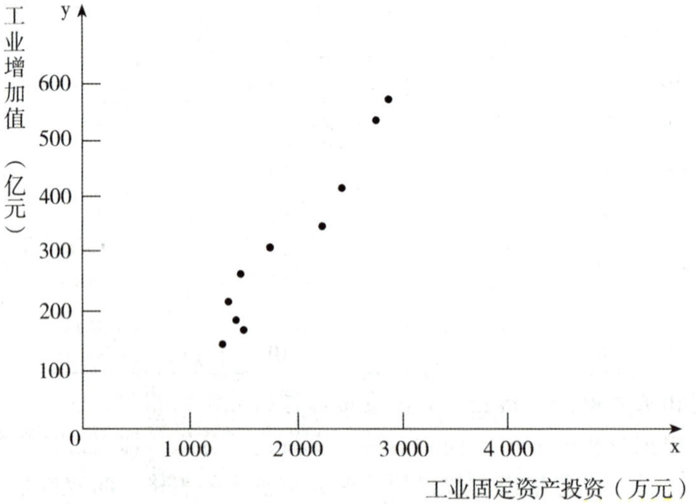

图 9-1　工业固定资产投资与工业增加值相关图

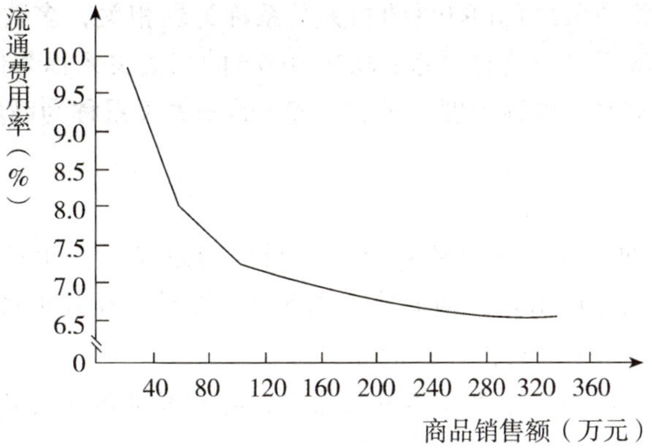

图9-2　商品销售额与流通费用率相关图

在相关图中，若相关点呈现出一定的规律，如大致为一条直线（如图9-1所示）或一条曲线（如图9-2所示），则表明现象间存在相关关系，且为直线相关或曲线相关。相关点越密集，表明相关关系越密切。若相关点分布毫无规律，则表明现象间无相关关系或存在低度的相关关系。

二、相关关系的定量分析

现象间的相关关系，有直线相关和曲线相关。其中，直线相关关系的密切程度是通过直线相关系数来度量的。

（一）相关系数的含义

相关系数是指直线相关条件下，说明两种现象之间相关关系密切程度和方向的相对数，用r表示。其定义公式为：

$$r=\frac{\sigma_{xy}^{2}}{\sigma_x\sigma_y} \tag{9.1}$$

式中：$\sigma_{xy}^{2}=\frac{\sum(x-\bar{x})(y-\bar{y})}{n}$为自变量x和因变量y的协方差；$\sigma_x=\sqrt{\frac{\sum(x-\bar{x})^2}{n}}$为自变量x数列的标准差；$\sigma_y=\sqrt{\frac{\sum(y-\bar{y})^2}{n}}$为因变量y数列的标准差。

依直线相关系数的定义公式可知相关系数的含义如下：

1.r的取值范围

r的取值范围为$-1\leqslant r\leqslant 1$，即$|r|\leqslant 1$。因为协方差的绝对值最小为0，最大为σ_x和σ_y的乘积。

2.正负相关的判断

$r>0$，表明现象呈正直线相关；$r<0$，表明现象呈负直线相关。

3.相关密切程度的判断

$|r|$越接近于1，表明相关关系越密切；当$|r|=1$时，表明两种现象之间完全相关，即函数关系。

$|r|$越接近于0，表明相关关系越不密切；当$r=0$，表明两种现象无直线相关关系，但也许存在曲线相关关系。

在实际中，通常将现象之间$|r|<0.3$的相关关系称为弱相关，多数情况下可以将其视为无相关关系，从而也就不研究这种关系；$0.3\leqslant|r|<0.5$的相关关系称为低度相关；$0.5\leqslant|r|<0.8$的相关关系称为显著相关，也称中度相关；$|r|\geqslant0.8$的相关关系称为高度相关。

（二）相关系数的计算

1.根据相关系数的定义公式计算相关系数

在根据相关系数的定义公式具体计算时，可以通过设计一个计算表，将公式（9.1）中所需要的基本数据先计算出来，即需要列出5个计算栏，并分别将$(x-\bar{x})$、$(y-\bar{y})$、$(x-\bar{x})(y-\bar{y})$、$(x-\bar{x})^2$、$(y-\bar{y})^2$及其合计数计算出来。

［例9-1］已知某市的地区生产总值和社会商品零售总额的历史资料如表9-4所示。

表9-4　某市的地区生产总值和社会商品零售总额历史资料　单位：亿元

年份（序号）	地区生产总值	社会商品零售总额
1	39	20
2	45	22
3	52	26
4	63	34
5	70	36
6	80	39
7	85	40

现根据表9-4的资料，用定义公式计算相关系数，其计算过程数据列于表9-5中。

表9-5　相关系数计算表（一）

地区生产总值x（亿元）	社会商品零售总额y（亿元）	$(x-\bar{x})$ $(\bar{x}=62)$	$(y-\bar{y})$ $(\bar{y}=31)$	$(x-\bar{x})(y-\bar{y})$	$(x-\bar{x})^2$	$(y-\bar{y})^2$
39	20	-23	-11	253	529	121
45	22	-17	-9	153	289	81
52	26	-10	-5	50	100	25
63	34	1	3	3	1	9
70	36	8	5	40	64	25
80	39	18	8	144	324	64
85	40	23	9	207	529	81
434	217	—	—	850	1 836	406

根据表9-5中的数据得：

$$r=\frac{\sigma_{xy}^2}{\sigma_x\sigma_y}=\frac{\dfrac{\sum(x-\bar{x})(y-\bar{y})}{n}}{\sqrt{\dfrac{\sum(x-\bar{x})^2}{n}}\sqrt{\dfrac{\sum(y-\bar{y})^2}{n}}}=\frac{\dfrac{850}{7}}{\sqrt{\dfrac{1\,836}{7}}\times\sqrt{\dfrac{406}{7}}}=0.985$$

由于这是通过变量离差乘积之和的平均数来计算相关系数的，所以这个公式称为积差法公式。

2.相关系数的简捷计算法

按照定义公式计算相关系数r运算量较大，过程烦琐，实践中多采用由定义公式推导出的简捷公式计算相关系数。

简捷计算公式为：

$$r=\frac{n\sum xy-\sum x\sum y}{\sqrt{n\sum x^2-(\sum x)^2}\sqrt{n\sum y^2-(\sum y)^2}} \tag{9.2}$$

按照这一公式计算相关系数，只需列3个计算栏：xy、x^2、y^2，且避免了平均数、协方差、标准差的直接计算，大大简化了运算过程。

现根据表9-4中的数据，用简捷公式计算相关系数（见表9-6）。

表9-6　相关系数计算表（二）

地区生产总值x（亿元）	社会商品零售总额y（亿元）	xy	x^2	y^2
39	20	780	1 521	400
45	22	990	2 025	484
52	26	1 352	2 704	676
63	34	2 142	3 969	1 156
70	36	2 520	4 900	1 296
80	39	3 120	6 400	1 521
85	40	3 400	7 225	1 600
434	217	14 304	28 744	7 133

$$r=\frac{n\sum xy-\sum x\sum y}{\sqrt{n\sum x^2-(\sum x)^2}\sqrt{n\sum y^2-(\sum y)^2}}$$

$$=\frac{7\times 14\,304-434\times 217}{\sqrt{7\times 28\,744-434^2}\times\sqrt{7\times 7\,133-217^2}}=0.985$$

3.相关系数的其他计算公式

在公式（9.1）中，分子、分母中均有$\frac{1}{n}$，因此可以消掉，于是可得：

$$r=\frac{\sum(x-\bar{x})(y-\bar{y})}{\sqrt{\sum(x-\bar{x})^2}\sqrt{\sum(y-\bar{y})^2}} \tag{9.3}$$

根据相关系数的定义公式，可推导出相关系数的其他计算公式：

$$r=\frac{\sum xy-n\bar{x}\bar{y}}{\sqrt{\sum x^2-n(\bar{x})^2}\sqrt{\sum y^2-n(\bar{y})^2}} \tag{9.4}$$

$$r=\frac{\overline{xy}-\bar{x}\bar{y}}{\sigma_x\sigma_y} \tag{9.5}$$

式中：$\overline{xy}=\frac{\sum xy}{n}$。

根据掌握的有关统计资料，可灵活选择合适的公式计算相关系数，以达到简单易行的目的。

第三节 回归分析的一般问题

一、回归分析的概念与特点

（一）回归分析的概念

“回归”一词是英国生物学家高尔顿（Francis Galton，1822—1911）首先提出的。高尔顿在研究父母身高和子女身高的关系时发现：身材特别高的父母所生的孩子其身材并非特别高，而身材特别矮的父母所生孩子的身材也并非特别矮，子辈身高有向父辈平均身高逼近的趋向，他把这种现象称为“身高数值从一极端至另一极端的回归”。后来，高尔顿的学生皮尔逊（Karl Pearson，1857—1936）把回归的概念同数学的方法联系起来，把代表现象之间一般数量关系的统计模型称为回归直线或回归曲线，从而形成了统计上著名的回归理论。此后，“回归”这个词被用来泛指变量之间的一般数量关系。

现象之间的相关关系，虽然不是严格的函数关系，但现象之间的一般关系值，可以通过函数关系的近似表达式来反映，这种表达式根据相关现象的实际对应资料，运用数学的方法来建立，这类数学方法称为回归分析。其含义是，根据现象之间相关关系的形式，配合一条最适合的直线或曲线（本章只介绍直线），用这条直线或曲线反映它们之间数量变化的一般关系，即当自变量发生一个量的变化时，因变量一般会（或平均会）发生多大量的变化。例如，居民的可支配收入每增加一千元，他们的最终消费支出会平均增加多少元。反映现象间相关关系数量变化规律的这条直线，就叫回归直线，表现这条回归直线的数学表达式，称直线回归模型，它是估计或预测因变量的经验数据模型。直线回归模型有一元线性回归模型（只反映两个现象之间的相关关系）和多元线性回归模型（反映三个或三个以上现象之间的相关关系）。本章仅讨论一元线性回归模型。

（二）回归分析的特点

与相关分析相比，回归分析具有以下两个特点：

1.回归分析的两个变量是非对等关系

在相关分析中，相关关系的两个变量是对等的。而在回归分析中，两个变量是不对等关系，需要确定哪个是因变量，哪个是自变量。自变量、因变量不同，所建立的回归模型和得出的分析结果也不同。

2.在回归分析中，因变量是随机变量，自变量是可控制变量

在回归分析中，当两种现象之间表现为双向因果关系时，可依研究的目的分别建立y对于x的回归方程和x对于y的回归方程；而在相关分析中，被研究的两个变量都是随机变量，它只能计算出一个反映两个变量之间相关密切程度的统计分析指标——相关系数。

相关分析是回归分析的基础，回归分析是相关分析的继续和深入。只有当两个变量间存在相关关系时，进行回归分析才有意义。

二、回归分析的内容

回归分析是指将具有相关关系的现象的变量转变为函数关系，并建立变量关系的数学表达式，来研究变量之间数量变动关系的统计分析方法。

其具体包括以下两个方面内容：

（一）确定现象之间相关关系的数学模型

回归分析的目的之一就是根据一个现象的变动对另一个现象的变动做出数量上的估计，测定变量间的一般数量变化关系，即建立描述现象间相关关系的数学模型——回归方程，用函数关系式近似地表现相关关系，进而找出现象间相互依存关系在数量上的规律，作为判断、估计、预测的依据。

（二）测定数学模型的拟合精度

数学模型是对现象间相关关系进行回归分析的数量描述形式，模型的拟合精度直接影响着统计分析结论的准确性。因此，在模型建立后，需要对其精确度进行检验。统计上一般通过计算估计标准误差来测定模型的拟合精度。估计标准误差越小，说明模型的拟合精度越高，从而统计分析结论的可靠性就越高；反之，估计标准误差越大，说明模型的拟合精度越低，则统计分析结论的可靠性就越低。

三、相关分析和回归分析的区别与联系

相关分析与回归分析既相互区别又密切联系，是相辅相成的。相关分析是研究两个或两个以上变量之间相关关系的方向、表现形式及其密切程度的分析。判断相关关系的方向、表现形式及其密切程度，一般可通过进行定性与定量分析、编制相关图表、计算相关系数等方法。回归分析是指将相关现象的关系转变为函数关系，并建立变量关系的数学表达式，来研究变量之间数量变动关系的统计分析方法。

相关分析和回归分析是研究现象之间相互依存关系的不可分割的两个方面。一般先进行相关分析，测定相关现象之间的相关程度，进而决定是否需要进行回归分析，并拟合相应的回归方程，以便进行推算和预测等，可以说相关分析是进行回归分析的基础，回归分析是把变量的相关关系转变为函数关系的手段，是相关分析的继续和深入。但需指出，相关分析可以不分自变量和因变量，而进行回归分析时，则必须明确自变量和因变量，当自变量与因变量位置互换时，所得到的回归方程不同。

第四节 一元线性回归模型的建立与检测

一、一元线性回归模型

一元线性回归模型，也称简单线性回归模型，是用来进行两个变量间的线性回归分析的模型。回归分析的重要内容之一，就是根据变量观测值构建回归直线方程，对现象间存在的一般数量关系进行描述。

（一）构建一元线性回归模型应具备的条件

构建一元线性回归模型应具备以下三个条件：

1.现象间确实存在数量上的相互依存关系

只有当两个变量之间的确存在相关关系时，所构建的回归模型才有意义，用以进行分析和预测才有价值。

2.现象间存在直线相关关系

一元线性回归方程在图形上表现为一条直线，因此，只有当两个变量的相关关系表现为直线相关时，所构建的直线方程才是对客观现象的真实描述，才可用来进行统计分析。如果现象间的相关关系表现为曲线，却构建一条直线，这必然会得出错误的分析结论。在实际中，一般借助散点图来判定现象间是否呈直线相关。

3.具备一定数量的变量观测值

一元线性回归方程是根据自变量和因变量的样本观测值求得的。因此，自变量x和因变量y两者应有一定数量的对应观测值，这是构建直线方程的依据。如果观测值太少，受随机因素的影响较大，就不易观察出现象间的变动规律，所求出的回归直线方程也就没有多大意义了。

（二）一元线性回归方程的求法

若以x表示自变量，y表示因变量，则其基本形式为：

$$\hat{y}=a+bx \tag{9.6}$$

式中：$\hat{y}$为回归估计值。

模型中的参数a、b与直线趋势方程相同，通常用最小平方法求得。最小平方法的数学出发点是：

$$\sum(y-\hat{y})^2=\text{最小值}$$

亦即：$\sum(y-a-bx)^2=$最小值

令G（a，b）=0，即：$\sum(y-a-bx)^2=0$

根据高等数学中求极值的原理：

$$\frac{\partial G}{\partial a}=0,\ \frac{\partial G}{\partial b}=0$$

得：$\begin{cases}\sum 2(y-a-bx)(-1)=0\\ \sum 2(y-a-bx)(-x)=0\end{cases}$

$$\text{即：}\begin{cases}\sum y=na+b\sum x\\ \sum xy=a\sum x+b\sum x^2\end{cases} \tag{9.7}$$

这就是求解参数a、b的二元一次方程组。解之即求得a、b的计算公式如下：

$$\begin{cases}b=\dfrac{n\sum xy-\sum x\sum y}{n\sum x^2-(\sum x)^2}\\ a=\dfrac{\sum y}{n}-\dfrac{b\sum x}{n}=\bar{y}-b\bar{x}\end{cases} \tag{9.8}$$

式中，b为回归系数，它表示自变量x每增加一个单位时，因变量y的平均增减量，b>0则为增量，b<0则为减量。b的符号与相关系数r的符号一致。若r>0，则b>0，变量呈正相关；若r<0，则b<0，变量呈负相关。

a为当自变量x为0时，因变量估计值$\hat{y}$的起点值，即截距。

［例9-2］某地区的地区生产总值和财政收入情况如表9-7中前两列所示。

表9-7　某地区的地区生产总值和财政收入情况及相关计算表

地区生产总值x（亿元）	财政收入y（亿元）	xy	x^2	y^2
20	8	160	400	64
22	9	198	484	81
25	10	250	625	100
27	12	324	729	144
29	12	348	841	144
30	14	420	900	196
32	15	480	1 024	225
185	80	2 180	5 003	954

现依表9-7中的数据求该地区的地区生产总值与财政收入之间的相关系数和一元线性回归方程。

根据相关系数的简捷公式得：

$$r=\frac{n\sum xy-\sum x\sum y}{\sqrt{n\sum x^2-(\sum x)^2}\sqrt{n\sum y^2-(\sum y)^2}}$$

$$=\frac{7\times 2\,180-185\times 80}{\sqrt{7\times 5\,003-185^2}\times\sqrt{7\times 954-80^2}}=0.978$$

再求回归直线方程：

$\hat{y}=a+bx$

将表9-7中的有关数据代入公式（9.8）得：

$$b=\frac{n\sum xy-\sum x\sum y}{n\sum x^2-(\sum x)^2}=\frac{7\times 2\,180-185\times 80}{7\times 5\,003-185^2}=0.578$$

$$a=\frac{\sum y}{n}-b\frac{\sum x}{n}=\bar{y}-b\bar{x}=\frac{80}{7}-0.578\times\frac{185}{7}=-3.847$$

则　$\hat{y}=-3.847+0.578x$

统计分析：计算结果表明，该地区的地区生产总值与财政收入之间存在着高度线性正相关关系，而且，当地区生产总值每增加1亿元时，财政收入平均增加0.578亿元。

需要说明的是，对上面所求的方程，只能给定自变量x的值去推算因变量y的值，而不能由y的值去推算x的值。

若x与y互为因果，则可建立以y为自变量、x为因变量的回归方程，再根据y的给定值去推算x的值。

二、估计标准误差

一元线性回归方程是在直线相关条件下，反映两个变量之间一般数量关系的数学模型。根据回归直线方程，可以由自变量的给定值估计出因变量的值。但是，估计出的因变量数值并不是一个精确数值，而是一个理论值。这就是说，由一元线性回归方程进行估计是会存在误差的。误差越大，说明拟合的回归直线方程越不精确；误差越小，说明拟合的回归直线方程越精确。因此，求出一元线性回归直线方程后，有必要对其拟合精度进行评价。估计标准误差就是进行这种评价的统计分析指标。

（一）估计标准误差的概念与计算

估计标准误差是因变量实际观测值与其估计值离差平方之和的算术平均数的平方根，用来说明一元线性回归方程代表性大小的统计分析指标。其定义公式为：

$$S_{yx}=\sqrt{\frac{\sum(y-\hat{y})^2}{n}} \tag{9.9}$$

式中：S_{yx}为估计标准误差；y为因变量实际观测值；$\hat{y}$为因变量估计值；n为相关数列的项数。

按照定义公式计算估计标准误差十分烦琐，运算量较大，因为它需要计算出因变量y所有的估计值。实践中，在已知一元线性回归方程的情况下，通常用下面的简捷公式计算估计标准误差：

$$S_{yx}=\sqrt{\frac{\sum y^2-a\sum y-b\sum xy}{n}} \tag{9.10}$$

下面根据［例9-2］的资料分别用定义公式和简捷公式计算比较估计标准误差（见表9-8）。

表9-8　估计标准误差计算表

地区生产总值x（亿元）	财政收入y（亿元）	y^2	xy	$\hat{y}$	$y-\hat{y}$	$(y-\hat{y})^2$
20	8	64	160	7.713	0.287	0.082
22	9	81	198	8.869	0.131	0.017
25	10	100	250	10.603	−0.603	0.364
27	12	144	324	11.759	0.241	0.058
29	12	144	348	12.915	−0.915	0.837
30	14	196	420	13.493	0.507	0.257
32	15	225	480	14.649	0.351	0.123
185	80	954	2 180	—	—	1.738

表9-8中的$\hat{y}$值是根据［例9-2］中的回归直线方程$\hat{y}=-3.847+0.578x$求得的。

按照定义公式（9.9）有：

$$S_{yx}=\sqrt{\frac{\sum(y-\hat{y})^2}{n}}=\sqrt{\frac{1.738}{7}}=0.50$$

按照简捷公式（9.10）有：

$$S_{yx}=\sqrt{\frac{\sum y^2-a\sum y-b\sum xy}{n}}=\sqrt{\frac{954-(-3.847)\times 80-0.578\times 2\,180}{7}}=0.50$$

（二）估计标准误差与相关系数的关系

估计标准误差与相关系数存在着密切的关系，二者的关系可由如下表达式描述：

$$r=\pm\sqrt{1-\frac{S_{yx}^2}{\sigma_y^2}} \tag{9.11}$$

根号前面的正负号表明正相关或负相关，具体取舍由回归系数的符号来确定：回归系数为正，则取正；回归系数为负，则取负。

在给定相关系数的情况下，估计标准误差的计算公式为：

$$S_{yx}=\sigma_y\sqrt{1-r^2} \tag{9.12}$$

由公式（9.12）可知：r越小，S_{yx}就越大，表明现象间的相关关系越不密切，一元线性回归方程的估计精度越低。特别地，当r=0时，S_{yx}取得最大值。这时，现象间不存在直线相关关系，但或许存在曲线相关关系。一元线性回归方程与y轴重合，此时x无论怎样变化，y的估计值$\hat{y}$始终保持与Y的实际观测值平均水平相同。

r越大，S_{yx}就越小，这表明现象间的相关关系越密切，一元线性回归方程的估计精度越高。特别地，当r=±1时，$S_{yx}=0$，现象完全相关，各相关点均落在一元线性回归直线上，此时，对x的任何变化，y的估计值$\hat{y}$总在回归直线上有一个相应的值与之对应。

（三）相关系数与回归系数的关系

相关系数与回归系数的关系可用如下公式表示：

$$r=b\frac{\sigma_x}{\sigma_y} \tag{9.13}$$

或 $$b=r\frac{\sigma_y}{\sigma_x} \tag{9.14}$$

推导过程如下：

因为 $$b=\frac{n\sum xy-\sum x\sum y}{n\sum x^2-(\sum x)^2}=\frac{\sigma_{xy}^2}{\sigma_x^2}$$

且 $$r=\frac{n\sum xy-\sum x\sum y}{\sqrt{n\sum x^2-(\sum x)^2}\sqrt{n\sum y^2-(\sum y)^2}}=\frac{\sigma_{xy}^2}{\sigma_x\sigma_y}$$

故 $$\frac{b}{r}=\frac{\sigma_x\sigma_y}{\sigma_x^2}$$

即 $$r=b\frac{\sigma_x}{\sigma_y}$$

（四）一元线性回归方程的变形形式

在$\hat{y}=a+bx$中，b是直线的斜率。由于回归直线方程必经过（$\bar{x}$，$\bar{y}$）点，根据点斜式直线方程的公式，一元线性回归方程可由下式给出：

$$\hat{y}-\bar{y}=r\frac{\sigma_y}{\sigma_x}(x-\bar{x}) \tag{9.15}$$

［例9-3］某银行各月存款平均增加额$\bar{x}$=165亿元，各月放款平均增加额$\bar{y}$=124亿元。又知各月存款、放款增加额的标准差分别为σ_x=5亿元、σ_y=4亿元。存款、放款增加额两个变量的相关系数r=0.8，试求放款增加额y与存款增加额x的回归直线方程及估计标准误差。

（1）先求回归直线方程。

根据公式（9.14）得：

$$b=r\frac{\sigma_y}{\sigma_x}=0.8\times\frac{4}{5}=0.64$$

又根据公式（9.8）得：

$$a=\bar{y}-b\bar{x}=124-0.64\times165=18.4$$

故所求回归直线方程为：

$$\hat{y}=18.4+0.64x$$

（2）求估计标准误差。

由公式（9.12）有：

$$S_{yx}=\sigma_y\sqrt{1-r^2}=4\times\sqrt{1-0.8^2}=2.4\text{（亿元）}$$

三、应用相关分析与回归分析应注意的问题

相关分析与回归分析都是重要的统计分析方法，在统计学知识体系中占有重要的地位。它们对于人们加深对现象间相互依存关系的认识，促使这种认识由定性阶段进入定量阶段具有重要意义。但是，应该看到，相关分析和回归分析与其他统计方法一样，也有自己的局限性，因此，在实践中应注意如下四个方面的问题：

（一）注意定性分析与定量分析的结合

相关分析是分析社会经济现象之间相关关系的，相关系数的计算、回归方程的建立都是基于现象间所固有的客观联系的。而现象之间是否一定存在相关关系，主要是靠定性分析，即依据社会经济理论、专业知识、实际经验对事物进行分析来判定。不通过定性分析，直接根据样本观测数据进行量化分析、构建模型，有时可能得出错误的结论。因为任何两列数据（即使是毫不相关的两个现象）都可以计算出相关系数，构建出回归模型，因此相关分析中的一切量化分析都应建立在定性分析的基础之上。

（二）注意客观现象质的规定性

现象间所存在的相互依存关系都是有一定数量界限的。例如，施肥量与粮食产量的关系，一般来说，施肥量越多，粮食产量越高，但是超过一定的限度，施肥量增加，粮食产量可能反而下降。同样地，固定资产投资与国民经济发展速度的关系也是有一个数量界限的。也就是说，某些现象之间的相关关系在一定的限度内是正相关，而超过这一界限，则可能是负相关，在一定的限度内是直线相关，而在另一界限内可能是曲线相关。如果在进行统计分析时不加以区分，不注意现象间质的数量界限，就可能影响统计分析结论的可信度。

（三）注意社会经济现象的复杂性

客观社会经济现象间彼此有着千丝万缕的联系，某一现象发生的原因，有可能是另一现象出现的结果。而且，有时某一事件的出现可能导致诸多事件的发生，产生一系列的连锁反应。因此，在进行统计分析时，要充分考虑现象间关系的复杂性，注意偶然和个别因素的影响，这样才能保证统计分析结论的质量。

（四）注意对相关系数和回归直线方程的有效性进行检验

应该注意到，相关分析中所得出的回归系数、回归直线方程、估计标准误差等都是根据样本数据求得的，但所得的结论却是针对总体的。例如，由30个人的身高与体重值计算出相关系数为0.95，所得出的结论并不是说30个人的身高与体重存在着相关关系，而

是说人的身高与体重具有相关关系。显然，这里存在一个由样本代表总体的问题。因此，使用相关系数、回归模型进行统计分析时，要对其有效性进行检验。具体检验方法请读者参见有关书籍，这里因篇幅所限检验从略。

复习思考练习题

1. 什么是相关关系？相关关系有什么特点？
2. 简述相关关系的种类。
3. 相关分析的主要内容包括哪些？
4. 简述回归分析的概念与特点。
5. 构造一元直线回归模型应具备哪些条件？
6. 什么是估计标准误差？其作用如何？
7. 应用相关与回归分析应注意哪些问题？
8. 某种产品的产量与单位成本的资料见表9-9。

表9-9　某种产品的产量与单位成本

产量（千件）	单位成本（元/件）
2	73
3	72
4	71
3	73
4	69
5	68

要求：（1）计算相关系数r，判断其相关方向和程度；（2）建立回归直线方程。

下章内容导引

假设现在有一位大型投资咨询服务公司的分析师，需要预测3家商业公司的未来收入情况，以便帮助客户更好地判断投资机会。在搜集了甲、乙、丙3家商业公司的时间序列数据资料之后，就要根据这3家公司所经历的商业活动和成长模式、每组时间序列的数据特点，选定不同类型的预测模型并进行预测。这时，分析师要解决这样一些问题：如何选定最适合的、最优的预测模型对各家公司进行预测？如何利用预测模型所提供的信息来帮助客户判断投资机会？通过对第十章内容的学习，定会得到答案。

第十章 统计预测

内容提要

本章阐述了统计预测的概念、特点和种类；统计预测的基本原则和基本程序；一些常用的预测方法（简单模型预测法、长期趋势模型预测法、回归模型预测法）；长期趋势模型预测法中的参数估计（最小平方方法、取点法）；回归模型预测法中的行列式法估计二元线性回归模型的参数；回归预测应注意的问题；预测误差的分析方法。

第一节 统计预测概述

一、统计预测的概念和特点

（一）统计预测的概念

事物的发展变化，从纵向来看，它总是"过去—现在—将来"这一时间链的延续；从横向来看，它总是许多密切相关的因素相互影响的结果。准确掌握事物发展的基本脉络、预知未来状态，是人们认识世界的基本目的之一。研究事物过去和现在的这种纵横交错的复杂关系，有利于人们认识事物未来发展变化趋势和规律。例如，观察目前的生产过程可对未来产量、质量进行正确预计与推测；投资股市时，需要对未来股市行情做出推测。

所谓预测，就是根据过去与现在的已知信息和现象之间的相互联系，对所研究事物的未来状态做出的科学预计和推测。统计预测是根据有关的统计理论，利用统计方法，对尚未发生或已经发生而不为人们所知的社会经济现象的特征和表现做出判断和预见。

（二）统计预测的特点

统计预测有以下三个主要特点：

1.统计预测属于一种定量预测

统计预测主要用来预计和判断未知现象的数量特征，这就决定了统计预测离不开运用统计数据、离不开定量分析。事实上，统计预测就是从统计数据出发，运用一系列统计方法，建立数学模型，然后对现象可能具有的特征做出数量上的描述的一类预测方法。统计预测的定量特征是显而易见的。

2.统计预测的基本特征是运用统计方法建立数学模型

在统计预测中，人们总是在充分占有数据的基础上，运用统计方法处理和分析数据，建立和利用数学模型进行预测。数据的处理和分析是基础，建立数学模型是手段，判断和预见未知现象的数量特征是目的。可见，离开了统计方法的运用和数学模型的建立，统计预测将无法进行。

3.统计预测的准确性可以通过预测误差来进行检验和控制

预测的准确性是预测的生命，如果不能做到预测结果准确，那么预测就毫无意义。统计预测可利用统计方法计算、分析、评价和控制预测误差的大小，以提高预测结果的准确性，这是其他预测方法难以做到的。

二、统计预测的种类

统计预测可以根据不同的标准进行分类。

1.定性预测和定量预测

统计预测按预测方法不同，可以分为定性预测和定量预测。定性预测是根据实践经验和有关理论对现象做出科学分析后，对其性质或特征进行预测，其目的在于对预测事物有个概括的了解，对某种现象出现的可能性做出判断。这种方法的优点是：简单易行，灵活性强，能充分发挥人的主观能动性。不足之处是：由于是基于人们的直观判断进行预测，因而缺乏严格的论证，有时受组织者的影响，预测结果会带有某些倾向性。定量预测是在对统计数据进行分析的基础上，根据有关的理论和方法建立数学模型，然后对社会经济现象可能具有的特征做出数量上的描述。

必须指出，预测方法的划分并无严格的定性和定量之分，定性预测需要定量处理，定量预测也离不开定性分析，它们相互补充、各有侧重，因此，在一项预测中，两种预测方法常常结合运用。

2.宏观预测和微观预测

统计预测按预测的对象不同，可以分为宏观预测和微观预测。宏观预测是指对社会总体进行全局性的预测，如对全社会基本建设投资规模、物价变动趋势、国民经济发展速度的预测等。微观预测是指对单个社会单元活动的预测，如对某个商店商品销售量、销售额的预测。

3.趋势预测和回归预测

统计预测按预测的性质不同，可以分为趋势预测和回归预测。趋势预测是依据现象在时间上的变动和发展规律，对其未来的变化特征做出推断和预见。进行这种预测要求掌握时间数列资料。回归预测是依据现象之间的因果联系，通过一个或多个现象的变化情况来对另一个相关现象的变化特征进行描述，这种预测要求掌握相关数列资料。趋势预测和回归预测这种分类的实用性较强，本章将按照这种分类介绍统计预测方法。

三、统计预测的基本原则

除必须符合辩证唯物主义基本原理、坚持实事求是的原则外，在具体进行统计预测时还要遵循如下三个原则：

（一）连续性原则

任何事物的发展都存在一种惯性，这种惯性在经济领域被称为经济惯性。例如，物价的上升、经济的衰退一旦出现，短期之内便无法遏制。这就是说，现象的发展有一定的连贯性。过去和现在的状况或多或少地会影响未来，因此进行预测时就要按照事物发展的惯性规律，从已知的过去、现在推测未来。

（二）类比性原则

事物的产生、发展都有一定的规律，同时，由于现象间的联系，事物的变化模式也表现出相似性。例如，国家、地区、社区的发展模式，工业企业、建筑企业的活动规律等，都或多或少地表现出共性模式。因此，在进行统计预测时，要注意现象间的联系，通过类比来预测事物的发展规律。

（三）概率性原则

任何事物的产生和发展都有一定的必然性和偶然性，必然性寓于偶然性之中，事物未来的变化结果也是如此。因此，进行统计预测时，在注意事物变化规律的同时，还要注意偶然性因素对事物变化的影响，注意从偶然性中发现必然性，要通过对大量偶然事物的反复研究和观察，判断事物的发展变化趋势，揭示事物内部隐藏的规律。

四、统计预测的基本程序

（一）确定预测目标

预测目标不同，需要的资料及采用的预测方法也会有区别。因此，在进行预测前，必须确定具体的预测目标，如预测基本建设投资的取向、商品的市场销售状况等。这样，才能有的放矢，选定适当的预测方法，搜集必要的资料。

（二）搜集统计资料

无论是定性预测，还是定量预测，都离不开对统计资料的分析，缺少资料或资料不准都会降低预测精度，甚至可能导致错误的预测结果。因此，在进行统计预测时，一定要搜集到准确、可靠、真实的统计数据和文字材料，这是进行准确预测的先决条件。

（三）加工整理资料

搜集起来的资料在投入使用前，要对其进行初步分析、审核、订正；对有些指标的计算口径、计算方法、总体范围要进行调整；对历史资料要进行系统性、准确性、可比性的检验等。

（四）构建预测模型

模型是对现象的一种简化、模拟。由于它忽略了某些影响因素，因而对精确、客观地描述社会经济现象有重要的影响。同时，模型变量的确定、参数的求法，也会影响预测精度。因此，在进行预测时，要依据预测的目的，对被预测现象进行正确的简化，设计能满足预测目的的模型。

（五）估计模型参数，进行预测

模型确定后，就要根据整理过的统计资料，用正确的统计方法估计出模型中的参数，使模型具体化，然后用确定的模型对所研究的事物做出预测。

（六）分析预测误差，改进预测

预测误差指实际值与预测值的离差。预测误差越小，说明预测的准确程度越高；如果误差很大，预测本身也就失去了意义。因此，做出预测后，要遵循预测的基本原则，对误差进行分析，必要时要做出多种预测，分析比较误差的大小，据此选定或改进预测方法，尽可能地减小误差。

第二节 几种常用的简单模型预测

统计预测中的定量预测，多采用数学模型模拟社会经济现象的发展趋势，再进行外推。有的预测对象比较简单，所用的预测模型也比较简单。本节仅介绍几种常用的简单模型预测法。

一、进度预测法

进度预测法是指当所研究的现象数量变化比较平稳，没有明显的递增或递减趋势时，根据以往的实践经验，结合考虑有关因素的作用，来预计月度、季度或年度所能达到的水平或完成程度的一种预测方法。此法一般用于短期预测。其模型为：

$$\hat{y}_t=\frac{y_i+y_{n+1}}{y_n}\times 100\%$$

或 $\hat{y}_t=y_i+y_{n+1}$ （10.1）

式中：$\hat{y}_t$为月、季度或年预计完成数；y_i为报告期初至报告期末累计实际完成数；y_{n+1}为剩余时间预计完成数；y_n为月、季度或年计划任务数。

［例 10-1］某小型化肥厂某年 1—11 月份共生产尿素 3 200 吨，其中最后 3 个月的产量为 900 吨。全年计划任务数为 3 400 吨，预计全年计划完成程度为：

$$\hat{y}_t(\%)=\frac{3\,200+\frac{900}{3}\times 1}{3\,400}\times 100\%=\frac{3\,500}{3\,400}\times 100\%=102.94\%$$

二、比例预测法

事物与事物之间的联系有的表现为一定的比例关系。这时，就可根据这种客观存在的比例关系进行推算和预测。其预测模型为：

$$\hat{y}_t=\frac{y_t}{X_i(\%)} \qquad (10.2)$$

式中：$\hat{y}_t$为某事物预计完成数；y_t为某事物实际完成数；X_i（%）为某部分事物实际数所占比重。

［例 10-2］某地区某年的地区生产总值为 900 亿元，其中工业、农业、建筑业等实体经济部门的增加值为 585 亿元，占地区生产总值的 65%。如果计划第二年实体经济部门的增加值为 692 亿元，则根据上年实体经济部门的增加值的比重估算第二年该地区的地区生产总值为：

$$\hat{y}_t=\frac{692}{65\%}=1\,064.62\text{（亿元）}$$

比例预测法的运用是灵活多样的，可以根据预测任务的需要，结合所研究现象的具体情况恰当地加以运用。

［例 10-3］某厂某年 1—11 月份共生产甲种产品 1 800 吨。12 月份上旬、中旬实际生产该产品 120 吨。该厂生产比较稳定，每月生产计划一般都是上旬、中旬完成 65.5% 左右，下旬完成 34.5% 左右，这就可以用比例预测法预测出该年 12 月份的产量和全年的产量。

$$12\text{月下旬预计产量}=\frac{120}{65.5\%}\times 34.5\%=63.21\text{（吨）}$$

12 月份预计产量=120+63.21=183.21（吨）

全年预计产量=1 800+183.21=1 983.21（吨）

三、简单序时平均预测法

简单序时平均预测法就是把研究时期的全部观察值都考虑在内，采用简单算术平均法，求出该时期的序时平均数，作为下一期的预测值。其计算公式为：

$$\hat{y}_{t+k}=\frac{y_1+y_2+y_3+\cdots+y_t}{t}=\frac{\sum_{i=1}^{t}y_i}{t} \qquad (10.3)$$

式中：$\hat{y}_{t+k}$为向前外推k时期的预测值。

［例10-4］某地区2012—2022年某种产品产量统计资料见表10-1。

表10-1 某地区某产品产量统计资料 单位：万吨

年份	2012	2013	2014	2015	2016	2017	2018	2019	2020	20121	2022
产量	385	444	413	420	433	439	467	450	468	470	448

要求：用简单序时平均预测法预测该地区2023年该产品的产量。

$$\hat{y}_{t+1}=\frac{385+444+413+420+433+439+467+450+468+470+448}{11}$$

$$=\frac{4\,837}{11}\approx 440\text{（万吨）}$$

此法只适用于没有明显增减变动趋势、结构长期稳定的资料。它比只简单地用一个最近时期的观察值作为预测值要可靠些。待有了2023年实际资料后，再求全时期12年的总平均数，作为2024年的预测值。以后各年预测值如此顺推。

四、移动平均数预测法

动态数列分析中讲过的移动平均法，其所求移动平均数也可直接作为预测值使用。移动平均也有简单平均与加权平均之别。在加权平均中可规定适当的权数，其中最简单的权数是用1、2、3、4等自然整数加权。加权的目的是加重近期观察值在平均数中的影响。简单移动平均预测公式为：

$$\hat{y}_{t+1}=\frac{y_t+y_{t-1}+y_{t-2}+\cdots+y_{t-n+1}}{n} \tag{10.4}$$

式中：n为移动平均所取项数。

设n=5，加权移动预测公式可写成：

$$\hat{y}_{t+1}=\frac{5y_t+4y_{t-1}+3y_{t-2}+2y_{t-3}+y_{t-4}}{15} \tag{10.5}$$

移动平均是局部平均，有别于简单平均预测法的整体平均，一般反映的是近期平均水平。如仍利用表10-1最后5年的资料分别采用简单移动平均法和加权移动平均法预测如下：

简单移动平均预测为：

$$\hat{y}_{t+1}=\frac{467+450+468+470+448}{5}=460.6\text{（万吨）}$$

加权移动平均预测为：

$$\hat{y}_{t+1}=\frac{448\times5+470\times4+468\times3+450\times2+467}{15}=\frac{6\,891}{15}=459.4\text{（万吨）}$$

此法适用于对长期稳定，但短期有波动的资料进行预测。

五、增长量和平均增长量预测法

一个动态数列资料，可以用最近一期的逐期的增长量来调整最末期的观察值，作为下期的预测值。其计算公式为：

$$\hat{y}_{t+1}=y_t+（y_t-y_{t-1}）=2y_t-y_{t-1} \tag{10.6}$$

这种预测方法是假定下期与本期指标值的增长变动与本期和前期的增长变动相同。为了使预测效果更好一些，统计中常用动态数列中的全部时期的平均增长量作为下期的增长量进行预测。其计算公式为：

$$\hat{y}_{t+1}=y_t+\frac{\sum(y_t-y_{t-1})}{n-1}=y_t+\frac{y_t-y_1}{n-1} \tag{10.7}$$

［例10-5］以某市2013—2022年地区生产总值资料为例，说明以上两种预测方法的运用（见表10-2）。

表10-2 某市2013—2022年生产总值和逐年增长量 单位：万元

年　份	2013	2014	2015	2016	2017	2018	2019	2020	2021	2022
地区生产总值	469 366	556 852	586 399	627 384	660 062	772 227	889 392	914 813	997 747	1 110 665
逐年增长量	—	87 486	29 547	40 985	32 678	112 165	117 165	25 421	82 934	112 918

增长量预测法：

2023年生产总值为：

$\hat{y}_{t+1}=1\ 110\ 665+（1\ 110\ 665-997\ 747）=1\ 110\ 665+112\ 918=1\ 223\ 583$（万元）

或　$\hat{y}_{t+1}=2\times1\ 110\ 665-997\ 747=1\ 223\ 583$（万元）

平均增长量预测法：

2023年生产总值为：

$\hat{y}_{t+1}=1\ 110\ 665+\frac{1\ 110\ 665-469\ 366}{10-1}=1\ 181\ 920$（万元）

六、增长速度和平均速度预测法

增长速度预测法是假定动态数列中，预测期与最末期指标值相比的增长速度等于最末期与前一期相比的发展速度。此时，可用最末期与前一期相比的增长速度调整，作为预测期的预测值。其计算公式为：

$$\hat{y}_{t+1}=y_t\left(1+\frac{y_t-y_{t-1}}{y_{t-1}}\right)=y_t\left(\frac{y_t}{y_{t-1}}\right) \tag{10.8}$$

为了使预测效果更好一些，统计中也常用动态数列中全部时期的平均发展速度作为预测值的发展速度进行预测。其计算公式为：

$$\hat{y}_{t+1}=y_tG \tag{10.9}$$

式中：G为水平法的平均发展速度。

仍用表10-2中的资料，说明这两种预测方法的运用。

增长速度预测法：

2023年地区生产总值为：

$\hat{y}_{t+1}=1\ 110\ 665\times\left(1+\frac{1\ 110\ 665-997\ 747}{997\ 747}\right)=1\ 236\ 362$（万元）

或　$\hat{y}_{t+1}=1\ 110\ 665\times\frac{1\ 110\ 665}{997\ 747}=1\ 236\ 362$（万元）

平均速度预测法：

2023年地区生产总值=1 110 665×$\sqrt[9]{\frac{1\ 110\ 665}{469\ 366}}$=1 110 665×1.1004=1 222 176（万元）

第三节 长期趋势模型预测

在一个较长的动态数列中，往往存在着某种长期趋势，可以用适当的方法测定这个趋势，给它配套一个趋势模型，以作为外推预测的依据。能够反映动态数列变化趋势的数学模型很多，建立模型参数的方法也很多，这里主要介绍直线模型与二次抛物线模型及其参数估计的最小平方法和取点法。

一、最小平方法

最小平方法已在第六章中详细介绍过，这里只列出其预测模型及参数估计公式。

（一）直线趋势预测模型

直线趋势预测模型为：

$$\hat{y}_t=a+bt \tag{10.10}$$

式中：a、b为参数，a与b可由下式估计：

$$a=\bar{y}-b\bar{t} \tag{10.11}$$

$$b=\frac{n\sum ty-\sum t\sum y}{n\sum t^2-(\sum t)^2} \tag{10.12}$$

［例10-6］某地区2014—2022年地区生产总值的资料见表10-3。

表10-3 某地区2014—2022年生产总值 单位：亿元

年　份	2014	2015	2016	2017	2018	2019	2020	2021	2022
生产总值	50	56	59	64	68	72	77	81	86

要求：建立直线趋势预测模型，用最小平方法求解参数，并预测该地区2023年的地区生产总值。

设直线趋势预测模型为：

$$\hat{y}_t=a+bt$$

经计算，n=9，$\sum t=45$，$\sum t^2=285$，$\sum y=613$，$\sum ty=3\ 328$。

用最小平方法估计：

$$b=\frac{n\sum ty-\sum t\sum y}{n\sum t^2-(\sum t)^2}=\frac{9\times 3\ 328-45\times 613}{9\times 285-45^2}=4.38$$

$$a=\frac{\sum y}{n}-b\frac{\sum t}{n}=\frac{613}{9}-4.38\times\frac{45}{9}=46.21$$

故实际预测模型为：

$$\hat{y}_t=46.21+4.38t$$

所以，2023年地区生产总值的预测值为：

$\hat{y}_{t+1}$=46.21+4.38×（9+1）=90.01（亿元）

（二）二次抛物线趋势预测模型

二次抛物线趋势预测模型为：

$$\hat{y}_t=a+bt+ct^2 \tag{10.13}$$

此时求解a、b、c的一般公式为（设$\sum t=0$）：

$$\begin{cases} a=\dfrac{\sum y\sum t^4-\sum t^2\sum t^2y}{n\sum t^4-(\sum t^2)^2} \\ b=\dfrac{\sum ty}{\sum t^2} \\ c=\dfrac{n\sum t^2y-\sum y\sum t^2}{n\sum t^4-(\sum t^2)^2} \end{cases} \tag{10.14}$$

根据上述公式计算时，需要有$\sum y$、$\sum t^2$、$\sum t^4$、$\sum ty$、$\sum t^2y$等项数据，且通过设计一定的计算表进行计算。

［例10-7］某超市2014—2022年商品销售额资料见表10-4。

表10-4　某超市2014—2022年商品销售额　单位：万元

年份	2014	2015	2016	2017	2018	2019	2020	2021	2022
金额	187	204	229	261	302	349	404	468	540

要求：建立二次抛物线趋势预测模型预测该超市2023年商品销售额。

首先，要分析二次差（二级增减量）是否大致相等。经列表（见表10-5）计算分析动态数列的二次差（二级增减量）大致相等，其发展的基本趋势属二次抛物线形式。

表10-5　某超市2014—2022年商品销售额一、二级增减量　单位：万元

年　份	2014	2015	2016	2017	2018	2019	2020	2021	2022
一次差（一级增减量）	—	17	25	32	41	47	55	64	72
二次差（二级增减量）	—	—	8	7	9	6	8	9	8

其次，列计算表（见表10-6），求出a、b、c参数，列出趋势方程。

表10-6　二次曲线最小平方法计算表

年　份	t	y	t^2	t^4	ty	t^2y
2014	-4	187	16	256	-748	2 992
2015	-3	204	9	81	-612	1 836
2016	-2	229	4	16	-458	916
2017	-1	261	1	1	-261	261
2018	0	302	0	0	0	0
2019	1	349	1	1	349	349
2020	2	404	4	16	808	1 616
2021	3	468	9	81	1 404	4 212
2022	4	540	16	256	2 160	8 640
合　计	0	2 944	60	708	2 642	20 822

$$a=\frac{2\,944\times708-60\times20\,822}{9\times708-60^2}=\frac{835\,032}{2\,772}=301.238$$

$$b=\frac{2\,642}{60}=44.033$$

$$c=\frac{9\times20\,822-2\,944\times60}{9\times708-60^2}=\frac{10\,758}{2\,772}=3.881$$

$$\hat{y}_t=301.238+44.033t+3.881t^2$$

2023年商品销售额的预测值为：

$$\hat{y}_{t+1}=301.238+44.033\times(4+1)+3.881\times(4+1)^2=618.4\text{（万元）}$$

二、取点法

用取点法进行预测的具体做法是：根据预测模型参数的多少，在时间数列的首、尾或者首、中、尾分别取三项或五项数值，从远到近分别用1、2、3或1、2、3、4、5作为权数进行加权平均，这样来确定两个点或者三个点，通过这两个点或三个点来估计模型的参数。直线预测模型由于只需要确定两个参数，因此确定首、尾两个点即可。二次曲线预测模型有三个参数，因此需确定首、中、尾三个点。值得注意的是，三个点之间的间距应相等。若时间数列为偶数，通常删去最早一期数据。每一个点是取三项还是五项，完全由时间数列的项数N来确定。当时间数列项数N很大时，一般取五项平均；当时间数列项数N不大时，一般取三项平均。

（一）直线趋势预测模型

直线趋势预测模型为：$\hat{y}_t=a+bt$，求参数a、b的计算公式为：

$$\begin{cases}a=R-\dfrac{7}{3}b\\ b=\dfrac{T-R}{N-3}\end{cases}\quad\text{（三项加权平均）}\tag{10.15}$$

$$\begin{cases}a=R-\dfrac{11}{3}b\\ b=\dfrac{T-R}{N-5}\end{cases}\quad\text{（五项加权平均）}\tag{10.16}$$

式中：N为时间数列总项数（假定为奇数）；R为数列初期三项或五项的加权算术平均数；T为数列近期三项或五项的加权算术平均数。

其中：

$$R=\frac{y_1+2y_2+3y_3}{6}$$

（三项加权平均）

$$T=\frac{y_{N-2}+2y_{N-1}+3y_N}{6}$$

或 $$R=\frac{y_1+2y_2+3y_3+4y_4+5y_5}{15}$$

（五项加权平均）

$$T=\frac{y_{N-4}+2y_{N-3}+3y_{N-2}+4y_{N-1}+5y_N}{15}$$

［例10-8］某地区财政收入的资料见表10-7，试用取点法（三项加权平均）配合直线预测模型，预测2023年、2025年的财政收入。

表 10-7 某地区财政收入 单位：亿元

年　份	2012	2013	2014	2015	2016	2017	2018	2019	2020	2021	2022
财政收入	29	36	40	48	54	62	70	76	85	94	103

$$R=\frac{y_1+2y_2+3y_3}{6}=\frac{29+2\times36+3\times40}{6}=36.83$$

$$T=\frac{y_{N-2}+2y_{N-1}+3y_N}{6}=\frac{85+2\times94+3\times103}{6}=97$$

那么 $b=\frac{T-R}{N-3}=\frac{97-36.83}{11-3}=7.52$

且 $a=R-\frac{7}{3}b=36.83-\frac{7}{3}\times7.52=19.28$

故所求直线模型为：

$\hat{y}_t=19.28+7.52t$

用这一模型得2023年、2025年的预测财政收入为：

2023年：$\hat{y}_{12}=19.28+7.52\times(11+1)=109.52$（亿元）

2025年：$\hat{y}_{14}=19.28+7.52\times(11+3)=124.56$（亿元）

（二）二次曲线趋势预测模型

二次曲线趋势预测模型为：

$\hat{y}_t=a+bt+ct^2$

用取点法求a、b、c的计算公式为：

$$\begin{cases} a=R-\frac{7}{3}b-6c \\ b=\frac{T-R}{N-3}-\frac{3N+5}{3}c \quad \text{（三项加权平均）} \\ c=\frac{2(R+T-2S)}{(N-3)^2} \end{cases} \tag{10.17}$$

$$\begin{cases} a=R-\frac{11}{3}b-15c \\ b=\frac{T-R}{N-5}-\frac{3N+7}{3}c \quad \text{（五项加权平均）} \\ c=\frac{2(R+T-2S)}{(N-5)^2} \end{cases} \tag{10.18}$$

式中：S为数列中间三项或五项的加权算术平均数；其他符号含义同前。

［例10-9］某进出口公司出口额的资料见表10-8，试据此用取点法建立二次抛物线模型，预测2024年和2025年的出口额。

表 10-8 某进出口公司出口额情况表 单位：万元

年　份	2012	2013	2014	2015	2016	2017	2018	2019	2020	2021	2022
出口额	369	375	430	453	470	469	494	650	713	840	950

用三项加权平均法计算的结果列于表10-9中。

表 10-9 取点计算表

年　份	t	y	权数 f	yf
2012	1	369	1	369
2013	2	375	2	750
2014	3	430	3	1 290
小　计	—	—	6	2 409
2016	5	470	1	470
2017	6	469	2	938
2018	7	494	3	1 482
小　计	—	—	6	2 890
2020	9	713	1	713
2021	10	840	2	1 680
2022	11	950	3	2 850
小　计	—	—	6	5 243

$$R=\frac{y_1+2y_2+3y_3}{6}=\frac{2\,409}{6}=401.5$$

$$S=\frac{y_5+2y_6+3y_7}{6}=\frac{2\,890}{6}=481.67$$

$$T=\frac{y_9+2y_{10}+3y_{11}}{6}=\frac{5\,243}{6}=873.83$$

$$c=\frac{2(R+T-2S)}{(N-3)^2}=\frac{2\times(401.5+873.83-2\times481.67)}{(11-3)^2}=9.75$$

$$b=\frac{T-R}{N-3}-\frac{3N+5}{3}c=\frac{873.83-401.5}{11-3}-\frac{3\times11+5}{3}\times9.75=-64.46$$

$$a=R-\frac{7}{3}b-6c=401.5-\frac{7}{3}\times(-64.46)-6\times9.75=493.41$$

故所求趋势模型方程为：

$$\hat{y}_t=493.41-64.46t+9.75t^2$$

根据该方程计算得2024年出口额的预测值为：

$$\hat{y}_{13}=493.41-64.46\times(11+2)+9.75\times(11+2)^2=1\,303.18\text{（万元）}$$

2025年出口额的预测值为：

$$\hat{y}_{14}=493.41-64.46\times(11+3)+9.75\times(11+3)^2=1\,501.97\text{（万元）}$$

第四节　回归模型预测

回归模型预测是利用统计回归分析方法，以相关数列为依据建立线性回归模型，将一个自变量或几个自变量的给定值代入回归模型，对因变量可能出现的变动趋势和水平进行推测。回归模型预测在实践中运用甚为广泛，这里主要介绍常用的几种回归模型。

一、一元线性回归模型预测

（一）一元线性回归模型的建立

设 x 和 y 为两个相关变量，其中 x 为自变量，y 为因变量。若通过样本数据判定两个变量间存在线性相关关系，则其一元线性回归模型为：

$$y=b_0+b_1x+u \tag{10.19}$$

式中：y 为因变量的实际观测值；u 为随机干扰项；b_0、b_1 为待定参数。

在实际运用时，变量 x 和 y 的取值可以通过实验观察得到。u 表示各种随机因素对 y 的影响的总和，据中心极限定理可以认为：$u \sim N(0, \sigma^2)$，即 u 服从正态分布。因变量 y 是需要预测的因素，由于受各种随机因素的影响，有 $y \sim N(b_0+b_1x, \sigma^2)$，即 y 也服从正态分布。通过一组观察数据 (x_i, y_i) $(i=1, 2, \cdots, n)$，运用统计方法可以求出待估计参数的具体数值。设通过估计得到如下具体的线性回归预测模型：

$$\hat{y}=b_0+b_1x \tag{10.20}$$

式中：$\hat{y}$ 为 y 的预测值；b_0 为上述回归直线方程的截距；b_1 为上述回归直线方程的回归系数。

（二）模型参数的估计方法

估计一元线性回归模型参数的方法很多。其中使用最广泛的是最小平方法。下面介绍用最小平方法来估计模型参数的方法。

设通过一组观察值 (x_i, y_i) $(i=1, 2, \cdots, n)$，用最小平方法确定 x 与 y 之间的回归预测模型为：

$$\hat{y}=b_0+b_1x$$

如前所述，在最小平方法下，求参数 b_0 及 b_1 的计算公式为：

$$b_0=\frac{\sum y}{n}-b_1\frac{\sum x}{n} \tag{10.21}$$

$$b_1=\frac{n\sum xy-\sum x\sum y}{n\sum x^2-(\sum x)^2} \tag{10.22}$$

（三）一元线性回归预测模型的运用

对于已确定的一元线性回归预测模型 $\hat{y}=b_0+b_1x$，若给出自变量 x 的一个定值 x_0，代入回归预测模型就可以求出其相应的回归预测值 $\hat{y}_0$，$\hat{y}_0$ 值即为点预测值，这种直接给出预测对象的一个定点值的预测，称为点预测。点预测方法很简单，只要求出预测模型并给出自变量的值，即可求出预测对象的一个定值。

［例 10-10］某地 2013—2022 年居民收入和居民消费支出情况见表 10-10，若 2023 年居民收入为 236 亿元，试预测 2023 年居民消费支出额。

表 10-10　某地 2013—2022 年居民收入和居民消费支出情况　单位：亿元

年　份	居民收入 x	居民消费支出 y	xy	x^2
2013	64	56	3 584	4 096
2014	70	60	4 200	4 900
2015	77	66	5 082	5 929
2016	82	70	5 740	6 724
2017	92	78	7 176	8 464
2018	107	88	9 416	11 449
2019	125	102	12 750	15 625
2020	143	118	16 874	20 449
2021	165	136	22 440	27 225
2022	189	155	29 295	35 721
合　计	1 114	929	116 557	140 582

根据表 10-10 的资料绘制散点图（图略）。

可以设预测模型为：

$$\hat{y}=b_0+b_1x$$

运用最小平方法估计 b_0、b_1，则由表 10-10 的资料可得：

$$b_1=\frac{n\sum xy-\sum x\sum y}{n\sum x^2-(\sum x)^2}=\frac{10\times 116\,557-1\,114\times 929}{10\times 140\,582-1\,114^2}=0.7927$$

$$b_0=\bar{y}-b_1\bar{x}=92.9-0.7927\times 111.4=4.5932$$

故回归预测模型为：

$$\hat{y}=4.5932+0.7927x$$

所以，2023 年居民消费支出额点预测值为：

$$\hat{y}=4.5932+0.7927\times 236=191.67\text{（亿元）}$$

二、多元线性回归预测

（一）多元线性回归模型的建立

一元线性回归预测研究的是因变量与一个自变量之间的相互关系，因变量的值只受一个自变量的影响。但是在现实生活中，只受一个因素变动影响的现象几乎不存在。通常，一个现象的变化总是诸多因素共同作用的结果。由多个自变量来推测因变量的未来状态，便是多元线性回归预测。一般来说，多元线性回归预测比一元线性回归预测要可靠，但在多元线性回归模型中，自变量个数越多，求解方程参数越困难。为了简化计算而不致影响预测的可靠性，可以分别计算各自变量与因变量的相关系数；合理筛选自变量，保留与因变量联系最密切的自变量，建立回归模型。

与一元线性回归类似，设因变量 y 与自变量 x_1、x_2、…、x_p 间存在线性回归关系，那么多元线性回归模型可以通过如下方程式描述：

$$y=b_0+b_1x_1+b_2x_2+\cdots+b_px_p+u \tag{10.23}$$

式中，b_0，b_1，b_2，…，b_p是 p 个待估参数；其他符号含义同前。

参数估计的方法仍然采用最小平方法。

（二）二元线性回归预测模型及其参数估计

设二元线性回归预测模型为：

$$\hat{y}=b_0+b_1x_1+b_2x_2 \tag{10.24}$$

利用最小平方法估计预测模型的参数，有下列标准方程组：

$$\begin{cases}\sum y = nb_0 + b_1\sum x_1 + b_2\sum x_2\\ \sum x_1y = b_0\sum x_1 + b_1\sum x_1^2 + b_2\sum x_1x_2\\ \sum x_2y = b_0\sum x_2 + b_1\sum x_1x_2 + b_2\sum x_2^2\end{cases} \tag{10.25}$$

用行列式求解 b_0、b_1、b_2：

$$b_0=\frac{Db_0}{D},\ b_1=\frac{Db_1}{D},\ b_2=\frac{Db_2}{D} \tag{10.26}$$

$$D=\begin{vmatrix} n & \sum x_1 & \sum x_2\\ \sum x_1 & \sum x_1^2 & \sum x_1x_2\\ \sum x_2 & \sum x_1x_2 & \sum x_2^2\end{vmatrix} \tag{10.27}$$

$$Db_0=\begin{vmatrix} \sum y & \sum x_1 & \sum x_2\\ \sum x_1y & \sum x_1^2 & \sum x_1x_2\\ \sum x_2y & \sum x_1x_2 & \sum x_2^2\end{vmatrix} \tag{10.28}$$

$$Db_1=\begin{vmatrix} n & \sum y & \sum x_2\\ \sum x_1 & \sum x_1y & \sum x_1x_2\\ \sum x_2 & \sum x_2y & \sum x_2^2\end{vmatrix} \tag{10.29}$$

$$Db_2=\begin{vmatrix} n & \sum x_1 & \sum y\\ \sum x_1 & \sum x_1^2 & \sum x_1y\\ \sum x_2 & \sum x_1x_2 & \sum x_2y\end{vmatrix} \tag{10.30}$$

（三）二元线性回归预测模型的运用

［例 10-11］设某地区卫生陶瓷（如马桶、洗手盆、浴缸等）需求量（y）与竣工住宅面积（x_1）和竣工医疗卫生机构建筑面积（x_2）存在密切的复相关关系（其统计资料见表 10-11）。

表 10-11 某地区卫生陶瓷需求量、竣工住宅面积和竣工医疗卫生机构建筑面积资料

年 份	2013	2014	2015	2016	2017	2018	2019	2020	2021	2022
卫生陶瓷需求量 y（万件）	47	61	46	37	53	80	103	141	110	111
竣工住宅面积 x_1（百万平方米）	9	9	10	18	19	19	23	21	10	22
竣工医疗卫生机构建筑面积 x_2（百万平方米）	1.4	1.7	1.4	1.1	1.5	1.9	2.1	3.1	2.0	2.3

要求：建立二元线性回归预测方程，用最小平方法求估计参数，并预测下一年当竣工住宅面积为2 600万平方米、竣工医疗卫生机构建筑面积为250万平方米时的卫生陶瓷需求量。

设二元线性回归方程为：

$\hat{y}=b_0+b_1x_1+b_2x_2$

其中：

$b_0=\frac{Db_0}{D}$， $b_1=\frac{Db_1}{D}$， $b_2=\frac{Db_2}{D}$

先将表10-11的资料按标准方程组的要求计算出有关数据（见表10-12）。

表10-12　　二元线性回归方程最小平方法计算表

年　份	y	x_1	x_2	x_1^2	x_2^2	x_1y	x_2y	x_1x_2
2013	47	9	1.4	81	1.96	423	65.8	12.6
2014	61	9	1.7	81	2.89	549	103.7	15.3
2015	46	10	1.4	100	1.96	460	64.4	14.0
2016	37	18	1.1	324	1.21	666	40.7	19.8
2017	53	19	1.5	361	2.25	1 007	79.5	28.5
2018	80	19	1.9	361	3.61	1 520	152.0	36.1
2019	103	23	2.1	529	4.41	2 369	216.3	48.3
2020	141	21	3.1	441	9.61	2 961	437.1	65.1
2021	110	10	2.0	100	4.00	1 100	220.0	20.0
2022	111	22	2.3	484	5.29	2 442	255.3	50.6
合　计	789	160	18.5	2 862	37.19	13 497	1 634.8	310.3

将表10-12中的计算结果代入方程组，得：

$$\begin{cases}789 = 10b_0 + 160b_1 + 18.5b_2\\ 13\,497 = 160b_0 + 2\,862b_1 + 310.3b_2\\ 1\,634.8 = 18.5b_0 + 310.3b_1 + 37.19b_2\end{cases}$$

求解 b_0、b_1、b_2：

$$D=\begin{vmatrix}10 & 160 & 18.5\\ 160 & 2\,862 & 310.3\\ 18.5 & 310.3 & 37.19\end{vmatrix}=6\,909.4$$

$$Db_0=\begin{vmatrix}789 & 160 & 18.5\\ 13\,497 & 2\,862 & 310.3\\ 1\,634.8 & 310.3 & 37.19\end{vmatrix}=-215\,867.2$$

$$Db_1=\begin{vmatrix}10 & 789 & 18.5\\ 160 & 13\,497 & 310.3\\ 18.5 & 1\,634.8 & 37.19\end{vmatrix}=838$$

$$Db_2=\begin{vmatrix}10 & 160 & 789\\ 160 & 2\,862 & 13\,497\\ 18.5 & 310.3 & 1\,634.8\end{vmatrix}=404\,114$$

$$b_0=\frac{Db_0}{D}=\frac{-215\,867.2}{6\,909.4}=-31.2425$$

$$b_1=\frac{Db_1}{D}=\frac{838}{6\,909.4}=0.12128$$

$$b_2=\frac{Db_2}{D}=\frac{404\,114}{6\,909.4}=58.4876$$

则二元线性回归方程为：

$$\hat{y}=-31.2425+0.12128x_1+58.4876x_2$$

当 $x_1=26$、$x_2=2.5$ 时有：

$$\hat{y}=-31.2425+0.12128\times26+58.4876\times2.5=118.13\text{（万件）}$$

即2023年当竣工住宅面积为2 600万平方米、竣工医疗卫生机构建筑面积为250万平方米时，卫生陶瓷的需求量可能为118.13万件。

三、回归预测应注意的问题

利用回归预测模型进行预测考虑了现象间的相互联系，也注意到现象的变化趋势，这对提高预测的准确度是有益的。但是，它不便于及时更新所用资料，增加一个新的观测值或减少一个观测值，整个回归模型就得重新计算。因此，在利用回归模型进行预测时应注意如下问题：

（一）对预测对象进行定性分析

建立回归预测方程前，首先应对预测对象进行定性分析，以判定现象之间是否确实存在因果关系，如定性分析出错，没有因果关系，则所建立的模型就失去了意义。

（二）对回归系数进行分析

回归预测模型中的回归系数 b_1、b_2、…、b_p 表示自变量 x_1、x_2、…、x_p 对因变量 y 的影响方向和影响程度，如［例10-11］中的模型：

$$\hat{y}=-31.2425+0.12128x_1+58.4876x_2$$

$b_1=0.12128>0$，表明卫生陶瓷需求量随竣工住宅面积的增加而增加；$b_2=58.4876>0$，表明卫生陶瓷需求量也随竣工医疗卫生机构建筑面积的增加而增加。在本例中，这种解释符合实际意义。

如果回归系数 b_i（i=1，2，…，p）的符号与实际不符，如［例10-11］中的 $b_1<0$ 或者 $b_2<0$，那么，就有理由怀疑所求模型的正确性，必须重新构建方程。

（三）注意样本资料的结构变形

回归预测模型的选择是根据样本资料确定的，模型中的参数也是根据样本资料计算出来的。因此，回归预测模型只能说明变量在一定范围内的因果关系。超过这一范围后，不仅模型的函数形式可能发生变化，模型中的参数值也可能不再符合实际。如果这时仍以原模型进行外推预测就会出现较大偏差，甚至得出完全错误的结论。

（四）注意因变量的滞后变动

在实践中，因变量与自变量的变动并不是同时发生的，两者之间存在或长或短的时间差，一般是自变量变动在先，因变量变动在后。例如，存贷款利率变化后，间隔一段时期才有储蓄额、固定资产投资额的变化。因此，进行回归预测还要考虑现象变动的时间差。

（五）注意变量间的非线性关系

线性回归分析法在预测中有着很重要的应用，但客观事物之间并不一定都呈线性关系，在许多情况下，非线性回归模型更为合适。一些非线性形式的回归模型经过适当变换，可以成为线性形式，如二次抛物线回归模型：

$$\hat{y}=b_0+b_1x+b_2x^2$$

又如，指数曲线回归模型：

$$\hat{y}=ab^x$$

在上面第一个模型中，若令 $x_1=x$、$x_2=x^2$，则可直接将其线性化；对第二个模型两边取对数后也可将其线性化。对于线性化后的模型可采用最小二乘法（最小平方法）估计参数。而另有一些非线性回归模型不可线性化，其参数估计方法也很特别。关于非线性模型更详细的内容可参看其他相关书籍。

第五节 统计预测误差分析

一、分析预测误差的意义

统计预测是根据历史和现实的统计资料，对未来事物发展前景进行的一种推测。既然是推测，其结果必然会与客观实际存在着一定的差距，这个差距就是预测误差。预测误差的大小与预测结果的准确性有密切关系，预测误差愈小，准确性愈高；反之，预测误差愈大，准确性就愈低。因此，研究产生预测误差的原因，计算与分析误差的大小，不但可以认识预测结果的准确性，为编制计划、进行决策提供可靠的依据，而且有利于改进预测工作，发展和完善预测理论。

二、影响预测准确度的主要因素

预测过程中的很多主客观因素都会影响预测结果的准确度。具体来说，主要有以下五个因素影响预测准确度：

（一）对所要预测事物了解的正确性

预测者对所要研究事物所进行的预测，是建立在对该事物过去发展的过程和目前之现状具有充分、正确了解基础之上的。如果缺乏对所研究事物的客观、全面、正确的了解，仅凭一定的数据资料和构建某种模型就开展预测，很难保证所预测的结果与未来发展的真实情况相符。

（二）数据资料的真实性和准确性

真实、准确、可靠的统计资料对预测的准确度有着重要影响，因为预测模型的选定、参数的计算都是依据统计资料进行的。如果数据失实或不全，或者经过整理的资料还缺乏可比性、系统性，满足不了预测的要求，那么预测的准确度就要受到影响。可见，真实、准确、可靠的统计资料是获得准确预测的先决条件。

（三）主观判断的客观性和正确性

无论是定性预测，还是定量预测，都离不开预测者的主观判断，尤其是在根据统计资料选择模型、确定参数估计方法时，主观判断极为重要。判断正确，就为准确预测打下了基础；判断错误，则全盘皆输。所以，统计预测要求预测者有敏锐的观察力、严密的逻辑思维能力和丰富的实践经验，这是提高预测准确度的又一重要条件。

（四）统计方法的完整性和可靠性

统计预测的各个阶段都需要运用统计方法，各种方法都有优缺点，都有其适用条件。不同的问题要用不同的方法，有时，同一问题还存在着处理方法优劣性的对比。因此，统计方法选择得适当与否，运用得正确与否，也是影响预测准确度不容忽视的一个因素。

（五）模型的科学性和有效性

模型本身是对客观现象的一种简化和模拟，它忽略了影响现象的某些因素。如果模型中没有包含那些不该忽略的重要因素，势必要影响预测的准确度。同样，如果预测者构建了错误的预测模型，那么，预测就会产生较大偏差，甚至得出与实际完全相反的结论。因此，模型的科学性、有效性是保证预测准确度的关键。

三、预测准确度的测量

测量预测准确度，实质上就是测定预测误差。预测误差是社会经济现象在某一时期的实际值与预测值之差。显然，预测误差越小越好。统计预测分析主要是分析预测误差，以便采取各种措施，使预测值尽可能接近实际值。测定预测误差的统计指标主要有：

（一）单个预测值的误差

它是任意一个实际值与其对应的预测值之差。其计算公式为：

$$e_t=y_t-\hat{y}_t \quad (t=1,\ 2,\ \cdots,\ n) \tag{10.31}$$

式中：e_t为预测误差；y_t为t期的实际观测值；$\hat{y}_t$为t期的预测值。

e_t的三种可能结果分别为：$e_t=0$为准确预测，$e_t>0$为低估预测，$e_t<0$为高估预测。

（二）总预测误差

它是几个误差绝对值的和。其计算公式为：

$$\sum_{t=1}^{n}|e_t|=|e_1|+|e_2|+\cdots+|e_n|=|y_1-\hat{y}_1|+|y_2-\hat{y}_2|+\cdots+|y_n-\hat{y}_n| \tag{10.32}$$

（三）平均绝对误差

它是n个误差绝对值的平均数，通常用MAD表示。其计算公式为：

$$MAD=\frac{\sum_{t=1}^{n}|e_t|}{n}=\frac{\sum_{t=1}^{n}|y_t-\hat{y}_t|}{n} \tag{10.33}$$

（四）预测相对误差

它是预测误差与实际观测值的比值，表明预测误差的相对幅度。其计算公式为：

$$R_t=\frac{e_t}{y_t}=1-\frac{\hat{y}_t}{y_t} \tag{10.34}$$

（五）均方根误差

它是实际值与预测值离差平方和的算术平均数的均方根，通常用S_{yx}表示。其计算公式为：

$$S_{yx}=\sqrt{\frac{\sum_{t=1}^{n}(y_t-\hat{y}_t)^2}{n}} \tag{10.35}$$

以上指标都可用来对预测的准确度进行度量，但不同指标度量的效果也会不同。不过，在实际预测中，人们关心的是如何获得最为准确的预测结果，至于如何测定准确度，可根据需要来选择预测误差指标。

四、统计预测误差的计算

[例10-12] 利用表10-13的资料，建立适宜模型计算并比较预测误差。

表10-13 最小平方法计算表

年 份	t	y	t^2	t^3	t^4	ty	t^2y
2015	1	19	1	1	1	19	19
2016	2	24	4	8	16	48	96
2017	3	33	9	27	81	99	297
2018	4	39	16	64	256	156	624
2019	5	51	25	125	625	255	1 275
2020	6	59	36	216	1 296	354	2 124
2021	7	77	49	343	2 401	539	3 773
2022	8	90	64	512	4 096	720	5 760
合 计	36	392	204	1 296	8 772	2 190	13 968

根据资料，分别配合二次抛物线和趋势直线，用最小平方法求参数值。

（1）配合二次抛物线。

$\hat{y}=a+bt+ct^2$

$$\begin{cases}\sum y = na + b\sum t + c\sum t^2 \\ \sum ty = a\sum t + b\sum t^2 + c\sum t^3 \\ \sum t^2y = a\sum t^2 + b\sum t^3 + c\sum t^4\end{cases}$$

依表10-13中计算栏的数据有：

$$\begin{cases}392 = 8a + 36b + 204c \\ 2\,190 = 36a + 204b + 1\,296c \\ 13\,968 = 204a + 1\,296b + 8\,772c\end{cases}$$

解此方程组得：

$a=15.6786$，$b=2.75$，$c=0.8214$

$\hat{y}=15.6786+2.75t+0.8214t^2$

（2）配合趋势直线。

$\hat{y}=a+bt$

$$b=\frac{n\sum ty-\sum t\sum y}{n\sum t^2-(\sum t)^2}=\frac{8\times 2\,190-36\times 392}{8\times 204-36^2}=10.14$$

$$a=\frac{\sum y}{n}-b\frac{\sum t}{n}=\frac{392}{8}-10.14\times\frac{36}{8}=3.37$$

$$\hat{y}=3.37+10.14t$$

（3）进行预测误差分析。

具体预测误差比较分析见表 10–14。

表 10–14　　预测误差分析计算表

年　份	t	y	抛物线模型			趋势直线模型		
			$\hat{y}$	$y-\hat{y}$	$(y-\hat{y})^2$	$\hat{y}$	$y-\hat{y}$	$(y-\hat{y})^2$
2015	1	19	19.25	−0.25	0.06	13.51	5.49	30.14
2016	2	24	24.46	−0.46	0.21	23.65	0.35	0.12
2017	3	33	31.32	1.68	2.82	33.79	−0.79	0.62
2018	4	39	39.82	−0.82	0.67	43.93	−4.93	24.30
2019	5	51	49.96	1.04	1.08	54.07	−3.07	9.42
2020	6	59	61.75	−2.75	7.56	64.21	−5.21	27.14
2021	7	77	75.18	1.82	3.31	74.35	2.65	7.02
2022	8	90	90.25	−0.25	0.06	84.49	5.51	30.36
合　计	36	392	—	—	15.77	—	—	129.12

二次抛物线模型的均方根误差为：

$$S_{yx}=\sqrt{\frac{\sum_{t=1}^{n}(y_t-\hat{y}_t)^2}{n}}=\sqrt{\frac{15.77}{8}}=1.404$$

趋势直线模型的均方根误差为：

$$S_{yx}=\sqrt{\frac{\sum_{t=1}^{n}(y_t-\hat{y}_t)^2}{n}}=\sqrt{\frac{129.12}{8}}=4.02$$

上述计算结果表明，就［例 10–12］的资料而言，用最小平方法拟合的二次抛物线方程的预测误差要小于用最小平方法拟合的趋势直线方程的预测误差。当然外推预测时，其效果如何，还必须根据现象本身的进一步发展来判定。此外，还可运用预测误差分布图来研究预测误差。

复习思考练习题

1. 简述统计预测的含义与种类。
2. 统计预测应遵循哪些原则？
3. 简述统计预测的基本步骤。
4. 运用回归预测应注意哪些问题？
5. 什么是统计预测误差？影响统计预测误差的因素有哪些？
6. 某地区历年粮食产量见表 10–15。

表10-15 某地区历年粮食产量 单位：万吨

年 份	2013	2014	2015	2016	2017	2018	2019	2020	2021	2022
产 量	230	236	241	246	252	257	262	276	281	286

要求：判断该地区的粮食发展趋势是否接近于直线型。是用何种方法判断的？试用最小平方法配合直线趋势方程，预测2023年和2024年的粮食产量。

下章内容导引

我们先看一则信息："某市自党的十八大以来，在新时代中国特色社会主义思想的指引下，经济发展稳中求进，不断追求高质量发展，高新技术产业不断增强：(1) 高新技术企业发展形势良好，经济实力有所增强。在各级政府和企业部门的共同努力下，依托得天独厚的区位优势和良好的投资环境，高新技术产业得到健康发展。2022年，尽管受到新冠疫情的严重影响，但高新技术企业数仍达到9 626个，比2021年增加1 516个，增长18.7%。其中规模以上工业企业单位数达到6 181个，比2021年增加1 307个，增长26.8%。(2) 各级政府和企业不断加大对研发的投入。2022年，全市对研发的投入高达360.5亿元，为2012年的4.2倍，年均增长15.4%。"

这是一则典型的统计分析报告。如何写出一份既有观点，论据资料又很翔实的统计分析报告呢？通过对第十一章的学习，我们就能解决这些问题。想写出一篇好的分析报告，要有一定的原则、程序和方法，恰当地应用各种统计方法十分重要。

第十一章 统计综合分析

内容提要

综合运用统计基本方法进行分析研究，是统计研究的重要内容。本章阐述了统计综合分析的概念、特点、任务、形式、原则和程序；综合分析原理、统计比较、综合评价的基本方法；统计分析报告的撰写。

第一节 统计综合分析的概念、任务和形式

一、统计综合分析的概念和特点

（一）统计综合分析的概念

统计是认识社会最有力的武器之一。认识社会的根本任务在于认识所研究事物的本质和规律。然而，社会经济现象是非常复杂的，其存在和发展是以诸多因素相互依存、相互制约、相互联系为条件的。如果只运用一种方法，仅从表面现象来认识，或者只从几个指标数值而不是从事物的联系中综合分析，就不能全面深入地认识事物。所以，通过统计设计、调查搜集所需要的材料并经过整理之后，必须进行综合分析。前面有关章节所讲的统计分析只是就某一方面阐述某种方法和手段的应用，还没有就一个过程、阶段阐述统计综合分析问题。为完整地了解统计分析，必须了解统计综合分析。

统计综合分析，就是指根据分析研究的目的，在相关科学理论的正确指导下运用统计方法、以统计资料为依据、结合具体情况、将定性分析与定量分析相结合，对客观事物进行科学分析和综合研究，揭示其本质和规律并提出解决矛盾办法的一种逻辑思维活动。统计分析是整个统计工作过程的一个重要阶段，其好坏直接影响统计的质量。在统计实践中，只有开展统计综合分析，才能更好地发挥统计的作用，为各级领导和有关方面的公众提供有数据、有情况、有分析的资料，为制订计划和规划，实行宏观调控，决定有关方针、政策和决策提供科学依据。

（二）统计综合分析的特点

统计综合分析具有以下三个特点：

1.以统计数据为基础，定量与定性分析相结合

统计综合分析是对所研究的事物进行剖析，从有关统计指标数值中研究其联系、差别、矛盾，摆情况、揭矛盾、找措施。所以统计综合分析离不开统计数字。但统计综合分析也并非单纯的数字罗列，而是将真实的数据与生动的情况相结合，定量分析与定性分析相结合，综合掌握事物的联系和变化过程，掌握事物量变的关键点、最佳度，综合深入探索事物变化、发展的根本原因，进而提出可行的对策。

2.统计综合分析的目的在于从数量方面找出问题，分析原因并提出解决问题方法

统计综合分析是手段，解决问题是目的。统计综合分析要求对所计算和研究的问题做出周密的分析和正确的判断与评价，进而提出解决问题的方向和办法。所以，统计综合分析绝不仅仅是分析方法的总和，而是认识和研究问题的更高级的分析研究阶段。

3.综合运用多种分析方法

统计综合分析要认识问题的全貌，掌握现象运动的全过程，这就不能局限于一种统计分析方法，而必须综合运用多种统计分析方法；更不能局限于运用统计分析方法，而是要以统计分析方法为主，结合运用有关科学，诸如哲学、经济学、经济计量学、系统工程等多种知识和方法。在进行综合分析时要根据研究事物的特点和研究目的，选择符合实际需

要的一整套分析方法体系来进行综合分析研究。

上述统计综合分析的概念和特点是针对统计综合分析的实践活动而言的，在统计学中，不可能具体研究和阐述统计综合分析活动中实际的复杂内容。统计学中所阐述的统计综合分析是以统计数据为基础，定性与定量分析相结合，综合运用多种方法，对事物进行剖析，认识其本质和规律的方法论。

二、统计综合分析的任务

统计综合分析与整个统计工作任务是一致的，其主要任务就是“占有资料，加以分析，找出矛盾，提出办法”。它与统计工作其他阶段的不同之处在于：(1) 统计综合分析提供的资料不是原始的，而是经过整理加工提炼的资料；(2) 统计综合分析提供的资料不仅有调查、整理的资料，而且有形成一定观点的综合分析资料；(3) 统计综合分析不仅提出问题、剖析问题、揭示矛盾，而且还提出了解决矛盾的措施、办法和建议。可见，统计综合分析资料的质量比调查、整理的资料要高得多，因此，统计综合分析的任务也要复杂和困难得多。

统计综合分析的任务可以归纳为以下三点：

1.综合分析研究国民经济和社会发展的现状

统计综合分析要综合分析研究国民经济和社会发展中诸如经济发展规模和水平、经济增长速度、国民经济各种主要比例关系、经济效益、产品质量、科学技术的发展、教育和卫生就业、社会治安、环境保护、国际收支等方面的现状，找出矛盾，发现问题，做出正确判断，提出解决办法，及时为有关方面提出进行宏观调控、预警和监督的建议。

2.通过综合分析发现社会经济发展变化的规律

统计综合分析要通过研究社会经济发展的历史资料，发现其规律性问题，并且要认识和驾驭这些规律，促进国民经济和社会发展水平的不断提高。

3.对未来国民经济和社会发展趋势进行预测

统计综合分析在对国民经济和社会发展现状与变化规律性问题做出分析的基础上，对未来国民经济和社会发展趋势进行预测分析。社会经济现象比自然现象复杂，多种因素交织在一起互相影响。因此，统计预测分析要将定性分析与定量分析结合起来，综合运用各种科学方法，以使预测分析更接近实际，进而为决策提供参考数据和建议。

上述三个方面的任务是相互联系、相辅相成的。现状分析和历史分析是基础、是重点，预测未来是统计分析的继续和深入。

三、统计综合分析的形式

根据统计综合分析的任务和研究重点不同，统计综合分析的形式归纳起来主要有以下四种：

1.专题性的分析

专题性的分析主要是就社会经济现实状况某一方面或某一问题而进行的专题调查的研究分析。专题性分析的范围可以是一个部门或几个部门；题目可大也可小，内容可多也可少。但是，一般都强调内容的专门性、形式的多样性、表达的灵活性和剖析的深刻性。这种分析一般不受时间和空间的限制，要求分析研究具有针对性，单刀直入，深刻解剖，摆观点、查原因、提建议。这种分析最忌讳面面俱到，泛而不专。与其他分析类型相比，专题性分析的目标更集中，重点更突出，认识更深刻，是最常用的一种分析。

2. 总结性的分析

总结性的分析主要是从多方位和一定过程的角度进行综合研究。其主要特点是具有全面性、系统性和综合性。例如，对微观企业的人、财、物、产、购、销等情况进行全面综合评价。又如，宏观方面可以将整个国民经济全局的发展水平、发展速度、重要比例、经济效益，生产、分配、流通、消费与投资等联系起来，进行分析研究等。此种分析的目的是对全局性的问题做出总评价，反映总变动趋势，从错综复杂的联系和发展中揭示存在的主要问题，找出原因，探寻对策。

3. 进度性的分析

进度性的分析主要是从事物发展的历程角度所进行的分析，如生产进度分析、工程进度分析、工作进程分析等。进度性的分析分为一般性进度分析和战略性进度分析两种。前者主要是就各级领导关心的和社会敏感性很强的问题进行分析；后者主要是就影响全局未来发展的、较大的趋势性问题进行研究。进度性的分析要求有很强的时效性，它最忌讳“雨后送伞”“马后炮”。

4. 预测决策性的分析

预测决策性的分析是在分析历史和现实资料的基础上，运用统计预测方法，对所研究事物的未来发展趋势作出的科学推理判断和定量预计。预测的目的是增强预见性。预测分析的要求是其所依赖的基础数据要准确；进行预测分析时，要将定量分析与定性分析紧密结合，提出预测的分析结果具有置信区间和可信度。在进行预测分析的基础上，进行一定的决策分析，为实施正确决策提供参考依据。

第二节 统计综合分析的一般原则、程序和方法

一、统计综合分析的一般原则

科学地进行统计综合分析必须遵循“实事求是”这个基本原则。“‘实事’就是客观存在着的一切事物，‘是’就是客观事物的内部联系，即规律性，‘求’就是我们去研究。”[①]实事求是可以说是统计综合分析的灵魂。具体来说要注意以下几点：

（1）必须坚持社会主义道路，人民民主专政，中国共产党的领导和马克思列宁主义、毛泽东思想、邓小平理论、“三个代表”重要思想、科学发展观、习近平新时代中国特色社会主义思想等基本原则。

（2）必须坚持辩证唯物主义的观点，从客观实际出发，从事物的联系中，以全面的、发展的观点进行分析研究，绝不能按主观臆想去抓问题、找例证、弄情况、凑数字。

（3）必须坚持定量分析与定性分析相结合，根据科学方法进行正确的计算研究，依照

① 中共中央文献编辑委员会．毛泽东著作选读：下册［M］．北京：人民出版社，1986：478.

有关科学理论、政策、法规，剖析客观生动的情况。

（4）必须在一般与具体的结合中进行分析研究。只有这样，才能对客观事物的本质和规律进行正确、深刻的分析说明。

二、统计综合分析的一般程序

统计综合分析从选题到写出报告，其一般程序是：选择并确定研究课题；设计研究课题；采集、积累与鉴别资料；进行系统周密的分析；得出结论，提出建议；根据分析结果形成分析报告。具体程序可依实际条件灵活安排。

（一）选择并确定研究课题

统计综合分析首先需要解决的问题是如何确定研究课题。研究课题体现了研究目的和所要分析的问题。所以，选择并确定课题是统计综合分析的初始环节，是设计研究课题的前提。研究课题的选择与确定是否恰当，直接影响统计综合分析的效果。研究课题要从实际出发，根据客观需要来选择和确定。选择和确定的课题，应当是关键问题，并且要有相当的预见性，能超前提出即将出现的问题。具体来说有多种渠道、多方面来源：既可根据党和政府在各时期的方针、政策和工作重心的要求，选择领导关心的问题，也可根据生产、经营管理工作中的难点来选择；既可选择社会各界关注的热点、焦点和有争议的问题，也可选择社会经济发展过程中出现的新情况、新问题。在选题中要正确处理好需要与可能的关系。课题虽好，但尚无条件，可暂时不做；课题虽不太好，但已掌握材料，只要能反映值得重视的问题也可以做。前一种情况可积极创造条件，后一种情况可进一步努力提高质量。

（二）设计研究课题

选择并确定课题之后，接着就要设计研究课题计划。这是统计综合分析的重要一环。研究课题的设计内容一般包括：分析研究的目的、要求；分析研究课题的必要性和可行性；分析指导思想、理论、政策和法规依据；分析研究的内容纲目；研究分析所需资料及其来源；分析研究课题的实施步骤、方法与组织。研究课题设计方案是指导性文件，但在具体实施时，并不是一成不变的，它还要根据分析研究中所发现的新情况和新问题进行补充、修改和完善。

（三）采集、积累与鉴别资料

统计综合分析以统计数据资料为基础。因此，在选定课题并进行设计之后，就要采集足够丰富和充分可靠的资料。不仅要采集有关普查、抽样调查、重点调查的资料，还要进行科学推算；不仅要适当利用定期统计报表资料，还要积累有关会议文件、总结和简报资料；不仅要采集并积累平时掌握得比较丰富的、系统的材料，还要根据需要，深入实际，深入群众，进行调查研究，掌握典型材料，补充新材料，探索解决矛盾的切实办法。采集、积累什么材料，主要取决于研究课题的内容和所涉及的领域。有的需要本单位、本地区或本国的材料，有的则要用到外单位、外地区或外国的材料。

由于所采集和涉及的材料不同、来源各异，因而，材料的总体范围、指标口径、计算方法、准确程度等都会有差别，这就需要对材料进行审查和鉴别。对所采集的资料要进行质量评价，根据需要决定取舍，并进行调整、估计和换算。特别是在利用外域和历史资料时，要更加注意资料的范围、口径、计算方法是否一致，各自的条件如何，要根据具体情况进行必要的调整、换算，否则就容易导致结论错误。

对经过审查、鉴别、调整、换算的材料，要根据研究课题需要，进一步加工整理，使其成为系统、完整的材料，以提供分析研究的直接依据。

（四）进行系统周密的分析

这是统计综合分析中最重要的环节，它是依据经过鉴别、整理的资料，进行细致的思考，系统周密地进行分析的过程。进行系统周密的分析，要运用各种统计方法，如分组法、综合指标法、动态数列、平均指数、抽样推断、相关与回归分析、统计预测等。这些方法中既有静态分析，又有动态分析；既有描述方法，又有推算方法；既有实际的剖析，又有预测分析。众所周知，方法是达到目的的手段，了解并掌握每种方法的作用、应用条件和实施过程，对于做好统计综合分析十分重要。但是，这些方法已在有关章节阐述了，这里不再赘述，但从分析角度、从总体上研究其运用问题则十分必要。

1.选用适当的有效方法

要根据所研究对象的特点和分析研究的任务，来选用适当的有效方法。既可以是几种方法的有机结合，也可以是多种方法的综合运用。

2.灵活运用比较和对照的方法

从各种方法的特点出发，灵活运用比较和对照。既可进行纵向对比，也可进行横向比较。综合分析错综复杂的现象并进行对比时，要注意比得合理，比得恰当，比得有效。

3.深刻认识事物的本质和规律

从统计认识活动总任务出发，深刻认识事物的本质和规律，把比较法、剖析法、分解法结合起来。统计中的比较对照研究可谓比较法，分组法可谓剖析法，指数法可谓分解法。为认识事物的本质，要进行比较对照，层层剖析，细细分解，以便揭露矛盾，抓住症结。

4.综合概括，得出正确的结论

运用一般分析方法进行逻辑推理和判断，准确分清一般与个别，正确划分正常与非正常、主要与次要、必然与偶然、系统与非系统，综合概括，得出正确的结论。

5.定量与定性相结合，实事求是下结论

在运用统计方法进行系统周密的分析时，切忌单纯用统计方法反复计算纷繁的数字，就数字论数字，脱离实际，无视事实的情况，而应当将数字与情况结合起来，定量与定性结合起来，实事求是地下结论。

（五）得出结论，提出建议

这是系统周密分析的深化过程，也可说是系统周密分析的结果。这一过程并非凭空臆想，而是以实际材料为依据，将丰富的感性材料去粗取精，去伪存真，由此及彼，由表及里地改造制作，形成概念和理论的系统，从感性认识跃升到理性认识。在这个环节中一定要抓住主要矛盾，找出根本原因，透过现象看本质，通过数据的变化看趋势，得出结论，提出积极建议。

（六）根据分析结果形成分析报告

这是统计综合分析的最后程序。分析报告是分析研究成果的集中表现。在统计综合分析中，应根据研究目的和内容，采用灵活多样的形式来表现，以供有关方面使用或参考。一般来说，搞好统计分析的关键是真实丰富的材料、完整的内容和正确的观点，但恰当的

表现形式也是统计分析发挥作用的重要方面。统计综合分析结果的表现形式有多种，其中分析报告是主要的。分析报告是写给别人看的，因而一定要认真考虑叙述的逻辑问题，写好分析报告。

三、统计综合分析的一般方法概述

统计的各种方法已在有关章节阐述，这里从综合分析角度，针对综合运用各种方法作一概述，也可谓统计综合分析的基本思想观点。

（一）统计综合分析中多层次、多种方法的综合运用

这是指分析方法的多层性问题，它并非分析阶段所特有的，但在分析阶段，这个问题特别重要，必须正确认识和运用。

1.使用最高层次的哲学方法

应使用最高层次的哲学方法，即唯物辩证法。哲学方法在统计分析阶段不仅直接发生作用，而且对于统计分析特有方法的选择、确定和使用起着指导作用。这就是说，统计分析必须在哲学方法指导下进行。

2.广泛使用一般性的科学方法

应广泛使用一般性的科学方法，如数学方法、社会调查研究方法、系统工程方法等。这些方法的结合运用会扩展统计综合分析的领域，保证统计综合分析的质量，提高统计综合分析的水平。

3.使用统计综合分析特有方法

应使用统计综合分析所特有的方法，即对于社会经济总体的数量方面的分析方法。统计综合分析方法具有多层性，不是封闭的，而是开放的，只要有助于社会经济总体数量方面的分析，不论属于哪门科学，都可引用。

（二）问题与方法的交错性

统计综合分析中所要研究的是统计综合分析的问题，如现状分析、历史分析、预测决策分析。分析所应用的手段，则是指分析的方法。问题与方法是交错的，一个问题可用多种方法来分析，一种方法也可应用于多种问题的分析研究。在统计综合分析中，要善于运用多种方法，并将这些方法互相结合进行综合分析。

（三）统计综合分析中质与量的结合

统计综合分析中质与量的结合即定性与定量的结合，这种结合贯穿于统计的全过程，但在不同的阶段有所侧重。统计设计阶段，是从定性到定量的过渡，即设计统计指标和统计分组的质的规定性和量化方法；统计整理阶段，是从采集的个体的数字资料中，整理出反映总体的数值，达到对总体现象的与定性相结合的定量认识；统计分析阶段，则是在取得大量统计资料的基础上，通过进一步的质与量相结合的分析，形成对事物更深刻的认识。

统计综合分析中质与量的结合主要体现在以下几个方面：

1.从量变到质变分析中质与量的结合

研究事物从量变到质变的问题，首先要从定性分析入手，明确有关事物的含义，即质的规定性。例如，研究人民生活水平由贫困变为温饱再变为小康和更高水平的问题，研究企业经营由粗放型变为集约型的问题，研究国内生产总值年增长率和投资率由不利变为有

利的关键节点（最佳度）的问题，首先要明确贫困、温饱、小康和粗放型、集约型以及生产总值年增长率最佳度、投资率最佳度等概念的含义。然后，根据科学的含义，从有关的事物中筛选出具有代表性的若干指标，再搜集这些指标的具体数字，并且采用必要的方法进行分析，得出结论性意见。定量研究的结果反过来又可以深化对事物的定性认识。

2.从现象到原因分析中质与量的结合

分析事物的变化，不论是一般的量的变化，还是到达质变关键节点的变化，都是回答“是什么”的问题。但是，这远远不够，统计综合分析还必须探讨“为什么”的问题，即分析其发生的原因。这是一个从表面现象的认识逐步向实质性认识发展的过程。

3.从原因到决策分析中质与量的结合

在对社会经济现象产生的原因进行分析之后，还要进行决策分析。这就是说在回答了“为什么”之后，还要回答“怎么办”的问题。这是一个从事物现状的认识到改造事物的认识逐步深化的过程，而改造事物是为了推动它发生符合决策目标的量的变化或质的变化。

4.通过统计综合分析结果得出判断结论时质与量的结合

统计综合分析要通过多层交叉比较研究的方法，对所分析的事物得出正确的判断结论。这同样要采用定性分析与定量分析相结合的方法，反复思考和认识研究。在这个问题上要注意：（1）针对统计综合分析结果的判断，要有科学的理论指导；（2）针对统计综合分析结果的判断，要掌握适当的度；（3）针对统计综合分析结果的判断，要置于系统之中。

第三节 统计比较

一、统计比较的概念和作用

比较对照是人们认识客观事物时普遍使用的一种逻辑思维方法，是统计综合分析研究中最常用的一种有效方法。

所谓统计比较，是指将统计指标所反映的实际数量状况与有关标准进行对照，计算出数量上的差别和变化，进而做出评价和判断的思维过程，它是比较法的一种。

其主要特征是总体数量的比较，是客观实际数量状况的比较。统计比较是统计综合分析研究中基本的、常用的方法，其作用主要有以下三个方面：

（一）可以更深入、更明确地认识事物

一个单独的统计指标数值或一组指标数值只能说明总体的实际数量状况，只靠它是得不到明确而深刻的认识的。只有经过综合分析比较，从数量的差别和变化中，才能更深入、更明确地认识事物，帮助人们做出评价。

（二）可以进行监督检查，深入分析原因，找出解决办法

将某种事物的存在和发展状况与有关政策规定进行比较，看其是否符合相关的要求、标准、规定，进行某些监督检查，并据此进一步深入分析其原因，进而找出解决的办法。

（三）可以发挥更大、更广泛的促进作用

监督也会起促进作用，但统计比较的促进作用比监督更广泛。应用统计指标在各地区、各单位之间进行比较，在单位内部进行比较，会发现它们之间的差别，产生促后进赶先进的作用。使用规定的若干统计指标进行比较，有组织地进行评比竞赛，能发挥更大的促进作用。

统计比较是统计分析中经常使用的方法，在许多情况下，统计分析往往是从比较开始的；而且，在统计分析的许多其他方法中，都融合着比较的内容。例如，统计指数实际是一种综合比较方法，相关分析要通过比较才能判明相关程度等。

统计比较看起来简单易行，但要使用好也是不容易的，要注意这种方法的局限性。

二、统计比较的种类

为了更深入、更系统地了解统计比较的真实含义，以便更好地通过统计比较进行统计综合分析，统计比较可以从许多不同的角度来进行分类。

一般说，主要有以下几种分类方式：

（一）静态比较和动态比较

按时间和空间状况不同，可将统计比较分为静态比较和动态比较。

静态比较也叫横向比较，是同一时间（时期或时点）条件下不同空间的统计数值的比较，如不同地区的比较、不同部门的比较等。

动态比较也叫纵向比较，是同一个统计指标在同一空间不同时间上统计数值的比较，它反映随历史发展而发生的数量上的变化。根据统计综合分析的需要，这两种比较可以单独使用，但在实际应用中常常要把二者结合起来使用。

数量比较的结果统称为比较指标，分为静态比较指标和动态比较指标。

（二）比值比较和差值比较

按比较数值的方式不同，可将统计比较分为比值比较和差值比较。

比值比较是将比较对象和比较标准相除，比较的结果表现为相对数，如系数、倍数、翻番数、分数、成数、百分数、千分数、万分数、十万分数等。比值比较表明静态差别的比值或者动态变化的程度。

差值比较是将比较对象与比较标准相减，相减的结果表明两者相差的绝对量。

这两种比较方式给人们不同的感受，有时可以单独使用，但以结合使用为好。结合使用可使人们认识比较完整，既可了解差别或变化的程度，也可了解相差的绝对量。

（三）单项比较和综合比较

按比较对象内容范围不同，可将统计比较分为单项比较和综合比较（综合评价）。

单项比较是指比较某种总体现象某一方面、某一局部，它可以使用单独一个统计指标，也可以将反映某一方面、某一局部的若干指标联系起来进行比较分析。

综合比较是指对总体或若干方面的全面评价比较，通常称为综合评价。例如，宏观方面的国民经济和社会发展情况的全面评价和比较；微观方面的同类企业经济效益的综合评价和比较；对某种产品质量的综合评价和比较等。

三、统计比较标准

统计比较是将比较现象的对象总体的统计数据与相比较对照（对照组、对照群、对照总体）的现象总体数据进行对比研究。作为相比较对照（对照组、对照群、对照总体）根据的统计数据称为比较标准，也称为比较基础数据，或比较基数。

依据研究目的不同，有各种各样的比较标准，常用的主要有以下五种：

（一）经验数据标准

经验数据是根据大量的或长期的资料总结计算而得的正常值，在一定条件下具有相对的稳定性，可以用来作为比较标准。

例如，有的专家通过计算得出结论，根据我国若干年的经验，投资率在25%～30%之间比较合适。

又如，国际上一般认为，偿债率（每年偿还外债的本息额占出口创汇总额的比重）大体以25%为警戒线，超过了25%就会使偿债发生困难。这类经验数据有很多，在实际工作中很有用。这种比较标准有助于评价和判断事物发展是否正常。

（二）理论数据标准

理论数据标准是将根据有关科学理论研究确定的一定的正常值作为比较标准。这种正常值不是根据经验总结出来的，而是根据理论推算设定的。例如，根据经济学理论确定投资率的比较标准时，以保证原有人口和新增人口不低于当前的消费水平为投资的最高限。根据这个理论计算出来的投资率的界限，就是理论数据标准。

（三）时间数据标准

时间数据标准是以时间上的数据作为比较标准，一般是将比较对象本身的历史数据作为比较标准，观察和分析研究现象本身的发展变化。

有时也可以用其他空间单位的历史数据作为比较标准。例如，以某一时期外国的历史数据作为比较标准等。

时间数据标准有以下三种：

1.前期数据标准

常用的前期数据标准有本年度与上年度相比较、本季度与上季度、本月度与上月度相比较、本年某月与去年同月相比较等。

2.历史最好时期标准

历史最好时期标准就是以较长一段时间内水平最高时期的数据作为比较标准，如我国自1978年以来至2021年，以2021年的人均粮食产量（483千克）作为比较标准等。

3.历史重要时刻前期数据标准

历史重要时刻前期数据标准是指以历史发展中阶段性变化开始前期的数据作为比较标准，如以第一个五年计划开始前一年（1952年）的数据作为比较标准、以党的十一届三中全会召开的前一年（1977年）作为比较标准、以跨入新时代中国特色社会主义时期的前一年（2016年）作为比较标准等。

（四）空间数据标准

空间数据标准是以某一空间数据作为比较标准。通常是将同一时间上、不同空间的比较对象（包括不同系统、不同单位、不同地区、不同国家）的数据进行比较。

空间数据标准主要有以下四种：

1.平均水平标准

平均水平标准是以一定范围（全世界、全国、一个省、一个市、一个部门等）内的平均实际水平作为比较标准，判定比较对象的水平在平均水平以上或以下，相差多少等。

2.先进水平标准

先进水平标准是以一定范围内的最高或较高水平作为比较标准，比较结果表明与最高或较高水平的差距，有促后进赶先进的作用。

3.相似空间标准

相似空间标准是使用与比较对象条件大体相似的其他空间的数据作为比较标准。

4.互为标准

互为标准是各地区、各单位相互之间或者各自以别的地区、单位作为比较标准。竞赛评比排名次时就使用这种比较方法。

（五）计划或政策规定数据标准

计划或政策规定数据标准是以国家计划部门、业务部门或公司、企业单位所制定的有关计划、方针政策规定的数据作为比较标准。通常在检查监督计划或政策的执行状况时用此标准。由于检查的时间要求不同，可以按月、按季、按年或按更长时间来检查，从而进行比较分析时，有进度比较和期终总结性比较两种。

上述五类比较标准，是为了对比较标准有个明确的概念而进行归纳的。在实际进行统计比较时，应根据分析研究的目的选择适当的比较标准，并综合运用，以使人们得到正确而明晰的认识，否则就难以做出正确的评价。

四、统计比较的具体规则

在统计综合分析中，绝大部分方法都属于对照比较的方法。在一定意义上可以说，统计比较是统计分析的基本方法。本章第二节中所阐述的统计分析的一般原则，在统计比较中是必须遵循的。

这里讲的统计比较的规则，是指进行统计比较所必须遵守的具体规则，主要包括：

（一）统计比较事物之间的联系性

统计比较的目的在于通过比较和对照，展现事物的差别、比例、联系程度和变化速度等，因此，所比较的事物必须有联系性才有意义。统计比较的事物联系性规则是相对的，要具体分析判断，其主要依据是研究目的。将依研究目的所确定的有联系的事物进行统计比较，才能发挥统计比较的效用，才有意义。这是统计比较可比性规则的最基本的规则。

（二）统计比较指标含义的一致性

统计比较指标含义的一致性主要指它的内涵和口径的一致性。不论是进行静态比较还是进行动态比较，都必须遵守这个规则。指标含义的一致性要从实质上看，而不能从形式上看。例如，从形式上看，我国粮食产量和外国粮食产量指标名称全相同，但实际内容不同，不能直接简单比较。我国粮食（通称粮豆薯）产量中包括大豆和薯类，而外国粮食（通称谷物）产量中则不包括大豆和薯类。因此，由于指标含义和口径不一，就不能直接进行比较。

（三）统计比较时间限制的一致性

一般来说，静态比较的应是同一时期或同一时点的数据。动态比较时，时期指标的时期范围应该一致，年度数据和前期的年度数据可以比较，月度数据和以前的月度数据可以比较。时点指标的时间间隔根据特殊分析说明的需要虽然可以不一致，但在通常情况下以一致为好。

（四）统计比较空间范围的一致性

空间范围主要是指地区范围和组织系统范围，如省、市、县等的范围，各个组织机构、企业和事业单位的隶属关系的范围。它们有时会发生变化，这时，即使行政区划或组织系统的名称没有改变，也不能直接进行比较（除非是要专门了解这种变化的结果）。

（五）统计比较指标的计算方法的一致性

统计比较指标的计算方法与指标含义和口径是相联系的，指标含义不同，计算方法也就不相同，某些指标是可以按不同方法计算的，这时只有同口径、同方法的才可以进行比较。计算方法不同就不能比较，要比较就要进行必要的调整或换算。

（六）统计比较指标的计量单位的一致性

从表面看来，这个问题比较简单，但实际上这却是个相当复杂的问题，它涉及计算对象本身的差别。实物指标表现的实物本身就有差别。例如，钢材分为不同的种类和型号，以“万吨”为单位计算的生产量，并不能准确反映生产成果。汽车也包含各种不同型号、不同载重量，如果以“万吨”为单位计算，且仅为了粗略地了解数量，这种比较有一定的价值，但要作深入了解和研究，就远远不够了。因此，使用实物指标进行比较时既要求计量单位一致，同时也要注意计量单位一致时所存在的实物本身的差别。以货币计量的价值指标问题更为复杂。就国内来讲，有各种不同的价格，而且经常发生变动。因此，就产生了使用哪个环节的价格以及价格指标是否包括变动因素的问题，这些要根据研究目的来确定。

总的来讲，可比性是统计比较的基本规则，也可以说是统计比较的前提条件。上述六个方面并不能概括可比性的所有问题。例如，由于社会结构不同、历史条件差别、风俗习惯差异等，会使得某些统计指标不能够用来比较。因此，要对具体问题进行具体分析。

五、统计比较的主要指标

无论是静态比较还是动态比较、比值比较还是差值比较、单项比较还是综合比较，都要用一些指标，这就是统计比较的指标。统计比较的结果也表现为统计指标，因而研究统计比较指标极为重要。

就统计比较而言，至少要具备两方面指标：一是要比较显示的对象指标，通称对象指标；二是作为比较基础的标准指标，通称标准指标。

在统计比较中，总量指标、平均指标和相对指标都可作为对象指标和标准指标进行统计分析比较，在有关章节中已经对其进行了阐述，在此不再赘述。这里仅从统计比较结果角度进一步阐明统计比较指标。

（一）统计比较指标的概念

从统计比较结果角度观察，统计比较指标是反映有联系、可进行比较的事物之间在时间、空间及事物内部或各事物之间的联系程度与差别的指标，通常称为比值、比例、比重、程度、速度和差数。

（二）统计比较指标的一般计算公式及表现形式

统计比较指标，从其比较方式来说，可以进行比值比较和差值比较，因此一般计算公式也主要有两类。

1.比值比较指标的计算公式

比值比较指标是用比较对象指标除以比较标准指标，其计算公式为：

$$相比（除）比较指标=\frac{比较对象指标}{比较标准指标} \tag{11.1}$$

比值比较指标的计算结果，表明了比较对象指标相当于比较标准指标的程度。它减去1（或100%）如为正，则表示比较对象指标多于或大于比较标准指标的程度；如为负，则表示比较对象指标少于或小于比较标准指标的程度。

比值比较指标的计算结果一般通称为相对指标，其数值为相对数。相对数的具体表现形式有系数、倍数、翻番数、成数、百分数（%）、百分点、千分数（‰）、千分点等无名数及复名数。

2.差值比较指标的计算公式

差值比较指标是用比较对象指标减去比较标准指标，其计算公式为：

$$相差（减）比较指标=比较对象指标-比较标准指标 \tag{11.2}$$

差值比较指标的计算结果，表明了比较对象指标数值与比较标准指标数值相差的数量。当比较对象指标值大于或多于比较标准指标数值时为正差量，否则为负差量。这种指标数值的计量单位与对象指标和标准指标数值的计量单位相同。不同时间、空间的相比（除）比较指标也可以相减，计算其相差数量。

第四节　综合评价

一、综合评价概述

一般来说，评价是指对事物的评定、判别和估价。这里的综合评价是指根据统计数据，结合各种定性材料，在一定的认识基础上，通过数量的比较、计算、研究和论证，对被评对象做出明确的评定、判断和估价。综合评价的结果表现为排出名次顺序，分出等级，得出判断的结论，如判断经济运行状况是否正常、过热或过冷等。综合评价是统计综合分析的重要方法。如果说统计比较是统计综合分析的基本方法、统计比较指标是统计综合分析的主要工具的话，那么综合评价则是统计综合分析的核心内容。综合评价的结果涉及各个方面，就被评对象来说，会涉及荣誉和物质利益等方面。综合评价在统计综合分析中占有重要地位。

综合评价有单项评价和综合评价两种。单项评价是指用一项指标评定被评对象某一侧面的情况。综合评价可以是对被评对象的全面评价，如对国家综合国力的评价、对国家或地区社会经济发展水平的评价、对企业管理水平的评价等；也可以是对被评对象某个领域的全面评价，如对全国宏观经济动态的监测、对国家或地区生态环境的综合评价、对企业经济效益的综合评价等。

综合评价可以用一个指标作为“代表”来进行评定。例如，国际上流行的用国内生产总值来评价国家的经济实力，用它的增长速度来评价经济运行情况，用全要素生产率评价经济效益等。这种方法的好处是简明易懂，但存在一定的局限性，使用不当会产生认识上的片面性，因此产生了应用多个指标进行综合评价的方法。这就遇到了一系列的问题，如评价指标体系的选择和确定，评价标准的选择，如何解决由于计量单位不同（通常称为量纲不同）而不能度量的问题，以及按各指标的重要程度不同确定权数和合成方法的问题等。所以，综合评价是统计学中有待研究和发展的一个重要的理论和实际问题，本章仅作简要介绍。

二、综合评价的步骤

1.选择评价指标，构建评价指标体系

如果选择一个指标作全面评价，则要检查这个指标的代表性和可行性。多指标综合评价则要选择一套反映各个侧面的指标组成评价指标体系。这是所有综合评价中首先要解决的重要问题。

2.选择综合评价方法

综合评价方法多种多样，有的简单，有的复杂。综合评价方法是将不能同度量的指标变为能够同度量指标的方法（一般称为无量纲化）和将分指标的评价值合成总评价值的方法。

3.确定有关的标准值

根据综合评价方法的要求确定有关的标准值，包括无量纲化时使用的临界值（阈值）和参数、合成时反映评价指标重要程度的权数等。

4.将指标实际值转化为评价值

5.将分指标的评价值合成为总评价值

上述五个步骤中，前三个步骤是准备工作，后两个步骤是实际操作。综合评价的关键在于评价指标体系的确定和综合方法的选择。

三、评价指标体系的构建

在多指标综合评价中，如何构建评价指标体系是最重要的问题，是综合评价能否准确反映全面情况的前提。如果评价指标选择不当，使用再好的综合评价方法也会使评价结果出现误差，甚至评价完全失败。

评价指标的选择主要建立在对评价事物定性研究的基础上，选择评价指标的主要原则是科学性、目的性、全面性和可行性。

（一）科学性

科学性是指要根据被评价事物的性质、特点和运动过程来选择影响大的重要指标。在这里，对评价事物本身含义的理解是个重要问题，如对经济效益的理解不同，显然会选择不同的指标。对事物全过程的理解也很重要。例如，对某地区自然环境保护作综合评价，不仅要看其每年新栽种的树木和种植的草地有多少，还要看对过去原有树木和草地的保护情况等。再如，宏观经济监测要选择反映经济运行轨迹的指标等。

（二）目的性

对同样的被评价事物，要根据综合评价的目的选择评价指标。分析研究的目的或管理的要求不同、评价的侧重点不同，需要选择不同的指标。例如，微观评价和宏观评价的目的不同，各时期管理上强调的重点也不同。可以用更换指标的办法（在某些情况下也可以采用增加或缩小某个指标的权数的办法）来解决该问题。

（三）全面性

全面性是指所选择的指标能够代表被评价对象或其某个领域的全面的、整体的情况的指标。指标数量的多少主要取决于被评价事物的性质和评价的目的，不一定越多越好，而且应避免使用性质作用相同的指标。

（四）可行性

可行性是指所选择的指标可以量化，或通过一定的方法量化后可以评价和合成；并且这些指标的实际数值是可以取得的。在实际工作中常常会由于资料限制，不得不取消某些指标或采用替代指标。

四、综合评价的主要方法

综合评价的方法有很多，限于篇幅，本部分只概述一些常用的主要方法。

（一）关键指标法

关键指标法是指选用一项重要指标作为代表指标对被评价对象或某个领域做出全面评价。它的特点是具有综合性或关键性。其优点是简单明了，重点突出。它的主要缺点是有一定的局限性，使用不当会导致认识上的片面性，从而产生副作用。例如，在对一些地区的经济社会发展整体情况进行综合评价时，如果只用地区生产总值一个指标，就会导致这些地区单纯追求地区生产总值、攀比速度而忽视经济效益、环境保护和其他方面全面发展的问题。作为一种简单明了的综合评价方法，关键指标法在一定条件下还是可以使用的。

（二）简易打分法

简易打分法是指根据被评价事物选择若干指标后，规定打分标准和打分方法，然后根据各项指标的实际数值，按规定的办法打分，将所有指标的分值相加得出总分，做全面评价，并排出名次顺序或分出等级。目前有许多不同的打分标准和打分方法，在此仅列举下述三种：

1. 名次计分法

名次计分法类似于体育竞赛中团体总分的计分法：先按各个评比指标的优劣排出被评对象的名次，名次在前得高分，名次在后得低分，然后相加得总分以排定总名次。例如，有15个单位作为评价对象，使用6项指标，则先按6项指标排序，第1名得15分，第2名得14分……第15名得1分。然后将6项指标得分相加得出总分，按总分排出名次顺序。

这种方法的优点是简单易行；缺点是将各项指标等同看待，并且无论差别大小，一律以相差1分进行计算，过于简单。

2. 百分法

百分法是以100分为标准总分，对各个指标分别规定占多少分。可以等分，如10项指标每项占10分；也可以不等分，有的多有的少，这相当于加权，同时规定打分标准。然后根据实际值按各项标准打分，将各项指标得分加总为总分，总分高者为优。

这种方法计算工作简单，主要困难在于规定各项指标的分值和打分标准。等分法简单，但各项指标被同等看待；不等分法则在规定分数时容易受一些主观因素的影响。打分标准一般采用按该指标最高值（或再高一些）和最低值（或再低一些）分段计分的办法。这与名次计分法存在同样的问题，因为分段不可能太多，不论差别大小，一律都以一定分数为计算单位，可能发生实际相差不多但分数却相差较多的情况。

3.掐头去尾法

掐头去尾法也称掐尖法，是指对于有些难以客观量化的主观指标，只能靠评判员依据规定标准进行打分，然后通过掐头去尾算出评价分数的方法。在评判员很多的情况下，为了避免评判员由于某种偏好或偏心而给予不合实际的分数，在加总时通过去掉一个最高分和一个最低分，然后用其余的得分总和或平均分数作为被评价对象的最终得分。这种方法早已在体育竞赛（如体操、跳水等）和文艺比赛中使用。这种方法可以单独使用，也可以作为总分评定的一部分使用。

简易打分法的优点是简单易行，评价比较全面，而且品质标志也可以设法计量并参与综合评价。其主要缺点是在无量纲化的处理上不够细致。

（三）个体比较指标加权平均法

1.一般步骤

个体比较指标加权平均法包括如下五个步骤：

（1）选择评价指标；

（2）确定比较标准值（如计划数、过去的实际数、一定范围的平均数等）；

（3）根据重要程度确定每项指标的权数；

（4）将每个指标的实际值和比较标准值相比较得出个体比较指标；

（5）根据个体比较指标和权数用算术平均法或几何平均法进行合成计算，计算结果一般用百分数表示，高者为优。

2.应用个体比较指标加权平均法应注意的问题

应用个体比较指标加权平均法应注意以下两个问题：

（1）对于逆指数（数值越低越好的指标）需要将其转换为正指标才能进行合成计算，方法是取其倒数；

（2）比较标准影响综合评价的内容，如用计划数作标准时评价的是被评价事物的计划完成情况。

（四）综合评价指数法

在进行不同国家、地区、单位经济实力与水平综合评价时，通常的做法是采用指标体系来综合观察比较。但是，评价指标体系中的各指标的量纲（即计量单位）的表现形式又不一致，从而无法汇总、无法对比，评价也就无法进行。为解决各指标不同量纲无法进行综合汇总问题，一般是在完成数据采集后，对数据进行同度量处理。通常的做法是进行相对化处理后再进行综合比较评价。

相对化处理一般是先对评价指标设定比较标准值，然后用各指标实际值与相应的标准值进行比较，再将此比较结果综合化进而进行综合比较。这种方法就称为综合评价指数法。所谓综合评价指数（又称综合指数），是指以评价指标相对化处理结果的相对数为变量值，采用简单平均法或加权平均法计算出的平均数。因相对数通称指数，故将此种方法称为综合评价指数法。其一般公式为：

1.简单算术平均式

$$I_Z=\frac{\sum\frac{X}{B}}{n} \tag{11.3}$$

式中：I_Z为综合评价指数；X为某项指标实际值；B为某项指标标准值；n为指标个数。

2.加权算术平均式

$$I_Z=\frac{\sum\frac{X}{B}p}{\sum p} \tag{11.4}$$

式中：p为权数；其他符号含义同前。

在公式（11.4）中，某项指标的实际值X是评价指标体系中的各单项指标值；该项指标的标准值B是作为衡量标准的水平尺度标准，通常是全国水平或若干年、若干地区的平均水平；权数p反映各指标在综合评价指标体系中的重要程度，一般是统一研究确定，取整数，其总和为100，也可采用百分数形式，权数总和为100%。

［例11-1］某地甲、乙两市城市发展水平综合评价指数计算见表11-1（表中（1）、（2）、（4）栏为给定的数据）。

表11-1　　某地甲、乙两市城市发展水平综合评价指数计算表

指标名称	计量单位	全国水平B（标准值）	甲市		乙市	
			实际值 $X_甲$	指数 $I_甲$（%）	实际值 $X_乙$	指数 $I_乙$（%）
（甲）	（乙）	（1）	（2）	（3）$=\frac{(2)}{(1)}$	（4）	（5）$=\frac{(4)}{(1)}$
1.人均生产总值	元	7 993.3	12 561.1	157.1	18 353.0	229.6
2.第二产业比重	%	28.9	36.4	126.0	50.0	173.0
3.人均实际利用外资	美元	65.4	90.4	138.2	256.5	392.2
4.职工年平均工资	元	5 832.0	5 018.0	86.0	7 277.0	124.8
5.人均教育经费	元	81.2	111.5	137.2	139.1	171.3
6.每万人高校生数	人	59.2	186.3	314.6	344.7	582.3
7.人均年邮电业务总量	元	164.0	240.0	146.3	394.0	240.2
发展水平综合评价指数	分	100.0	—	157.9	—	273.3

将表11-1给定的数据代入公式（11.3）中计算甲、乙两市城市发展水平综合评价指数如下：

$$甲市综合评价指数I_{甲}=\frac{157.1+126.0+138.2+86.0+137.2+314.6+146.3}{7}=157.9\text{（分）}$$

$$乙市综合评价指数I_{乙}=\frac{229.6+173.0+392.2+124.8+171.3+582.3+240.2}{7}=273.3\text{（分）}$$

从计算结果来看，乙市城市发展水平比甲市高。

［例11-2］某年甲、乙两地区经济效益综合评价指数计算见表11-2（表中（1）、(2)、(3)、(6）栏为给定的数据）。

将表11-2给定的数据代入公式（11.4）中计算甲、乙两地区经济效益综合评价指数如下：

$$\begin{aligned}甲地区经济效益综合评价指数I_{甲}&=\frac{96.87\times15+79.34\times30+49.20\times15+170.83\times10+120.77\times20+76.87\times10}{15+30+15+10+20+10}\\&=94.63\text{（分）}\end{aligned}$$

$$\begin{aligned}乙地区经济效益综合评价指数I_{乙}&=\frac{98.49\times15+109.96\times30+117.26\times15+260.95\times10+91.80\times20+97.90\times10}{15+30+15+10+20+10}\\&=119.62\text{（分）}\end{aligned}$$

表11-2 某年甲、乙两地区经济效益综合评价指数计算表

指标名称	计量单位	全国标准值	权数p	甲地区			乙地区		
				指标值x	指数$I_{甲}$（%）	分数$I_{甲}p$	指标值x	指数$I_{乙}$（%）	分数$I_{乙}p$
（甲）	（乙）	（1）	（2）	（3）	（4）$=\frac{(3)}{(1)}$	（5）=（4）×（2）	（6）	（7）=$\frac{(6)}{(1)}$	（8）=（7）×（2）
1.产品销售率	%	97.48	15	94.43	96.87	14.53	96.01	98.49	14.77
2.资金利税率	%	13.55	30	10.75	79.34	23.80	14.90	109.96	33.00
3.成本利润率	%	8.11	15	3.99	49.20	7.38	9.51	117.26	17.59
4.劳动生产率	元/人	5 683	10	9 708	170.83	17.08	14 830	260.95	26.10
5.流动资金周转次数	次	1.83	20	2.21	120.77	24.15	1.68	91.80	18.36
6.净产值率	%	29.01	10	22.30	76.87	7.69	28.40	97.90	9.80
经济效益综合评价指数	分	—	100	—	—	94.63	—	—	119.62

从表11-2的计算结果可以看出，甲地区经济效益综合评价指数为94.63分，乙地区为119.62分，这说明乙地区经济效益综合说来比甲地区好。

（五）功效系数法

功效系数法原来是多目标决策中进行综合评价的一种方法，研究其他事项综合评价时也可用这种方法。这种方法的基本程序是：

1.确定评价指标体系（x_i；i=1，2，3，…，n）

2.确定各项评价指标的满意值（x_i^h）和不允许值（x_i^s）

确定各项评价指标的满意值（x_i^h）和不允许值（x_i^s）有不同方法。可以用可能达到的

最佳值为满意值，用不应出现的最低值为不允许值；也可以用评比指标中的最佳值为满意值，最低值为不允许值；还可以根据历史上出现的最佳值和最低值来确定。

3.对每个评价指标计算功效系数（d_i）进行无量纲化处理

一般计算公式为：

$$d_i=\frac{x_i - x_i^s}{x_i^h - x_i^s} \tag{11.5}$$

4.确定各评价指标的权数（p_i）

5.用平均数法计算总功效系数（D）

总功效系数（D）可以用简单算术平均法或加权算术平均法计算，也可用几何平均数方法计算，按D值大小排序。

［例11-3］某地区4个公司经济效益有关指标见表11-3。

表11-3　某地区4个公司经济效益指标

效益指标／公司	全员劳动生产率（按净产值计算）（元/人·年）	百元固定资产净产值（元）	百元总产值销售收入（元）	百元销售收入利税额（元）
甲	5 733	60.5	91.5	16.7
乙	3 575	52.2	93.2	7.3
丙	3 929	71.2	84.9	10.7
丁	4 404	69.7	88.0	12.8

用哪些指标进行综合评价是需要周密研究的问题，为简便起见，本例只选了4个评价指标。

首先要计算各公司各个指标的功效系数。为此，要确定满意值和不允许值。一般可取各个指标的最佳值为满意值，取最低值为不允许值。以丁公司百元销售收入利税额为例计算功效系数，将有关数据代入公式（11.5）得：

$$d_4=\frac{12.8 - 7.3}{16.7 - 7.3}=0.5851$$

用同样方法可以计算出其他公司各指标的功效系数（见表11-4）。

表11-4　功效系数表

功效系数／公司	d_1	d_2	d_3	d_4
甲	1.0000	0.4368	0.7952	1.0000
乙	0.0000	0.0000	1.0000	0.0000
丙	0.1640	1.0000	0.0000	0.3617
丁	0.3842	0.9211	0.3735	0.5851

求出各公司指标的功效系数后，需按公司进行合成计算。当各评价指标权数相同时，用简单算术平均数法进行计算，公式为：

$$D=\frac{\sum_{i=1}^{n}d_i}{n} \tag{11.6}$$

如果权数不同，则公式为：

$$D=\frac{\sum_{i=1}^{n}d_i p_i}{\sum_{i=1}^{n}p_i} \tag{11.7}$$

本例各评价指标权数相同，则用简单算术平均数法进行计算。将有关资料代入公式（11.6）求解丁公司的总功效系数为：

$D_{丁}$=（0.3842+0.9211+0.3735+0.5851）÷4=0.566

同理，$D_{甲}$=0.808，$D_{乙}$=0.250，$D_{丙}$=0.381。

由总功效系数可以看出$D_{甲}>D_{丁}>D_{丙}>D_{乙}$，这就可以排出4个公司综合经济效益的名次顺序。

从上述计算可以看出，采用这种方法计算功效系数时会出现零数值，从而无法用几何平均数法进行合成计算，为解决这个问题，可以采用改进的功效系数法，其计算公式为：

$$d_i=\frac{x_i - x_i^s}{x_i^h - x_i^s}\times 40+60 \tag{11.8}$$

按这个公式计算，综合评价值基本上处于60~100之间，这和以60分为及格、100分为满分的习惯相合，比较直观，易于接受。

现依公式（11.8）计算丁公司的百元销售收入利税额的功效系数。

$$d_4=\frac{12.8-7.3}{16.8-7.3}\times 40+60=83.404$$

同理，d_1=75.368，d_2=96.844，d_3=74.940。

同理可计算出其他公司的各项指标的功效系数，见表11-5。

总功效系数通常是按几何平均数法计算的，其计算公式为：

$$D=\sqrt[n]{\prod_{i=1}^{n}d_i} \tag{11.9}$$

根据表11-5的资料，用几何平均数法，即用公式（11.9）计算丁公司总功效系数为：

$$D_{丁}=\sqrt[n]{\prod_{i=1}^{n}d_i}=\sqrt[4]{75.368\times 96.844\times 74.940\times 83.404}=82.185$$

同理，$D_{甲}$=91.835，$D_{乙}$=68.173，$D_{丙}$=73.847，详见表11-5。

则排序是$D_{甲}>D_{丁}>D_{丙}>D_{乙}$。

表11-5 改进功效系数表

功效系数 / 公司	d_1	d_2	d_3	d_4	D	名次
甲	100.000	77.472	91.808	100.00	91.835	1
乙	60.000	60.000	100.000	60.000	68.173	4
丙	66.560	100.00	60.000	74.468	73.847	3
丁	75.368	96.844	74.940	83.404	82.185	2

表 11-5 中的总功效系数是按几何平均数法计算的，其计算结果排序名次和算术平均数的结果相同，但有时也可能发生不一致的情况。

功效系数的无量纲化处理比以前几种方法要细致，这使人们可以看出综合评价之间的差异，但需要确定合适的临界值（阈值）。

第五节　统计分析报告

一、统计分析报告的概念、特点和分类

（一）统计分析报告的概念和特点

统计分析结果可以通过表格、图形和文章等多种形式表现出来。文章的主要形式是统计分析报告，它是全部表现形式中最完善的形式。这种形式可以综合而灵活地运用表格、图形等形式；可以表现出表格、图形难以充分表现的情况；可以使分析结果鲜明、生动、具体；可以进行深刻的定性分析。

统计分析报告是指运用统计资料和统计分析方法，以独特的表达方法和结构特点，表现所研究事物本质和规律的一种应用文章。统计分析报告是统计分析研究过程中所形成的论点、论据、结论的集中表现；它不同于一般的总结报告、议论文、记叙文和说明文；更不同于小说、诗歌和散文；它是运用统计资料和统计方法、数字与文字相结合，对客观事物进行分析研究的结果的表现。

统计分析报告的主要特点可以概括为以下三个方面：

1.统计分析报告是以统计数据为主体

统计分析报告主要以统计数字语言来直观地反映事物之间的各种复杂的联系，以确凿的数据来说明具体时间、地点、条件下的成就和经验、问题与教训、各种矛盾及其解决办法等。它不同于用艺术形象刻画的文艺作品，也不同于旁征博引进行探讨研究的各种论文，而是以统计数字为主体，用简洁的文字来分析叙述事物量的方面及其关系，进行定量分析。

2.统计分析报告是以科学的指标体系和统计方法来进行分析研究说明

统计是认识社会的武器，着眼于总体的数量方面，并在质与量的辩证统一中进行研究。因此，统计分析报告是通过一整套科学的统计指标体系，进行数量研究，进而说明事物的本质。在整个分析研究中，它运用一整套科学的方法进行灵活、具体的分析。但它又不同于数学分析。数学分析方法撇开事物的质量，只分析抽象的数量关系和空间的形式。而统计分析报告是在质与量的辩证统一中研究量的方面基础上，研究说明事物质的规定性。

3.统计分析报告具有独特的表达方式和结构特点

统计分析报告属于应用文体，基本表达方式是以事实来叙述，让数字说话，在阐述中议论，在议论中分析。在表现事物时，不使用夸张、虚构、想象等艺术手法，而是用较少的文字、精确的数据，言简意赅、精练准确地表达出丰富的内涵。统计分析报告在结构上

的突出特点是脉络清晰、层次分明。一般是先摆数据、事实，进行各种科学的分析，进而说明问题，亮出观点，最后有针对性地提出建议、办法和措施。统计分析报告的行文通常是先后有序，主次分明，详略得当，联系紧密，做到统计资料与基本观点统一，结构形式与文章内容统一，数据、情况、问题和建议融为一体。

（二）统计分析报告的分类

关于统计分析报告的分类长期以来争论比较大，从不同的角度可以进行不同的分类。

按统计的行业领域不同，统计分析报告可分为工业统计分析报告、农业统计分析报告、建筑业统计分析报告、交通运输业统计分析报告、商业饮食业和服务业统计分析报告等。

按分析对象层次不同，统计分析报告可分为微观统计分析报告、中观统计分析报告和宏观统计分析报告。

按内容范围不同，统计分析报告可分为综合统计分析报告和专题统计分析报告。

按时间不同，统计分析报告可分为定期统计分析报告和不定期统计分析报告。

按分析的深度不同，统计分析报告可分为状态分析报告、规律分析报告和预测分析报告。

按具体写作类型不同，统计分析报告可分为总结型统计分析报告、调查型统计分析报告、说明型统计分析报告、分析型统计分析报告、研究型统计分析报告、公报型统计分析报告、资料型统计分析报告、信息型统计分析报告和预测型统计分析报告等。

与统计综合分析的形式相应，依研究任务、研究重点、基本内容和结构形式特征，统计分析报告归纳起来主要包括专题性的统计分析报告、总结性的统计分析报告、进度性的统计分析报告和预测决策性的统计分析报告。

二、统计分析报告的质量要求

统计分析报告除了必须满足一般文章的准确、鲜明、生动的要求外，还有更高的质量要求，基本可归纳概括为“四性”（即准确性、针对性 、时效性、逻辑性）和“三求”（即求实、求新、求深）。

（一）“四性”要求

1.准确性

准确性就是要求数字准确，情况真实，观点正确，分析符合客观实际，依数据进行分析和判断，提炼的观点必须准确。

2.针对性

针对性就是要有明确的目的性和实用性，为一定的需求对象提供统计分析服务。要“适销对路”，对准需要，不应“无的放矢”。

3.时效性

时效性就是要保证统计分析报告所提供的统计信息有价值。统计分析报告要适时地提供给有关领导和部门。一般来说，进度性的分析要争分夺秒，越快越好，专题性的分析和预测决策性的分析要适时对路，掌握提供时机。

4.逻辑性

逻辑性就是要遵循逻辑规律，正确进行统计分析阐述。统计分析依据统计资料，运用判断、推理的方法，得出合乎逻辑的结论，前后一致，反映客观事物的内在联系。

（二）“三求”要求

统计分析报告要在上述“四性”的前提下，还要做到求实、求新、求深。

1.求实

求实就是要如实反映客观情况，实实在在，不能华而不实，装腔作势。

2.求新

求新就是要开拓创新，要多涉及尚未研究的新领域，写具有新情况、新问题、新经验的分析报告，做到立意新、材料新。

3.求深

求深就是研究问题的立足点要高，剖析问题要深，要透过现象抓本质，深剖深揭，由表及里。

三、统计分析报告的编写格式及应注意的问题

统计分析报告是文字与数字相结合的一种特定文体，其格式一般包括标题、开头、主题、正文和结尾几项内容。它的具体格式应依分析研究的任务、内容和种类而有所不同，灵活确定。写统计分析报告一般要注意以下几点：

（一）标题要确切、简明、有吸引力

标题，又称题目。一篇文章的题目是总标题，即篇名；文内的题目按层次划分，设小标题。标题是文章的基本思想、中心内容的集中表现。其任务是吸引读者、影响读者，指导读者阅读和理解。一篇好的分析报告标题要做到确切、简明、有吸引力。

确切，即要准确揭示分析报告的内容，题文相符，要确切地体现文章的观点，运用文字要准确，不发生误解。

简明，即标题要简明扼要，高度概括，用简练的文字揭示全文内容。

有吸引力，即标题新颖醒目，扣人心弦，能吸引和影响读者，引起读者的重视。

标题可以采用多种多样的形式，如论点题、事实题、设问题、加重语气题、对比题，还可运用比喻、警句、古语、诗词等写作手法和素材设题。在统计分析报告中，比较常用的标题有以下三种：

1.论点题

论点题方式的标题能很好地揭示主题，摆出观点，如《我省在全国经济发展中的战略地位和作用》《新基建是振兴新时代中国特色社会主义经济的必由之路》等。

2.设问题

设问题方式的标题能使读者产生疑问，进行思考，刺激读者的阅读欲望，如《住房为什么紧张?》等。

3.比喻、对比、加重语气题

比喻、对比、加重语气题方式的标题能通过对比引人注意，如《“骨之不强”，肉将焉附？——谈投资结构问题》，显得新颖别致，醒目强烈。

（二）开头要简短、精悍、新颖

开头，又称导语，是全文的引子。

它概括地交代文章写作的目的和内容，介绍全文的主题和基本结构体系以及文章的意

义等，使人一看就能了解全文的概貌、特征及主要内容。好的开头要简短、精悍、新颖，能引起读者兴趣。人们常说，“万事开头难”，但只要细心琢磨，是能有好的开头的。

开头的方法主要有：起笔点题法、总揽观点法、说明题由题意法、起句发问法、强调意义法、先声夺人法等。下面重点介绍前四种开头方法。

1.起笔点题法

起笔点题是指统计分析报告开头就说明题意，用寥寥数语清楚地交代题意，显得干脆、直接。

2.总揽观点法

总揽观点是指统计分析报告开头即亮出全文的观点，总说全文，使读者所关心的问题开头就有答案。

3.说明题由题意法

说明题由题意是指统计分析报告开头就说明写文章的目的和由来，解释题意，使读者了解文章的由来和必要性，引起注意。

4.起句发问法

起句发问是指分析报告作者在文章开头自设问题，设置悬念，使读者自然地会接着看下文，以获得答案。

（三）主题要突出、正确、鲜明、集中

在撰写文章中常提到“主题”一词。所谓主题，是指作者在文章中所表达的中心思想或基本观点。它在不同文章体裁中，有不同的称谓。在记叙文里称“中心思想”，在议论中称“中心论点”，在文艺作品中称为“主题思想”，在统计分析报告等财经应用文中则称“主题”或“观点”。

主题或观点是分析报告的纲，它像一根主线贯穿全文，成为全文的中心。分析报告的选材、结构、语言、表达，都以主题为依据，受主题的约束，也可谓分析报告的灵魂，统率全篇。对主题的基本要求是：

1.突出

一篇文章中，只有一个主题思想起统率作用，其余都从属于主题、服务于主题。

2.正确

主题要做到政治正确，符合党的路线、方针、政策，符合客观实际。

3.鲜明

主题要明确表示赞成什么、反对什么，观点明确，态度明朗，旗帜鲜明。

4.集中

全文要围绕主题，说深说透，选材要力争选那些最能说明观点的材料，去掉次要的、枝节的材料，以利于突出观点。

（四）正文要严谨、分明、清晰

正文是统计分析报告的主体部分。这部分结构要严谨，层次要分明，条理要清晰。结构是指文章的内部组织、内部构造，是对文章内容进行安排的形式。结构的实质是作者如何认识事物的问题。只有正确地思考，深刻地认识，文章结构才会严谨。好的结构，会使文章中心鲜明突出，内容层次清楚，材料衔接自然，思路贯通清晰，前后起伏照应，使文章集中统一、协调完整，从而增强论事说理的逻辑性与表现力，使文章的形式具有一定的美感。结构的格式是多种多样的，可以是情况、问题、建议三段式，也可以是情况、问题、根源、建议四部分，还可加预测部分，但不是一成不变千篇一律的。

结构的形式具体体现在层次、段落上。层次即指内容的先后次序，常见的层次形式有以下五种：

1.序时连贯式层次

序时连贯式层次是指按事物发展经过和时间顺序安排的层次，各层意思之间是连贯关系。

2.递进式层次

递进式层次是指按照事物或事理的发展规律以及逻辑关系，一层进一层地安排组织材料，层次之间是深化递进的结构方式。它可以是先因后果，或先果后因的因果递进式；也可以是按事理发展的连续性，每一阶段一个层次；还可以是按事理意义上的一层进一层，层层深入的递进关系的递进式层次。

3.总分式层次

总分式层次是指先总起来说，然后分开说；或者先分开说，后总起来说；或者前后都有总说，中间分开说。因分述内容的不同，可以是平行总分式、对比总分式、递进总分式和序时总分式层次。

4.平列式层次

平列式层次是指各部分内容相对独立，各层意思之间是平行并列关系。这种结构形式可以是同事平列式，也可以是异事平列式。

5.简要式层次

简要式层次是指篇幅短小、层次简单的结构形式层次。一般多用于快报、信息、简讯、短小的统计分析报告。

结构、层次着重于事理的划分，文章中在文字表达上的体现就是分段。分段要清楚地表现分析报告的内容层次，一般要注意单一性和完整性，即每一段只说一个中心意思。层次段落既分明又连贯，层次与段落关系十分密切。

层次与层次、段落与段落之间需要过渡，它是指不同意思能够自然转换的一种写作技巧。过渡常用过渡段、过渡句或过渡词来实现其自然转换。其转换可以用意义上的连续、递进关系；可以用段意上的延续、呼应关系，可运用小标题；可以运用顺序码设置层次或段落。

（五）结尾要自然完满、简短有力

结尾是文章思路发展或问题分析、解决的自然结果，也是文章思想内容的必然归宿。好的结尾，可以帮助读者明确题旨，加深认识，引起读者的联想和思考。对结尾的要求是自然完满、简短有力，不拖泥带水、画蛇添足。

统计分析报告结尾的主要内容是：总结全文，照应开头；或重申观点，强调对问题的看法和建议；或补充说明，强调导语和正文未提到的问题；或以饱满的热情展示前景，提出新问题，预测发展趋势。

统计分析报告的结尾的写法并没有硬性规定，主要由文章思想内容决定，要不落俗套，不断创新。

一般的写法有：总括全文，得出结论，阐述意义；指示今后，预测未来，指明趋势；呼应题目，补充说明，深化题旨；或是综合全篇强调基本观点，突出中心思想，使读者进一步明确全文内容。

四、统计分析报告的表达

统计分析报告的表达是作者运用书面语言，将构思中形成的对客观事物的认识完整、恰当地表现出来，从而撰写成文章的过程。统计分析报告一般采用文章形式的书面语言，以便于交流和传播。

（一）统计分析报告的表达方式

统计分析报告中普遍运用的表达方式有叙述、说明和议论。

1.叙述型表达方式

叙述型表达方式是指对事件或人物活动过程的述说。

这种表达方式主要用于：

（1）介绍统计调查工作情况；

（2）记叙某些事情的经过；

（3）阐明作为证据的具体事实；

（4）对措施或经验进行阐述。

叙述的方法，一般是按照事情发生、发展的过程和时间顺序来叙述。要求思路清楚、交代明白，以便于读者了解具体的事实。

2.说明型表达方式

说明型表达方式是指对事物的情况、性质、状态、特征、成因、构造、性能等所作的具体解说或阐述。

这种表达方式主要用于：

（1）阐明写作目的；

（2）解释统计指标或统计方法；

（3）解说统计数字变化的意义；

（4）表明现状的数量情况；

（5）介绍地理环境、自然资源及历史沿革情况；

（6）介绍某些单位或部门（行为）的概况；

（7）统计图表的运用和说明。

统计分析报告的说明，要求准确地把握事物的真实情况，客观地、科学地加以说明，不要在说明中掺杂作者的感情和主观臆想。

3.议论型表达方式

议论型表达方式是运用事实和事理材料进行逻辑推理，判明是非，论证自己的见解和主张。议论由论点、论据和论证三个要素组成。

这种表达方式主要用于：

（1）对情况作出概括和评价；

（2）对事物的特点作出判断；

（3）判断存在的问题及问题的性质；

（4）对原因进行剖析；

（5）阐明主张与建议；

（6）篇首开宗明义。

从明理角度看，议论就是归纳法、演绎法、类比法、引证法、反证法、归谬法等说理方法的表达。在议论中应遵守逻辑规则，注意有关的前提和条件，以保证议论的正确性。

（二）统计分析报告的语言运用

不同于文学作品和理论文章，统计分析报告的语言运用要求精练、准确、生动、具体，要注意做到以下几点：

1.直接性

统计分析报告要做到开门见山，直入文意，避免套话，不说空话。

2.真实性

统计分析报告要做到实事求是，如实反映情况，讲真话，不说假话，也不能说半真半假话。

3.实在性

统计分析报告要具有实在性的内容，言之有物，不讲玄话。

4.准确性

统计分析报告要做到有一说一，有二说二，说准确的，不说大概、大约的话，不能随意估计和猜测。

5.平易性

统计分析报告的语气要平易近人，切忌武断、生硬、摆架子，不说指教人的话。

6.鲜明性

统计分析报告的语言要明快、直截了当，不隐讳、曲折，更不可讲暧昧不明的话。

7.通俗性

统计分析报告要运用通俗语言，不要用令人费解或产生歧义的深奥难懂的语言。

8.朴实性

统计分析报告要用朴实无华的语言，不要滥用文言词语和浮华的形容词。

9.简练性

统计分析报告的语言要干脆利落、简练紧凑、简明扼要，不要繁杂冗长、不着边际、东拉西扯。

10.可读性

统计分析报告要适当运用修辞手法，引起读者兴趣，不要用平淡无味、枯燥乏味的语言。

（三）统计分析报告的数字表达

数字是统计的语言，是统计分析报告论事说理的工具，必须很好地运用。在统计分析报告中一般有以下十种表达数字方法：

1.显示法

显示法是指用统计数字作统计分析报告的引题、正题、副题或小标题，以引起读者的重视。

2.指示法

指示法是指统计分析报告向读者直接指示统计数字或指明统计数字的意义，以引起读者对数字的注意。

3.密度法

密度法是指统计分析报告要适当控制统计分析报告的数字密度，数字不应太多，也不要过少，一般控制在全文的10%～30%之间，而且其分布要尽量均衡。

4.概略法

概略法是指统计分析报告把复杂的统计数字概算、扩算或简化，使读者易读、易记。它可采用概数、大单位数、范围数、代表数、代替数等方法来显示。

5.明晰法

明晰法是指统计分析报告把一些比较抽象的统计数字变为具体数，或把复杂的统计数字加以解说使其变得更清晰、更明确。

6.对衬法

对衬法是指统计分析报告将差别较大的两种事实数字放在一起进行对照，以便引起读者注意。

7.揭示法

揭示法是指统计分析报告要揭示统计数字背后的实质，增强统计数字的效果。

8.联系法

联系法是指统计分析报告要运用突出的事实、典型的事例，引起人们注意，增强统计数字效果。

9.形象法

形象法是指统计分析报告要利用比喻、夸张等手法使统计数字变得形象、具体，以使读者理解。

10.图表法

图表法是指统计分析报告通过统计图表来表达统计数字，给读者直观印象，以增强统计数字效果，但图表不宜用得过多，内容不宜过于复杂。

五、统计分析和调查报告例析

近些年来，我国有关部门出版发行了许多统计分析和调查报告的书籍，如《优秀统计分析报告选编》《调查报告选编》等。有关报刊也登载过许多统计分析和调查报告，有志于深入研究者，可学习参考。本书限于篇幅，只从中选出具有代表性的报告介绍如下：

［实例1］

［例文］

年度经济形势分析

全市人民在市委、市政府的领导下，认真贯彻执行党中央、国务院有关促进经济发展的一系列方针政策，国民经济持续健康发展，取得了很大成绩。

1.综合经济实力继续增强，国民经济增长速度较快。

全市实现生产总值118.8亿元，按可比价格计算，比上年增长12.1%。其中，第一产业增加值11.4亿元，比上年增长2.5%；第二产业增加值52.1亿元，比上年增长12.8%；第三产业增加值55.3亿元，比上年增长12.9%。三次产业增加值构成比例为9.60：43.86：

46.54。人均生产总值为19 026元，按可比价格计算，比上年增长11.2%。按年末汇率计算，人均生产总值为2 299.86美元。

2.财政收支持续增长，金融业保持平稳运行。

全市地方财政一般预算收入为7.8亿元，按可比口径计算，比上年增长13.9%，完成预算约108.9%。在地方财政一般预算收入中，增值税、所得税等各项税收为7.3亿元，比上年增长14.1%，占财政收入的93.6%。全市地方财政一般预算支出为7.7亿元，比上年增长12.1%。其中，基本建设支出、城市维护费、科技立项费、支援农村生产支出等各项专项支出为3.6亿元，比上年增长12.2%。

金融业平稳运行，全市金融机构年末人民币存款余额为137.5亿元，比年初增长12.3%，其中，年末城乡居民储蓄存款余额为77.8亿元，比年初增长2.7%。年末人民币贷款余额为116.3亿元，比年初增长16.9%。全市金融机构现金净投放3.3亿元，比上年少投1.2亿元。全市各项外币存款余额为2.9亿美元，各项外币贷款余额为1.9亿美元。

3.固定资产投资增长较快，规模有所扩大，结构有所调整。

完成全社会固定资产投资总额26.9亿元，比上年增长18.5%。按隶属关系划分，地方项目投资23.4亿元，比上年增长29.4%；中央项目投资3.5亿元，比上年增长1.1%。按经济类型划分，国有单位投资10.1亿元，比上年增长1.0%；非国有单位投资16.8亿元，比上年增长48.6%。按投资渠道划分，其中基本建设投资8.7亿元，比上年增长7.6%；更新改造投资3.8亿元，比上年增长8.9%；房地产开发投资11.1亿元，比上年增长56.8%。在投资总量中（不含城乡集体、个人投资），第一产业完成投资1.1亿元，比上年增长26.8%；第二产业完成投资4.9亿元，比上年增长27.1%；第三产业完成投资18.1亿元，比上年增长29.1%。

4.农业在遭受一定程度旱灾影响的情况下，仍保持相对稳定的发展。

全市实现农、林、牧、渔业现价总产值19.2亿元，比上年增加0.5亿元。其中，农业产值8.5亿元，林业产值0.1亿元，牧业产值3.6亿元，渔业产值7.0亿元。

由于受到一定程度的旱灾影响，粮食、水果减产。粮食总产量仅完成11.3万吨，比上年下降3.4%；水果总产量仅完成7.3万吨，比上年下降6.7%；蔬菜总产量与上年持平，完成22.4万吨。

林业生产较好。全年完成造林面积698公顷，低产林改造1 397公顷，四旁植树91万株，全市森林覆盖率达到36.1%。牧业生产较为稳定。

全年完成肉类总产量2.7万吨，比上年下降1.2%；禽蛋总产量1.6万吨，比上年增长1.2%；奶类总产量1.1万吨，比上年增长11.2%。渔业生产持续稳定发展。全市水产品总产量21.7万吨，比上年增长7.8%。其中，海水养殖产量12.1万吨，比上年增长5.9%；海洋捕捞产量8.4万吨，比上年增长1.2%。

5.工业经济继续增长，运行质量明显好转。

全市完成工业增加值48.1亿元，按可比价格计算，比上年增长11.2%。工业产销衔接水平比较紧密，产销率达97.91%。其中，大中型工业企业产销率高达98.32%。

工业经济运行质量好转。规模以上工业企业实现利税总额9.5亿元，比上年增长52.3%；盈亏相抵后实现利润总额4.4亿元，比上年增长46.4%，其中盈利企业盈利额增长54.8%，亏损企业亏损额下降9.6%。

国有工业企业改革与三年脱困目标如期实现。大多数国有大中型企业建立了现代企业制度，一些小型国有企业的经营机制和经营状况有很大改善。

6.建筑业生产发展形势大好。

全社会建筑业完成增加值5.4亿元，按可比价格计算，比上年增长35.4%。在投资规模持续扩大的拉动作用下，全市68户建筑企业，完成施工产值15.4亿元，比上年增长26.1%，单位工程施工个数768个，其中招投标承包工程323个，占42.1%；单位工程竣工个数412个，其中优良工程145个，占35.2%；按施工产值计算的全员劳动生产率5.6万元/人，比上年增长15.3%；实现利税总额9 000万元，比上年增长41.1%。

7.交通运输、邮电通信业迅猛发展。

全市完成交通运输、仓储及邮电通信业增加值8.2亿元，按可比价格计算，比上年增长12.1%。全市完成客运总量0.13亿人次，旅客周转量9.24亿人千米，分别增长2.1%和4.2%。全市完成货运总量2 218万吨，货物周转量74.47亿吨千米，分别增长4.1%和22.6%。

全市完成邮电业务总量5.45亿元，比上年增长47.8%：其中，邮政业务总量1 700万元，电信业务总量5.28亿元，分别增长12.3%和49.1%。

全市城乡有线电话和移动电话用户分别增长24.1%和60.8%；住宅电话全市每百户拥有96部，其中城市每百户拥有99部。

8.商业市场运行平稳，市场价格水平降势减弱。

全市完成批发和零售贸易、餐饮业增加值15.1亿元，按可比价格计算，比上年增长11.8%。全市完成社会消费品零售额49.7亿元，比上年增长8.8%，扣除价格因素实际增长11.29%。全市居民消费价格总水平比上年上升了2.11%。全年商品零售价格总水平比上年上升了2.01%。

9.对外贸易持续高速增长，旅游事业再创佳绩。

据海关统计，全市外贸经营进出口商品总值11.2亿美元，比上年增长45.6%。其中，进口5.1亿美元，比上年增长48.1%；出口6.1亿美元，比上年增长49.6%。由于积极开设旅游景点，旅游业绩颇佳，全年共接待76个国家和地区的海外过夜旅游者13.6万人次，比上年增长21.7%。创旅游外汇收入5 358万美元。

10.城乡居民收入水平稳步提高。

全市在岗职工年人均工资22 854元，比上年增加1 466元。城镇居民年人均可支配收入14 902元，农村居民年人均纯收入9 843元，较上年分别增长13.3%和6.8%。

上述成绩表明，国民经济形势进一步朝着良好方向发展。存在的主要问题是：经济结构调整任务依然艰巨，国有企业虽然实现了三年脱困目标，但总体盈利能力仍然较低，部分企业缺乏市场竞争力，虽然脱困但尚未脱险；农业生产仍看天吃饭，抗拒自然灾害力量不足，水利工程数量不足；农民收入增长仍不够快，部分农民生活仍较困难。今后应进一步深化改革，促进技术进步，优化经济结构，保持国民经济持续稳定发展，关注农村经济发展，提高农民生活水平。

[简析]

这篇经济形势分析报告，从纷繁的统计数据中抓住主要数据概括经济形势特点，数字准确、结论清楚、分析简明恰当。全篇结构比较严谨，层次比较分明，条理清晰，言简意赅，一目了然。文章尚可深入分析，结构上也有“程式化”之嫌，如能进一步从历史与现实的丰富数据中比较概括提出建议，则可增强分析报告的价值和可读性。

[实例2]

[例文]

丹东市设施畜牧业发展情况调研报告

发展设施畜牧业，是加快现代农业建设的内在要求，是增加农民收入的有效途径，是满足城乡市场供应和提高人民生活水平的迫切需要。本文对丹东市设施畜牧业的发展现状和存在问题进行了调研，并提出了一些建议。

一、设施畜牧业的发展现状

2008年以来，丹东市以各项惠农政策为抓手，吸收社会资金12.6亿元，大力推进设施畜牧业发展，畜禽标准化养殖小区、畜产品加工企业及饲料加工企业建设实现了历史性跨越，丹东市畜牧业步入了崭新的时代。截至2012年年末，全市肉、蛋、奶总产量达到50.5万吨，比2008年增长70%；畜牧业产值达到70.7亿元，畜牧业增加值达到25亿元；畜产品加工业产值达到55.5亿元，畜产品加工业增加值达到23.6亿元；饲料总产量达到55万吨，实现产值13亿元。

（一）主要畜禽生产情况

1.生猪规模生产情况。

目前全市共有生猪规模养殖场（户）数（年出栏500头以上）276个。2012年年末，全市设施猪舍面积74.7万平方米。年末存栏20.8万头，占总存栏的25.7%；全年出栏39.2万头，占总出栏的30.6%。由于前两年猪肉价格持续低迷，养殖户生产积极性受挫，很多小型养猪场缩小养殖规模，相当一部分农户退出生猪养殖业，加之受猪病增多、养殖风险不断加大，以及饲料价格持续上涨、养殖规模成本明显增加的影响，致使规模养殖存栏量减少。2012年，生猪价格虽然有小幅波动，但生产总体呈平稳发展态势，如图11-1所示。

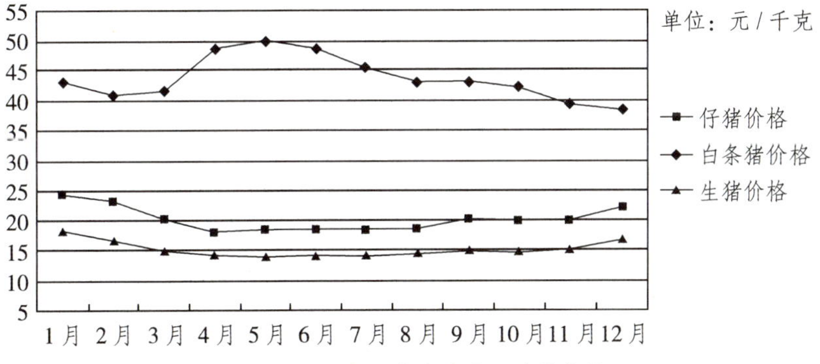

图11-1　2012年丹东市猪产品价格曲线图

2.肉鸡规模生产情况。

2012年，全市共有肉鸡规模养殖场（户）（年出栏1万只以上）1 868个。规模养殖户全年出栏6 808.8万只，占总出栏的79.8%。2012年，肉鸡价格始终在9～10元/千克区间振荡。由于农户与丹东市的成达、耘垦、辽丰、大闰等多家肉鸡屠宰加工企业和众多肉鸡经纪人签订了保底收购合同，肉鸡屠宰加工企业不盈利，肉鸡经纪人、肉种鸡场亏损，养鸡户保本或微利，所以维持了肉鸡饲养的增长态势，但增速明显放缓，如图11-2所示。

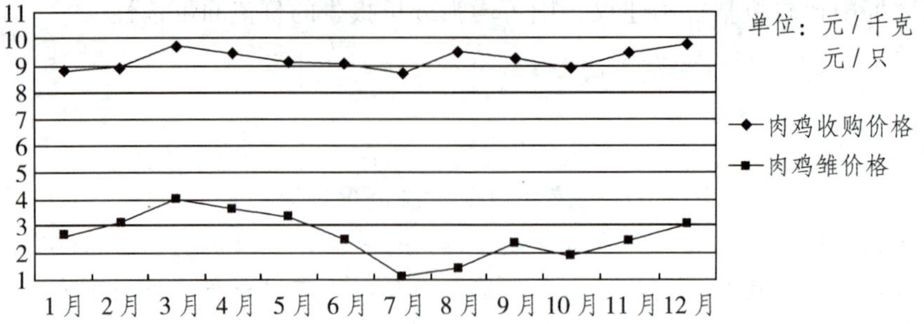

图11-2 2012年丹东市肉鸡收购价格及肉鸡雏价格曲线图

3.蛋鸡规模生产情况。

2012年，全市共有蛋鸡规模养殖场（户）数（期末存栏1万只以上）201个。蛋鸡发展速度有所放缓，鸡蛋价格呈现大起大落趋势，如图11-3所示，2012年前5个月低于6元/千克，9月和12月突破8.5元/千克，蛋鸡养殖盈利状况不好，蛋鸡存栏略有下降。2012年全市规模养殖户蛋鸡年末存栏515.5万只，比上年下降30.1%，占总存栏的41.6%；鸡蛋产量6.2万吨，比上年下降18.4%，占鸡蛋总产量的48.2%。

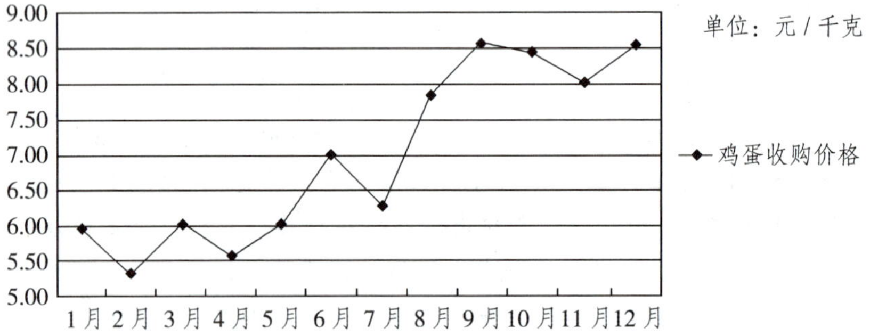

图11-3 2012年丹东市鸡蛋收购价格曲线图

4.牛羊规模生产情况。

2012年，全市共有肉牛规模养殖场（户）（年出栏100头以上）77个。规模养殖户期末存栏3.87万头，占总存栏的34.6%；年出栏3.54万头，占总出栏的34.5%。

肉牛养殖存、出栏减少，牛肉消费逐年增加，致使牛肉价格攀升，育肥牛收购价格由上年的16.6元/千克涨至24元/千克，同比增长44.5%。由于养牛效益提高，预计牛的饲养量会有所增长；受我省封山禁牧政策影响，丹东市羊饲养量继续呈下降的趋势，但有所放缓。

2012年全市共有羊规模养殖场（户）（年出栏200只以上）115家。规模养殖户年末存栏4.5万只，比上年下降5.5%，占总存栏的10.3%。羯羊平均收购价格30元/千克，与上年持平，羊绒价格降至460元/千克，同比下降15%。

（二）畜产品加工企业异军突起，产业化发展势头强劲

随着丹东双增食品开发（集团）有限公司万吨熟食加工项目的生产运营，全市共建成规模畜产品加工企业27家，年加工能力达到45万吨，固定资产净值达到7.5亿元，畜产品加工比重达到60%，带动农户12万户。

丹东耘垦牧业公司等3个畜产品加工项目获得辽宁省2008—2010年畜产品加工业

建设项目财政扶持资金1 500万元。农业产业化重点龙头企业累计达到27家，其中省级7家，市级20家。

丹东建立畜牧类农民专业合作社319家，带动农户1.5万户，涌现出了宽甸大青村新兴绒山羊专业合作社、凤城市万鑫养猪专业合作社、丹东市东龙肉鸡专业合作社等一批省、市级示范社。

随着龙头企业的蓬勃兴起和农民组织化程度的提高，丹东市以肉鸡、蛋鸡、奶牛、生猪、肉鸭、中华蜜蜂为代表的畜牧业“龙头企业+合作社+养殖基地”的产业链条得到了稳固和完善，并初步实现了产业化。

目前，丹东享吉鲜蛋远销中国香港，美比鹌鹑蛋享誉日本，万钧、青山湖中华蜂蜜国内外知名，耘垦、锦江山、大闰等肉鸡产品热销国内，升泰及派波牛奶在省内久负盛名，而双增猪肉、东灏肉鸭产品、鸭绿江鸭蛋等地产优质禽畜产品，也正在悄然走出丹东，走向国内外市场。

（三）饲料加工企业凸显亮点，集团发展开拓新路

2009年，总投资3亿元的“帕斯特”大豆压榨项目正式建成达产，解决了长期以来制约丹东市饲料工业发展的蛋白原料紧缺问题，降低了丹东市的畜禽养殖成本。2012年，“帕斯特”豆粕总产量达到80万吨，实现销售收入18亿元。

丹东仁达食品有限公司和丹东昌林食品有限公司加大研发力度，生产的宠物粮填补了丹东市高档精细饲料的空白，年出口创汇2 000万美元以上，提升了丹东市饲料工业的国际知名度，实现了畜产品加工和饲料生产的和谐发展。双增集团、金山牧业、耘垦牧业、辽丰禽业投资建设的4家年生产能力10万～20万吨的饲料生产企业将陆续建成投产，促成了包括饲料生产、种畜禽养殖、商品畜禽生产、畜产品加工在内的4个产业链条的集团式发展，为现代畜牧业健康持续发展开创了新道路。预计全部达产后，每个集团年均销售收入将达到5亿元左右。截至2012年年末，全市饲料生产企业共计58家，生产品种涵盖浓缩、配合饲料，添加剂和添加剂预混合饲料、动物源性饲料、单一饲料等，成为全省重要的饲料生产基地。

二、现阶段设施畜牧业发展存在的问题

（一）畜牧业养殖资金短缺，政策性扶持力度不够

据调研了解，丹东市养殖户发展养殖业的生产资金多数依靠自筹获得，缺乏外来资金援助和扶持。以肉鸡为例，养1万只肉鸡固定资产投入在40万元左右，如果只靠养殖户筹集资金，只能小规模饲养和经营，养殖效益比较低。一旦市场环境有所波动，由于抵御市场风险的能力较弱，损失会很严重。畜牧业龙头企业普遍存在发展资金不足的问题，企业发展资金短缺，银行借贷也比较困难，往往因为资金不足问题错过了扩大养殖规模的最佳时机。据调研了解，丹东市现阶段政策性补贴很少，部分养殖户建场初期以奖代补形式获得了一次性5万～10万元不等的资金扶持，之后扩大规模、引进新品种等都没有政策性补贴。

（二）生产基础设施薄弱，市场行情把握不准

调研发现，由于缺乏资金投入，丹东市养殖户新（改）建畜用暖棚速度缓慢，特别是许多规模养殖户虽然畜禽存栏数量多，但现有的畜用暖棚布局不合理、保温条件和卫生条件差、通风不良、年久失修、设备陈旧、粪便处理方式落后。同时，对饲料

搭配不科学，畜禽营养不平衡，科学养畜水平低，直接影响了养殖效益的提高。大部分养殖户信息闭塞、匮乏，准确、及时获取信息的能力不足，导致对市场行情的掌握、分析、预测不够，致使其养殖风险大大增加。

（三）养殖大户少，产业化程度低

据调研了解，2012年丹东市生猪年出栏万头以上的养殖户只有1家，肉鸡年出栏50万只以上的养殖户也只有1家，蛋鸡年存栏50万只以上的养殖户数为零，肉牛和羊年出栏1 000头以上的养殖户分别有6家和10家，奶牛年存栏1 000头以上的养殖户数为零。近年，丹东市畜牧业养殖规模化程度虽然有所提高，但畜禽集约化养殖程度还较低：龙头企业数量少，这些企业规模不是很大，实力不是很强，产业一体化程度也不是很高，辐射带动能力弱，而且极易出现生产和供应的周期性波动；传统分散养殖模式在丹东市仍占主导地位，散养户较多，且养殖规模较小。

（四）养殖成本上升，挤压利润空间

据调研了解，随着固定资产投入、仔畜、饲料、防疫以及人工费用的不断提高，畜牧业养殖成本在逐年攀升。以养鸡为例，一只肉鸡出栏（48天）成本在24元左右，而养殖效益仅为1.5～2元，蛋鸡一个产蛋周期（500天）成本在165元左右，养殖效益仅为16元左右。养殖成本的不断增加，挤压了有限的利润空间。

（五）畜牧业养殖风险高，保障机制不完善

随着养殖规模的不断扩大，畜禽产品流通的加快，畜禽疾病风险也越来越高，禽流感、疯牛病、口蹄疫等疫病时刻威胁着养殖安全。大部分养殖户有参保意愿，但是由于畜牧业养殖风险高，保险公司不愿意为养殖户投保，导致很大部分养殖户“裸养”，一旦发生疫情或者其他风险，养殖户难以承受严重的经济损失。“高风险无保护”的养殖模式在一定程度上制约了养殖规模的扩大。

三、促进设施畜牧业健康发展的建议

（一）加大政策性扶持力度，完善风险保障机制

一是在继续积极争取省以上政策扶持资金的同时，认真落实好《丹东市促进生猪生产平稳健康持续发展防止市场供应和价格大幅波动的工作方案》（丹政发〔2011〕31号）等相关文件的政策。市、县两级财政每年安排“菜篮子”等专项资金，加大对生猪等畜牧产业投入、补贴力度，大力推进畜禽养殖企业和畜产品加工企业的标准化建设，切实提高企业的生产能力，稳定市场肉蛋奶供应。探讨建立专业的畜牧业担保公司，加大信贷对设施畜牧业的支持。二是加强对养殖户的风险控制，逐步完善畜牧业保险制度，扩大畜牧业保险覆盖面，有效降低和分担畜牧业风险，为产业稳定发展创造良好条件。

（二）培育扶持“龙头”企业，打造畜牧业品牌

按照设施畜牧业“大规模、高科技、外向型、强带动”的要求，打造一批像耘垦、双增这样的大型品牌企业，将畜产品龙头加工企业做大做强，拉长产业链条，进一步提高其辐射带动能力。大力引进畜禽养殖、饲料生产和畜禽产品深加工企业，形成完整的畜牧产业链条，快速提升产业持续发展能力。

（三）组织营销，增加养殖收入

继续加强和完善“龙头企业+合作社+养殖基地”的产业链条，稳定销路，增加收

入。据调研了解，某蛋鸡养殖场与大连某企业签订收购合同，每箱鸡蛋价格比市场价高出6元，大大增加了养殖收入。现阶段丹东市大部分养殖户都是以订单形式销售畜禽产品，与“龙头”企业或经纪人签订了保底收购合同。要继续坚持这种销售模式，使畜禽产品实现“产-销”的良性循环，提高养殖户的积极性，增加养殖收入。

（四）建立长效防疫机制，保障畜牧业健康发展

一是认真贯彻落实《中华人民共和国动物防疫法》，认真履行动物防疫目标责任制，制定完善重大动物疫病应急预案，认真做好重大动物疫病防控，特别是春秋两季的畜禽集中防疫工作，确保丹东市无重大动物疫病发生。二是狠抓以基础免疫为主的各项防控措施，指导养殖户建立养殖、防疫档案，扎实推进动物标志及疫病可追溯体系建设。三是加强动物检疫监督工作，积极推进和完善产地检疫报检制度，提高产地检疫率，强化生猪和家禽定点屠宰检疫工作，屠宰牲畜受检率、病害动物及产品处理率、上市肉品持证率达到100%。强化动物防疫执法监督，加强畜禽养殖、动物及动物产品的调运和流通等环节的检疫监管，严格执法，防止重大动物疫情传入。

[简析]

这篇报告是丹东市统计局从经常统计的实际选题、立项经过调查研究撰写的，具有鲜明的目的性和针对性。调查中采用了抽样调查、典型抽查和经常统计相结合的方法，搜集了大量真实的统计数据资料，并进行了认真细致的研究。报告包括设施畜牧业发展现状、现存问题和健康发展的建议三部分。报告主题明确，中心突出，观点鲜明，结构严谨，层次分明，材料充实，数据可靠，图文并茂。报告中所阐述的发展状况清楚全面，存在问题切实准确，提出的建议全面可行。报告呈上后得到了领导的肯定和好评，完成了统计调查、统计分析、提供统计资料和咨询意见的任务，充分体现了统计的作用。这是一篇很好的报告。

复习思考练习题

1.什么是统计综合分析？其特点如何？有哪几种形式？

2.统计综合分析的一般原则、程序和方法是什么？

3.什么是统计比较？在统计综合分析中有什么作用？有哪几种？

4.统计比较标准是什么？有哪几种？统计比较的规则有哪些？

5.统计比较主要有哪些指标？都怎样计算？

6.统计比较中的综合评价是什么？

7.简述统计综合评价的步骤和选择评价指标应注意的问题。

8.综合评价的主要方法有哪些？

9.任选一项调查并根据所调查资料写一篇分析报告。

附录　正态分布概率表

t	F(t)	t	F(t)	t	F(t)	t	F(t)
0.00	0.0000	0.33	0.2586	0.66	0.4907	0.99	0.6778
0.01	0.0080	0.34	0.2661	0.67	0.4971	1.00	0.6827
0.02	0.0160	0.35	0.2737	0.68	0.5035	1.01	0.6875
0.03	0.0239	0.36	0.2812	0.69	0.5098	1.02	0.6923
0.04	0.0319	0.37	0.2886	0.70	0.5161	1.03	0.6970
0.05	0.0399	0.38	0.2961	0.71	0.5223	1.04	0.7017
0.06	0.0478	0.39	0.3035	0.72	0.5285	1.05	0.7063
0.07	0.0558	0.40	0.3108	0.73	0.5346	1.06	0.7109
0.08	0.0638	0.41	0.3182	0.74	0.5407	1.07	0.7154
0.09	0.0717	0.42	0.3255	0.75	0.5467	1.08	0.7199
0.10	0.0797	0.43	0.3328	0.76	0.5527	1.09	0.7243
0.11	0.0876	0.44	0.3401	0.77	0.5587	1.10	0.7287
0.12	0.0955	0.45	0.3473	0.78	0.5646	1.11	0.7330
0.13	0.1034	0.46	0.3545	0.79	0.5705	1.12	0.7373
0.14	0.1113	0.47	0.3616	0.80	0.5763	1.13	0.7415
0.15	0.1192	0.48	0.3688	0.81	0.5821	1.14	0.7457
0.16	0.1271	0.49	0.3759	0.82	0.5878	1.15	0.7499
0.17	0.1350	0.50	0.3829	0.83	0.5935	1.16	0.7540
0.18	0.1428	0.51	0.3899	0.84	0.5991	1.17	0.7580
0.19	0.1507	0.52	0.3969	0.85	0.6047	1.18	0.7620
0.20	0.1585	0.53	0.4039	0.86	0.6102	1.19	0.7660
0.21	0.1663	0.54	0.4108	0.87	0.6157	1.20	0.7699
0.22	0.1741	0.55	0.4177	0.88	0.6211	1.21	0.7737
0.23	0.1819	0.56	0.4245	0.89	0.6265	1.22	0.7775
0.24	0.1897	0.57	0.4313	0.90	0.6319	1.23	0.7813
0.25	0.1974	0.58	0.4381	0.91	0.6372	1.24	0.7850
0.26	0.2051	0.59	0.4448	0.92	0.6424	1.25	0.7887
0.27	0.2128	0.60	0.4515	0.93	0.6476	1.26	0.7923
0.28	0.2205	0.61	0.4581	0.94	0.6528	1.27	0.7959
0.29	0.2282	0.62	0.4647	0.95	0.6579	1.28	0.7995
0.30	0.2358	0.63	0.4713	0.96	0.6629	1.29	0.8030
0.31	0.2434	0.64	0.4778	0.97	0.6680	1.30	0.8064
0.32	0.2510	0.65	0.4843	0.98	0.6729	1.31	0.8098

续表

t	F（t）	t	F（t）	t	F（t）	t	F（t）
1.32	0.8132	1.65	0.9011	1.98	0.9523	2.62	0.9912
1.33	0.8165	1.66	0.9031	1.99	0.9534	2.64	0.9917
1.34	0.8198	1.67	0.9051	2.00	0.9545	2.66	0.9922
1.35	0.8230	1.68	0.9070	2.02	0.9566	2.68	0.9926
1.36	0.8262	1.69	0.9090	2.04	0.9587	2.70	0.9931
1.37	0.8293	1.70	0.9109	2.06	0.9606	2.72	0.9935
1.38	0.8324	1.71	0.9127	2.08	0.9625	2.74	0.9939
1.39	0.8355	1.72	0.9146	2.10	0.9643	2.76	0.9942
1.40	0.8385	1.73	0.9164	2.12	0.9660	2.78	0.9946
1.41	0.8415	1.74	0.9181	2.14	0.9676	2.80	0.9949
1.42	0.8444	1.75	0.9199	2.16	0.9692	2.82	0.9952
1.43	0.8473	1.76	0.9216	2.18	0.9707	2.84	0.9955
1.44	0.8501	1.77	0.9233	2.20	0.9722	2.86	0.9958
1.45	0.8529	1.78	0.9249	2.22	0.9736	2.88	0.9960
1.46	0.8557	1.79	0.9265	2.24	0.9749	2.90	0.9962
1.47	0.8584	1.80	0.9281	2.26	0.9762	2.92	0.9965
1.48	0.8611	1.81	0.9297	2.28	0.9774	2.94	0.9967
1.49	0.8638	1.82	0.9312	2.30	0.9786	2.96	0.9969
1.50	0.8664	1.83	0.9328	2.32	0.9797	2.98	0.9971
1.51	0.8690	1.84	0.9342	2.34	0.9807	3.00	0.9973
1.52	0.8715	1.85	0.9357	2.36	0.9817	3.20	0.9986
1.53	0.8740	1.86	0.9371	2.38	0.9827	3.40	0.9993
1.54	0.8764	1.87	0.9385	2.40	0.9836	3.60	0.99968
1.55	0.8789	1.88	0.9399	2.42	0.9845	3.80	0.99986
1.56	0.8812	1.89	0.9412	2.44	0.9853	4.00	0.99994
1.57	0.8836	1.90	0.9426	2.46	0.9861	4.50	0.999993
1.58	0.8859	1.91	0.9439	2.48	0.9869	5.00	0.999999
1.59	0.8882	1.92	0.9451	2.50	0.9876		
1.60	0.8904	1.93	0.9464	2.52	0.9883		
1.61	0.8926	1.94	0.9476	2.54	0.9889		
1.62	0.8948	1.95	0.9488	2.56	0.9895		
1.63	0.8969	1.96	0.9500	2.58	0.9901		
1.64	0.8990	1.97	0.9512	2.60	0.9907		

参考文献

［1］于涛，栗方忠．社会经济统计学原理［M］．武汉：武汉大学出版社，1992.

［2］李连友．商务与经济活动中的统计学［M］．北京：中国财政经济出版社，2005.

［3］安德森，斯威尼，威廉斯．商务与经济统计［M］．张建华，王健，聂巧平，译．13版．北京：机械工业出版社，2017.

［4］贾俊平，何晓群，金勇进．统计学［M］．8版．北京：中国人民大学出版社，2021.

［5］李航．统计学习方法［M］．北京：清华大学出版社，2019.

［6］黄良文．社会经济统计学原理［M］．北京：中国统计出版社，1996.

［7］博亚尔斯基．统计学概论［M］．陈仁恩，等译．北京：中国统计出版社，1990.

［8］陈允明．国民经济统计概论［M］．北京：中国人民大学出版社，1995.

［9］肖茂盛，张鸿钧．邓小平理论概论［M］．北京：中央民族大学出版社，2001.

［10］李协和，莫恒，张志农．统计学［M］．南昌：江西科学技术出版社，1990.

［11］满向昱．统计学教程［M］．北京：中国财政经济出版社，1999.

［12］吕春生，邢莉，李国燕．统计学基础［M］．长春：吉林人民出版社，2001.

［13］邹顺华．社会经济统计学［M］．修订版．北京：中国财政经济出版社，2010.

［14］杨仲山，屈超．信息经济测度方法的系统分析［M］．北京：科学出版社，2009.

［15］李惠村，莫曰达．中国统计史［M］．北京：中国统计出版社，1993.

［16］国家统计局．中国统计年鉴（2022）［M］．北京：中国统计出版社，2022.

［17］中国法制出版社．中华人民共和国统计法实施条例［M］．北京：中国法制出版社，2017.

［18］玄奘，辩机．大唐西域记［M］．周国林，注译．长沙：岳麓书社，1999.

［19］中华人民共和国国家统计局．http：//www.stats.gov.cn/.